COLLOQUIAL
Czech

THE COLLOQUIAL SERIES

---

*Colloquial Arabic (Levantine)
*Colloquial Arabic of Egypt
*Colloquial Arabic of the Gulf and Saudia Arabia
*Colloquial Chinese
 Colloquial Dutch
*Colloquial English
 Colloquial French
 Colloquial German
 Colloquial Greek
*Colloquial Hungarian
 Colloquial Italian
 Colloquial Japanese
 Colloquial Persian
*Colloquial Polish
 Colloquial Portuguese
 Colloquial Rumanian
 Colloquial Russian
*Colloquial Serbo-Croat
 Colloquial Spanish
 Colloquial Turkish

*Accompanying cassette available

COLLOQUIAL
Czech

J. D. Naughton

University of Oxford

ROUTLEDGE & KEGAN PAUL
LONDON AND NEW YORK

First published in 1987 by
Routledge & Kegan Paul Ltd
11 New Fetter Lane, London EC4P 4EE

Published in the USA by
Routledge & Kegan Paul Inc.
in association with Methuen Inc.
29 West 35th Street, New York, NY 10001

Set in Linotron Times
by Input Typesetting Ltd, London SW19 8DR
and printed in Great Britain
by Cox & Wyman Ltd, Reading,
Berkshire

Library of Congress Cataloging-in-Publication Data

Naughton, J. D. (James D.)
  Colloquial Czech.

  (Colloquial series)
  Czech and English.
  Includes index.
  1. Czech language—Spoken Czech. I. Title.
PG4074.8.N38   1987   491.8'683421   86–17874
ISBN 0–7102–0837–5
ISBN 0–7102–1104–X (cassette)

Contents

Introduction

THE COURSE

This course aims to give you a concise introduction to present-day spoken and written Czech, enough to enable you to make simple conversation, cope with everyday situations, and read texts with the aid of a dictionary. It may be studied with or without a teacher, as intensively or slowly as you like.

The language used in the lessons is largely conversational, providing a general basis for everyday communication. Each of the main lessons begins with a dialogue illustrating useful general vocabulary and essential grammar. These dialogues should form the core of your study. I hope that their humorous tone will amuse you more than irritate as you engage in the inevitably hard slog of decipherment, which is an essential part of the learning process. You will need to read through the accompanying notes in order to make proper sense of the texts, but do not try to absorb every detail at first sitting. (Teachers are likewise urged to concentrate on essentials!) Once you can understand the dialogue section without constantly referring to the vocabulary and do the exercises fairly accurately then you may consider yourself fit to go on to the next lesson. It is much better to complete a first run-through without absorbing some detail than to let yourself get bogged down in a futile attempt to master every nicety. Later on you will find revision a relatively simple matter and details will be easier to absorb.

A brief section at the end is devoted to a small number of non-standard features common in everyday speech. These soon become noticeable to anyone trying to follow ordinary conversation and they are often found in literature too. A non-standard dialogue is given here to exemplify these features, but the rest of the course is written in ordinary standard Czech and this is the norm which beginners are advised to stick to in their own speech in order to avoid unnecessary confusion.

There follows a section of useful supplementary words and phrases arranged thematically. Taken together with the material in the main lessons this amounts to a kind of mini phrase-book.

Finally, a reference section provides some basic grammar lists and tables as well as further material which you might prefer to return to at a more advanced stage. Full glossaries and a key to the exercises are also provided.

Obtain a dictionary as soon as you can: you will need one sooner or later, and this book cannot give comprehensive information on every word it contains (or cover every word you will want to use, of course). And lastly, persuade any Czechs you know to let you try out your knowledge of the language. They may try to practise their English on you instead, but you will have to persist: it is the only way.

A cassette has been produced to accompany this book so that you may hear Czech spoken by native speakers. All material on the cassette is marked by a ■ in the text.

SOMETHING ABOUT CZECH

Czech is spoken today by about ten million people in Czechoslovakia out of a total population of fifteen million. It is the main language of Bohemia and Moravia, the Czech republic, which forms the western half of the country. The other main language, Slovak, is spoken in Slovakia to the east, in the Slovak republic. Slovak is very close to Czech, however, and Slovak speakers can understand Czech with little difficulty. Bohemia, Moravia, and Slovakia (formerly northern Hungary) were part of Austria-Hungary before 1918, when they were joined to form what is now the federal Czechoslovak Socialist Republic.

Czech is a Slavonic language, closely related to Polish, Russian, Serbo-Croat and Bulgarian. It is also more distantly related to the other modern Indo-European languages such as French, German and English, as well as Latin and Greek. Many Czech and English words show their common ancestry: words like **bratr** – brother, **sestra** – sister, **dva** – two and **tři** – three. Those familiar with Latin will find that Czech has maintained a very similar system of noun cases: accusative, genitive, dative, etc. Unlike Russian, Czech uses the Roman alphabet.

Slavs are supposed to have reached the territory around the 6th century AD. The first writing was in Latin and, for a time, Old Church Slavonic, a form of Slavonic brought by the 9th century

Byzantine mission of Cyril and Methodius. One early Christian ruler of Bohemia, and later patron saint, was Wenceslas, Václav in modern Czech, murdered in 929. (He is the 'Good King Wenceslas' of the 19th century English carol.) Old Church Slavonic was soon supplanted by Latin, the universal language of medieval European learning. By the 14th century German speech had also acquired a strong foothold in the kingdom of Bohemia. By the 1930s the German speakers numbered around three million, but most were expelled in the aftermath of the defeat of Nazi Germany.

Czech writing has a continuous and substantial tradition from the late 13th century on. One strong patron of the 14th century literature was the Holy Roman Emperor and King of Bohemia Charles IV, who founded Prague University in 1348. The subsequent period saw the violent social and religious upheaval of the Hussite wars, following the burning at the stake in 1415 of the Czech reformer Jan Hus (John Huss). The 17th century Counter-Reformation, accompanied by emigration of non-Catholic burghers and nobility and the devastation of the Thirty Years' War, brought reduction of political autonomy and a decline in the official and administrative use of Czech. Nevertheless, the fresh impulses in the arts associated with the style of the Baroque, so prominent in architecture, also bore fruit in works of Czech literature, both Catholic and non-Catholic, such as the exiled Comenius's prose masterpiece *The Labyrinth of the World* of 1631. But both social and political factors now inhibited the further intellectual cultivation of the language, while German came to replace Latin as the language of education and learning as well as becoming the usual language among the upper classes, especially in the 18th century.

From the later 18th century on, however, a conscious revival movement began to recover lost ground, and by the latter part of the 19th century Czech was able to compete with German with increasing success and vigour in most areas of education and public life. This vigorous process of self-assertion, accompanied and encouraged by the social and economic changes associated with the industrial revolution, finally culminated after the defeat of Austria-Hungary and Germany in 1918 with the establishment of an independent republic. The Munich agreement of 1938 led to the dismemberment of Czechoslovakia on the eve of the Second World War, but the republic was restored after the defeat of Hitler in

1945. Space precludes any attempt to do justice here to the role played by Czechoslovakia as a member of the socialist bloc since February 1948. Similarly the reader interested in knowing more about the literature and the history of the language must turn to other sources. As anyone who searches around a bit in bookshops and libraries will discover, a good number of translations and relevant works in English are available. Translations of literature include not only the better known works such as Hašek's *The Good Soldier Švejk*, or the plays and fiction of Karel Čapek, who gave us the word robot, but also quite a representative selection of both older and more recent prose and poetry. Many readers will of course be familiar with the music of Czech composers such as Dvořák, Smetana, Janáček and Martinů, the flavour of whose vocal works is naturally affected by the specific rhythms and textures of the Czech language, and a good number will have seen some of the Czech films which have received a good showing abroad over the last two decades or so.

Abbreviations

acc.	accusative	m.	masculine
adj.	adjective	ma.	masculine animate
adj. noun	adjectival noun	mi.	masculine
adv.	adverb		inanimate
cf.	compare	n.	neuter
coll.	colloquial	NB.	note
comp.	comparative	neg.	negative
conj.	conjunction	nom.	nominative
cons.	consonant	pf.	perfective
dat.	dative	pl.	plural
decl.	declension	p.p.p.	past participle
derog.	derogatory		passive
dim.	diminutive	prep.	preposition
dur.	durative	relat.	relative
e.g.	for example	sg.	singular
Eng.	English	vb. noun	verbal noun
esp.	especially	voc.	vocative
etc.	et cetera	vocab.	vocabulary
f.	feminine	3rd pers. sg.	3rd person singular
freq.	frequentative		form (he/she/it –)
gen.	genitive	3rd pers. pl.	3rd person plural
i.e.	that is		form (they –)
imp.	imperative	*	colloquial (non-
impf.	imperfective		standard)
indecl.	indeclinable	>	arrow head points
inf.	infinitive	<	to perfective
ins.	instrumental		form
irreg.	irregular	+	plus, followed by
iter.	iterative	=	equals, corresponds
lit.	literally		to
loc.	locative		

Pronunciation and Spelling

The spelling of words in Czech is fairly simple, and the pronunciation of a word can nearly always be predicted from the way it is spelt. Close English equivalents for the basic pronunciations of individual letters are given below, but it is best to listen to the voice of a native speaker if you want to sound correct.

■ Vowels and Stress

There are five different vowel sounds in Czech, each of which may be pronounced either short or long. Most long vowels are marked with the acute sign ´ (*čárka*), but long **u** is written **ů** (with a small circle or *kroužek*) except at the beginning of a word. The letters **i** and **y** are pronounced identically.

a as in Eng.	*u*p	**tam, ta**
á	f*a*ther	**káva, pátá**
e	l*e*t	**pes, den, ne**
é	*ai*r	**léto, mléko, malé**
i, y	l*i*t	**pivo, byli**
í, ý	s*ee*d	**sýr, bílý**
o	l*o*t	**slovo, maso**
ó	l*o*re	**folklór**
u	b*oo*k	**ruka, ruku, kus**
ú, ů	l*oo*m	**úloha, dům, domů**

The stress in any word falls on the first syllable:
pivo, pomalu, politika
There is a slight glottal stop (cf Eng. 'li'le' for 'little') at the beginning of words beginning with a vowel:
ano, Eva, Ital, okno, on a já
Long vowels are not necessarily stressed vowels. They are only stressed if in the first syllable:
káva, léto, úloha, but **volá, malý, vybírá, pomáhají, posílat, studený** (all stressed on the first syllable).

There are three diphthongs, produced by gliding from one simple vowel to another:

ou = o + u   kousek, rukou
au = a + u   auto
eu = e + u   neutralita

Other combinations of vowels are pronounced as two syllables (instead of one):

Anglie, Anglii, kakao, doopravdy

■ **Consonants**

b as in	*b*ook	**bota, Kuba, byt**
c	i*ts*	**cesta, moc, noci**
č	*ch*in	**čest, háček, klíč**
d	*d*en	**den, jeden, jedna**
ď	*d*uty	**ďábel, Láďa**
f	*f*air	**fakulta, biftek**
g	*g*ood	**galerie, gramofon**
h	be*h*ave	**mohu, ahoj, hudba, hnát, hlava**
ch	Scottish lo*ch*	**hoch, pochopit, chápat, schovat, chce**
j	*y*ellow; weakened or silent at the beginning of a word before a consonant	**jeden, čaj, nejsem, jsem**
k[1]	s*k*ill	**káva, ruka, který, kluk**
l	*l*it; vocalic as in bott*l*ed	**líto, malý, dal; plný, nesl**
m	*m*oon	**místo, domů, dům**
n	*n*ot; before *g* or *k* as in ra*n*k	**ne, ano, den; Anglie**
ň	o*n*ion	**píseň, Číňan**
p[1]	s*p*it	**pátý, koupit, psal, kup**
qu	= *kv*	**quasi-** (now usually **kvazi-**)
r	Scottish *r*, one flap of the tip of the tongue above the upper front teeth; vocalic as in Scottish a*cr*es	**ruka, Karel, pár; bratr, krk, tvrdý**

ř	as for **r**, but flatten the tip of the tongue making a short forceful buzz like **ž** (this is a difficult sound for most beginners)	**Dvořák, řada, říci, dřevo, břicho, řve** (one syllable!)
s	*s*in; = **z** in some loanwords (now mostly spelt **z**)	**sem, maso, čas; impresionismus** [-izmus]
š	*sh*in	**šest, máš, škoda, špatný**
t[1]	s*t*ill	**ten, auto, být, trápit, tahat**
ť[1]	s*t*ew	**ťuk, koťata, chuť**
v	*v*an	**vy, káva, vzácný**
w	= *v* (a few loanwords)	**western**
x	= *ks*; *gz* between vowels (all loanwords)	**krucifix, Tuzex; existovat**
y	= *j* (rare, loanwords)	**York**
z	*z*ero, *dz* as in a*dz*e	**zem, mezi, odevzdat; podzim**
ž	'plea*s*ure'; *dž* as in *G*eorge	**žena, smažený, držet; džínsy, džbán**

Some loanwords have not adapted their spelling to Czech rules (the pronunciations indicated in brackets use the basic values of letters given above):
whisky [visky], **grapefruit** [grejpfrút], **revue** [revý]

[1]Consonants **k**, **p**, **t** and **ť** are 'non-aspirated', i.e. pronounced without a following puff of breath, except at the end of a word.

■ Pronunciation of consonants before ě, i/í

The *háček* or 'hook' sign ˇ written over the letter **ě** refers to the sound of the preceding consonant and does not alter the sound of the vowel **e**.

Written after dentals **d**, **t** or **n** it indicates their pronunciation as **ď**, **ť** or **ň** (so-called 'soft dentals'). For pronunciation see list of consonants.

dě: **dělat, hradě, děkuji**
tě: **tě, těšit, fakultě**
ně: **ně, něj, německý, písně**

Written after labials **b**, **p**, **v**, **f** or **m** it indicates the sound combinations **bj**, **pj**, **vj**, **fj** or **mň** respectively:

bě:	**běhat, běžet, rybě**
pě:	**pět, pěkný, mapě**
vě:	**věc, věřit, kávě**
fě:	**žirafě**
mě:	**mě, měsíc, země, měl, mámě**
	(thus both **mně** and **mě** are pronounced [mňe])

Dentals **d**, **t** and **n** are also pronounced as **ď**, **ť** and **ň** before **i** and **í** (but not before **y** and **ý**):

di, dí:	**divadlo, díky, vidí**
ti, tí:	**tichý, děti, štěstí**
ni, ní:	**nic, oni, první, peníze**

Note the difference between:
kamarádi and **kamarády**
studenti and **studenty**
páni and **pány**

These spelling conventions mean that sometimes a *háček* sign disappears or moves forward onto an **e** when endings are added to a word. The pronunciation of the dental remains 'soft':
síň 'hall', **k síni** 'towards the hall', **do síně** 'into the hall'.

In many loanwords however **d**, **t** and **n** are pronounced unchanged before **i**, as though followed by **y**:
diplomat [dyplomat], **politika** [polityka], **nikotin** [nykotýn].

N.B. endings given in this course as **-e/ě** (or containing **e/ě**) indicate that **-ě** is to be used after **d**, **t**, **n**, **b**, **p**, **v**, **f** and **m**, e.g. as in **vid-ět** 'to see', and **-e** is to be used after other consonants, e.g. as in **přicház-et** 'to arrive'.

Soft consonants

Consonants **č**, **ď**, **ň**, **ř**, **š**, **ť**, **ž** (i.e. all those spelt with the *háček* or 'hook' sign), and **c** and **j** are conventionally termed 'soft consonants'. Soft consonants cannot be followed by the letter **y** (called 'hard i'), 'i' being used instead.

■ **Voiced and voiceless consonants**

In these pairs of consonants the first is voiced and the second is its voiceless equivalent (i.e. pronounced without vibration of the vocal chords):

b – p	d – t
ď – ť	dz – c
dž – č	g – k
h – ch	v – f
z – s	ž – š

In Czech a voiced consonant from this list changes to its voiceless counterpart at the end of a word, e.g.:
chléb [chlép], **klid** [klit], **teď** [teť], **už** [uš], **jih** [jich].
This applies unless the word is pronounced together with a following word beginning in a voiced consonant, e.g.:
už byl doma [už byl doma].
The same change to a voiceless consonant occurs when a voiced consonant is followed by a voiceless consonant within a word:
lehký [lechký], **dívka** [dífka], **hezký** [heský], **tužka** [tuška].

The opposite happens where a voiceless consonant is followed by a voiced one from the list within a word or phrase, i.e. the voiceless consonant changes to its voiced equivalent:
kdo [gdo], **prosba** [prozba], **náš dům** [náž dům], **svatba** [svadba].
Note, however, that there is no change before **v**: **svatý** [svatý], **tvůj** [tvůj].

The group **sh** is usually pronounced [sch], e.g. **shánět** [scháňet], **na shledanou** [naschledanou] (but note **shora** [zhora]).

The sound **ř** becomes voiceless at the end of a word and also both before and after a voiceless consonant, e.g. in
haléř, hůř, věř; věřte; tři, křičet, přítel.

Mastering these points may be tricky at first, but it does improve one's accent if it can be done.

■ Prepositions

Prepositions which consist of one syllable generally take the stress away from the next word, e.g. **'pod stolem** 'under the table', **'do rána** 'till morning'.

Single consonant prepositions are read together with the next word and do not count as independent syllables:
v Praze [fpraze] 'in Prague', **s bratrem** [zbratrem] 'with brother', **k západu** [gzápadu] 'towards the west'.
A slight glottal stop comes before words beginning in a vowel:
s Evou [s'evou] 'with Eva', **v Anglii** [f'angliji] 'in England'.

■ Intonation

In the long run the only way to pick up a good intonation is to listen constantly to native speakers and copy them. However, a few basic points may help.

Simple statements and questions introduced by question words have falling intonation patterns:

Petr je tady.	Petr is here.
(or: **Je tady Petr.**)	
Kde je Petr?	Where is Petr?
Kdo je Petr?	Who is Petr?

Other questions which have no question words, and clauses followed by a pause in speech but not a full stop, have forms of rising intonation:

Je tady Petr?	Is Petr here?
Petr je tady, ale Jana je doma.	Petr is here, but Jana is at home.

■ THE ALPHABET

Alphabetical order is as follows. Note that **ch** counts as a separate letter and follows after **h** (remember this when looking up words in dictionaries).

a, b, c, č, d, e, f, g, h, ch, i, j, k, l, m, n, o, p, q, r, ř, s, š, t, u, v, w, x, y, z, ž.

Read as:

á, bé, cé, čé, dé, é, ef, gé, há, chá, měkké í ('soft i'), **jé, ká, el, em, en, ó, pé, kvé, er, eř, es, eš, té, ú, vé, dvojité vé** ('double v'), **iks, tvrdé ý** ('hard i'), **zet, žet.**

Long vowels and *háčeks* over letters **ď, ť, ň** and **ě** are ignored when putting words in alphabetical order.

■ BASIC PHRASES

Practise your pronunciation carefully and revise your knowledge of the spelling rules while learning these basic phrases.

■ Greetings

Dobrý den.	Good day. Good morning. Hello.
Dobré ráno.	Good morning (*for early morning*).
Ahoj! or **Nazdar!**	Hello! Hi! (*informal*). **Ahoj!** also means Goodbye! Bye!
Dobrý večer!	Good evening!
Dobrou noc!	Good night!
Na shledanou!	Goodbye! (*more formal than* **Ahoj!**).
Haló!	Hello! Yes? (*used on the telephone; also to catch a distant person's attention*).

■ Courtesies *etc*

Prosím.	Please. Excuse me? (**Prosím?** – What was that you said?). You're welcome (*reply to* 'Thank you').
Děkuji or **Děkuju.**	Thank you.
Dík or **Díky.**	Thanks (*less formal*).
Ano or (colloquially) **Jo.**	Yes.

Ne.	No.
Pardon.	I beg your pardon. Sorry. Pardon me.
Promiňte.	Excuse me. I'm sorry. Forgive me.
Pozor!	Careful! Watch out!
Na zdraví!	Cheers! Your health!
Dobrou chuť!	Bon appétit (*said at meals before eating*).
Šťastnou cestu!	Bon voyage! Have a good journey!

■ Introductions

Dovolte, abych vám představil . . .	Allow me to introduce . . .
Těší mě.	Pleased to meet you. How do you do.
Jmenuji se . . . or **Jmenuju se . . .**	My name is . . .
Jak se máte?	How are you? How are things?
Vítám vás!	Welcome! (*lit.* 'I welcome you!')
Já jsem Angličan.	I am an Englishman. I am English.
Já jsem Angličanka.	I am an Englishwoman. I am English. (*Notice that the female requires a different noun ending in* -ka.)
Já jsem Čech.	I am a Czech (man). I am Czech.
Já jsem Češka.	I am a Czech (woman). I am Czech.
Já jsem Američan.	I am an American (man). I am American.
Já jsem Američanka.	I am an American (woman). I am American.

Learn also:

Moravan (-ka): a Moravian
Slovák (Slovenka): a Slovak

And learn these geographical nouns with their corresponding adjectives:

Anglie – anglický England – English
Velká Británie – britský Great Britain – British
Amerika – americký America – American
Spojené státy the United States
Československo – československý Czechoslovakia – Czechoslovak
Čechy – český Bohemia – Czech (Bohemian)
Morava – moravský Moravia – Moravian
Slovensko – slovenský Slovakia – Slovak

Language nouns are:

angličtina the English language, English
čeština the Czech language, Czech
slovenština the Slovak language, Slovak

Special adverbs in **-sky/cky** are used after 'learn', 'speak', etc.:

Učím se česky. I am learning Czech.
Mluvíte anglicky? Do you speak English?

■ **Numbers 1–10**

Practise your pronunciation again on these basic numbers:

0	**nula**
1	**jeden**
2	**dva**
3	**tři**
4	**čtyři**
5	**pět**
6	**šest**
7	**sedm**
8	**osm**
9	**devět**
10	**deset**

První Lekce – First Lesson

■ DIALOGUE: NÁHODA

A

IVAN: Prosím vás, nevíte, kde je Václavské náměstí?

VĚRA: Ano, vím. Je to velmi blízko. Hned vpravo a potom vlevo. Rozumíte?

IVAN: Hned vpravo a potom vlevo. Ano, rozumím. Děkuji.

VĚRA: Vy jste Čech?

IVAN: Ne, já nejsem Čech. Já jsem Angličan.

VĚRA: Ale mluvíte dobře česky.

IVAN: Ale ne. Trochu rozumím, ale mluvím špatně. Snažím se. Já jsem Ivan. Ivan Jones.

VĚRA: A já jsem Věra. Věra Smutná. Jste student?

IVAN: Ano, jsem student. Učím se česky. Co vy? Jste také studentka?

VĚRA: Ne, už nejsem. Jsem učitelka.

první first
lekce lesson
náhoda chance, lucky chance, accident
prosím vás please, *lit.* 'I ask you'
ne- not
vědět – ví, *3rd pers. pl.* **vědí** know
kde where
být – jsem jsi je, jsme jste jsou be – am are is *etc.*
Václavské náměstí Wenceslas Square
to it, that, this
velmi very
blízko near
hned immediately, at once

vpravo to the right
a and
potom then
vlevo to the left
rozumět, *3rd pers. pl.* **-ějí** understand
mít – má have
vy you *pl./formal sg.*
já I
ale but
mluvit speak, talk
dobře well
česky (in) Czech
trochu a little, a bit
špatně badly, ill
snažit se try
student *m*, **-ka** *f* student

učit se study, learn, *lit.* 'teach oneself'
co what
co vy? what about you?

také also
už now, already
už ne no longer, not now
učitel *m*, **-ka** *f* teacher

B

■ (*Several weeks later. Now on more familiar terms . . .*)

IVAN: Ahoj! Jak se máš?
VĚRA: Špatně. Ne, vlastně dobře.
IVAN: Co děláš?
VĚRA: Čekám na autobus. Čekám tady už půl hodiny.
(*Hledá něco.*)
IVAN: To je dlouho. Co hledáš?
VĚRA: Hledám klíč. Krucifix! Kde je ten klíč?
IVAN: Ale klíč je tady! Vidíš?
VĚRA: To je strašné. Vždycky něco hledám, peníze nebo klíč.
Co ty tady děláš?
IVAN: Čekám na tramvaj.
VĚRA: Takže oba čekáme. To je náhoda. Ty nemáš auto?
IVAN: Ne, kdepak. Nemám auto. Já jsem student, nemám peníze.
VĚRA: Autobus! Konečně!
IVAN: Tramvaj!
VĚRA: Máme štěstí, viď?

jak se máš/máte? how are you?
lit. how are you having yourself?
jak how
se yourself, oneself, *etc.*
vlastně actually
dělat do, make
čekat na wait for
autobus bus
čekám tady I've been waiting here, *lit.* I am waiting here
půl hodiny half an hour
hledat look for

něco something
dlouho long, (for) a long time
klíč key
tady here
krucifix Lord!, Christ! *lit.* crucifix!
kde where
ten this, that, the
vidět see
strašný awful
to je strašné that/it is awful
vždycky, vždy always
peníze *pl.* money

nebo or
ty you *sg. familiar*
tramvaj tram, tramcar
takže so that
oba both
auto car
kdepak not at all, certainly not

konečně at last, finally
štěstí luck, happiness
máme štěstí we are lucky/in
luck, *lit.* we have luck
viď? aren't we?, eh? (*invites
agreement*)

GRAMMAR

Verbs: The Present tense

Infinitives of verbs mostly end in **-t**. They correspond to English
forms like 'to do', 'to sing'. The present tense of regular verbs
ending in **-at** (conventionally termed 5th Class) and **-et/ět** or **-it** (4th
Class) is:

5 **dělat:**	**dělám děláš dělá** **děláme děláte dělají**	to do: I do, you do, he/ she/it does, we do, you do, they do
4 **vidět:** **prosit:**	**vidím vidíš vidí** **vidíme vidíte vidí** **prosím prosíš prosí** **prosíme prosíte prosí**	to see: I see, *etc.* to ask: I ask, *etc.*

Some verbs ending in **-et/ět** have their third person plural in **-ejí/
ějí**, e.g. **odcházet – odcházejí**. This is indicated in the vocabularies.

The present tense form covers several possibilities in English:
Vidím. I see. I am seeing. I do see.
Similarly the infinitive **vidět** can mean 'to see' or 'to be seeing'.

To make a verb negative add the prefix **ne-** (written as one word
with the verb): **nečekám** 'I am not waiting', **nečekat** 'not to wait'.

Care needs to be taken over monosyllabic (one-syllable) verbs and
a few other irregular verbs. Their present tenses are usually quite

regular, but not predictable from their infinitive endings. Note:

mít:	**mám máš má**	to have: I have, *etc.*
	máme máte mají	
znát:	**znám znáš zná**	to know, be familiar with (cf.
	známe znáte znají	French *connaître*, German
		kennen)
vědět:	**vím víš ví**	to know (a fact, cf. French
	víme víte vědí	*savoir*, German *wissen*), to
		know that . . .

(In the vocabularies the third person singular form of monosyllabic verbs is shown after the infinitive. If it ends in **-á** the verb belongs to the 5th Class, if it ends in **-í** it belongs to the 4th Class.)

The most irregular verb is the verb **být** 'to be':

být:	**jsem jsi je**	to be: I am, you are, he/she/it is,
	jsme jste jsou	we are, you are, they are

The negative form of **je** is **není** 'he/she/it is not'. The **j** in **js-** is often silent, except in negative forms **nejsem, nejsi, nejsme, nejste, nejsou.**

Pronouns

Personal pronouns

Personal pronouns do not need to be used when they are subjects of verbs, as the verb ending itself indicates the person of the subject, but they may be used for emphasis or for the sake of clarity. The subject pronouns are:

já	I	**my**	we
ty	you *sg.*	**vy**	you *pl.*
on	he	**oni**	they
ona	she		
to	it, that		

Use **to** 'it, that' for the general sense of English 'it':
Co je to? What is it/that? **To je tužka.** That/it is a pencil.

The pronoun **vy** 'you' *pl.* is also used with singular meaning, instead of **ty**, when one is on formal terms with the person addressed (compare French usage of *vous* and *tu*). Use **ty** with people you know very well (they may specifically ask you to after a period of acquaintance) and also with young children.

Reflexive pronouns

There is also a reflexive pronoun **se** which refers back to any person of subject.

It translates variously as 'myself, yourself, himself, herself, itself, ourselves, yourselves, themselves, oneself'. It may also mean 'each other'.

Hledáme se.	We are looking for ourselves, i.e. for each other.
Učím se.	I teach myself, i.e. I study.

Some verbs acquire special meanings in conjunction with **se** (like **učit se** above), while others exist only in reflexive form, e.g. **ptát se – ptá se** 'to ask'.

The form **si** 'to oneself' is often attached to verbs and becomes part of the verb, as in **myslet si** 'to think (to oneself)'.

English Articles

There are no articles in Czech corresponding to English 'a, an' and 'the'. Usually there is simply no such word. However, **ten** 'this, that' is sometimes used where in English there might be the definite article 'the'. Possessive adjectives ('my, your' etc.) are also used less than in English.

Hledám slovník.	I am looking for a/the/my dictionary.
Kde je ten slovník?	Where is the (that, this) dictionary?

Exercises

1. Put into the plural:
   - (a) Jak se máš?
   - (b) Co děláš?
   - (c) Nevidíš?
   - (d) Hledám klíč.
   - (e) Nemá klíč.
   - (f) Mám.

(g) Jsi tady? (i) Není tady.
(h) Učí se. (j) Nerozumím česky.

2. Give the infinitives of: máš, vidíme, jsem, mají, učíme se, čekáš, víte, snažíte se.

3. Give the present tense of: hledat, vidět, vědět, mít, být, učit se, dělat, prosit, čekat.

4. Respond to the questions as suggested in brackets:
   (a) Jak se máš? (Well, thank you.)
   (b) Kde je Věra? (I don't know.)
   (c) Kde je Petr? (He is here.)
   (d) Co dělá? (He is waiting for the bus.)
   (e) Co dělá Věra? (She is looking for the key.)

5. Translate into Czech:
   (a) Where is Wenceslas Square?
   (b) On the right.
   (c) No, on the left.
   (d) You speak Czech very well.
   (e) I am a student.
   (f) I am not a teacher.
   (g) We have a car.
   (h) I have been waiting here half an hour.
   (i) Where is the tram?
   (j) We are lucky, aren't we?

Druhá Lekce – Second Lesson

■ DIALOGUE: ZKOUŠKA

A

PETR: Ahoj! Jak se máš?
JANA: Dobře, děkuji.
PETR: Co tady děláš? Co hledáš?

JANA:	Hledám slovník. Není tady? Nevidíš ho? Nevíš, kde je? Kde je ten slovník?!
PETR:	Ale slovník máš tady! Vidíš? Ne tam. Tady.
JANA:	Já jsem ale hloupá. To je strašné.
PETR:	Ale ne. Ty jsi chytrá holka.
JANA:	Myslíš? Opravdu? No děkuji. Ty jsi hodný, že to říkáš. I když si to asi nemyslíš.
PETR:	Myslím si to! Opravdu! . . . Ale ty máš zkoušku. Hledají tě. Hledá tě pan Novák.
JANA:	Ano. Já vím, že mám zkoušku. To je strašné. Ta zkouška je tak těžká, víš?
PETR:	Já mám taky zkoušku.
JANA:	Ale když já jsem tak hloupá, a ty nejsi. Ty jsi chytrý kluk. Ta první lekce je tak těžká!
PETR:	Vy děláte teprve první lekci? Pořád? My děláme už druhou!
JANA:	Tak vidíš. Co já říkám? Že jsi chytrý kluk, a dobrý student.

druhý second
zkouška exam
slovník dictionary
není (it) isn't
ho it, him
ten, to, ta that, this, the
ale but (*not necessarily first word*)
tam there
hloupý silly, stupid
chytrý clever
holka girl
myslet (si) think
opravdu really
no well, um, er
hodný nice, kind, good
že that (*conj.*)

říkat say
i even, also, and
když when, if
ale když . . .! but . . .!
asi probably, about
tě you *acc. sg.*
pan Mr (*but* pán master, man, gentleman)
tak so
těžký difficult, heavy
také, taky also
kluk boy
teprve only (*idea of being behindhand*)
pořád still, constantly
my we
dobrý good

B

PETR:	Hledá tě Karel.
JANA:	Ano? Proč? Proč mě hledá?
PETR:	Líbíš se mu. Říká, že se mu líbíš.
JANA:	Ale já ho nemám ráda! Co říká Karel? Co dělá?
PETR:	No, nedělá nic. Zlobí se. Ví, že ho nemáš ráda.
JANA:	To je hloupé.
PETR:	Mně se také líbíš.
JANA:	Ježíšmarjá! To je hloupé. A trochu smutné.
NOVÁK:	Dobrý den! Co tu děláte? Jak se máte?
JANA:	Máme se dobře, děkuji.
NOVÁK:	Kdo je to? To je váš bratr?
JANA:	Ne. To je Petr. To je můj dobrý přítel. Děláme dnes zkoušku. (*K Petrovi.*) To je můj učitel. Učí mě češtinu.
NOVÁK:	Prosím vás, nemáte tužku?
JANA:	Mám.
NOVÁK:	Děkuji. Vždycky něco hledám. Tužku nebo klíč. No, já jsem starý pán, víte. A vy jste mladá, inteligentní dívka.
PETR:	Aspoň že vy neděláte zkoušku! My tady čekáme na zkoušku.
NOVÁK:	Ano, to je pravda, že nemám zkoušku. Ale mám schůzi, a to také není žádná velká radost. (*Odchází.*)
JANA:	A co Václav a David? Jsou tady někde?
PETR:	Nejsou. Nemají dnes zkoušku, víš?
JANA:	No, ti se mají!

proč? why?	**zlobit se** be angry, cross
mě me *acc.*	**smutný** sad
líbit se please	**den** day
líbíš se mu 'you please him', i.e. he likes you	**tu = tady** here
mně se líbíš 'you please me', i.e. I like you	**váš** your *pl./formal sg.*
	bratr brother
mít rád +*acc.* like, love (*stronger than* **líbit se**)	**můj** my
	přítel friend
	dnes today
nic nothing (*with negative verb*)	**k Petrovi** to Petr

učit teach
tužka pencil, (ballpoint) pen
starý old
pán man, gentleman, master
mladý young
inteligentní intelligent
dívka girl
aspoň, alespoň at least (**aspoň že** in first position)
čekat na +acc. wait for
na +acc. for, onto
pravda truth
to je pravda 'it is truth', it is true
schůze meeting

žádný no, not any (adj., with negative verb)
velký big, large, great (also **veliký**)
radost joy, gladness
odcházet, 3rd pers. pl. **-ejí** go away, depart
a co and what about
Václav = Wenceslas, Wenzel
někde somewhere
ti se mají they are lucky, lit. 'these are having themselves' (**dobře** 'well' understood)

Words and Phrases

Jak se máš/máte?	How are you?
Dobře, děkuji.	Fine, thank you. Very well, thanks.
Myslím si to!	I mean it!
Tak vidíš.	Well, there you are.
Mám tě rád(a).	I love you.
Prosím (tě, vás), . . .	Please, . . . Excuse me, . . . (introduces a request or question)
To je pravda.	That's true.

SOME WORD PAIRS

hloupý	silly, stupid	**chytrý**	clever
muž	man, husband	**žena**	woman, wife
kluk	boy	**dívka**	girl (coll. **holka**)
velký	big	**malý**	small
starý	old	**mladý**	young
		nový	new
těžký	heavy, difficult	**lehký**	light, easy
tady, tu, zde	here	**tam**	there
šťastný	happy	**smutný**	sad

GRAMMAR

Nouns

Nouns are masculine (*m*), feminine (*f*) or neuter (*n*) in gender. The masculines are sub-divided into masculine animates (*ma*) and masculine inanimates (*mi*). Nouns for male beings are masculine, females feminine, and the young of animals are neuter. Other nouns (for plants, things, ideas, etc.) may belong to any gender, but the ending of the noun usually indicates which.

This course divides the nouns into five groups or declensions. Czech nouns 'decline', i.e. they change their endings according to their 'case' or role in the sentence (e.g. subject, object, indirect object, etc.).

Both declension and gender are largely deducible from the basic form, which is the nominative case, the form used for the subject of a verb and after the verb 'to be', e g. **žena čeká** 'the woman is waiting', **to je žena** 'that is a woman'.

DECLENSION TYPES

declension	ending of noun	gender	example
1st:	**-a:**	*f*	**žena** woman
2nd:	consonant: **-o:**	*ma/mi* *n*	**pán** master **hrad** castle **město** town
3rd:	soft consonant: **-e/ě:**	*ma/mi* *f*	**muž** man **klíč** key **lekce** lesson
4th:	**-ost:**	*f*	**radost** joy, gladness
5th:	**-í:**	*n*	**náměstí** square

As a rule nouns ending in soft consonants (those spelt with a *háček*, and **c** and **j**) belong to the 3rd Declension, whereas nouns ending in other consonants belong to the 2nd Declension.

Nouns whose genders are exceptions to these general rules are marked in the vocabularies, unless they are clearly *ma*, e.g. **táta** Dad.

The Accusative Case

The accusative case is used for the direct object of a verb, after some prepositions (e.g. **na** on to, for, **přes** across, **pro** for, on behalf of), and in phrases of time duration:

Hledám Janu.	I am looking for Jana.
Čekám na Janu.	I am waiting for Jana.
Čekám celý den.	I have been waiting all day. (*lit*. 'am waiting')

The form of the accusative is often the same as the nominative. This is true of all nouns except masculine animate (see Lesson 4) and feminine nouns in **-a** and **-e/ě**, which change as follows:

1st:	**-a**	→**-u**	*nom.*	**žena**	*acc.*	**ženu**
3rd:	**-e/ě**	→**-i**		**lekce**		**lekci**

Thus we say:

Hledám ženu.	I am looking for my wife.
Hledám lekci.	I am looking for the lesson.

The accusative is also used when asking for something:
Tužku, prosím. A pencil, please.

Adjectives

Adjectives agree with the noun they qualify in number, gender and case. The table gives nominative and accusative singular forms for so-called 'hard' adjectives ending in **-ý**, 'soft' adjectives ending in **-í**, and the demonstrative adjective **ten** 'this, that'.

m	nom./acc.	ten první malý hrad	that first little castle
n	nom./acc.	to první malé město	that first little town
f	nom. acc.	ta první malá žena tu první malou ženu	that first little woman

Note that the demonstrative adjective **tento**, **toto**, **tato** 'this, this here' simply consists of **ten**, **to**, **ta** 'this, that' with **-to** tacked on the end.

English 'One'

The English word 'one' after an adjective meaning a thing or person has no Czech equivalent, e.g.:

Mají velkou zahradu?   Do they have a big garden?
Ne, mají jenom malou.   No, they only have a little one.
                             (**zahrada**=garden).

Word Order

Pronouns (unless emphatic) should be placed in the second grammatical slot in a clause (ignoring **a** 'and' and **ale** 'but'):

Mám ho rád.   I like/love him.
Pan Novák ho nemá rád.   Mr Novák doesn't like him.

A question lacking a question word like **co** 'what?' or **kdo** 'who?' alters the word order, placing the subject after the verb instead of before it:

Jana má zkoušku.   Jana has an exam.
Má Jana zkoušku?   Does Jana have an exam? Has Jana an exam?

If there is no separate subject word then the intonation alone must suffice to indicate the question. This may be done even when a change of word order is feasible:

Má zkoušku.   She has an exam.
Má zkoušku?   Has she an exam?
Jana má zkoušku?   Jana has an exam?

Note how the position of a pronoun remains constant (in the second slot) when other elements change their order:

Petr mě hledá.   Petr is looking for me.
Hledá mě Petr?   Is Petr looking for me?
Proč mě hledá?   Why is he looking for me?

Czech word order is freer in some respects than English, since the case endings help to avoid ambiguity. For example, the subject may be moved past the verb into the final position in the sentence in order to give it greater emphasis:

Učitel tě hledá.   The teacher is looking for you.
Hledá tě učitel.   The TEACHER is looking for you.

Exercises

1. Fill in the blanks with the words indicated:
   (a) slovník: Máme — .
   (b) stará tužka: To je — — .
                    Mám jen — — .
   (c) mladá žena: Čeká na — — .
   (d) pravda: Neříká — .
   (e) druhá lekce: Děláme — — .
                  To je — — .
   (f) radost: Má — . (He is pleased/happy, *lit.* 'has joy'.)
   (g) staré město: To není — — .
   (h) schůze: Pan Novák nemá — .
   (i) čeština: Petr nemá rád — .
                  Pan Novák neučí — .

2. Respond to the questions as suggested in brackets:
   (a) Jak se máš? (Well, thank you.)
   (b) Kde je Jana? (I don't know.)
   (c) Kde je Petr? (He's here. Don't you see him?)
   (d) Co dělá Petr? (He's looking for a pencil.)
   (e) Má zkoušku? (Yes, he has.)
   (f) A co ty? (No, I haven't got an exam.)

3. Translate into Czech:

(a) Hello! Good day!
(b) Is she young?
(c) Is Jana old?
(d) David is young.
(e) Petr is waiting.
(f) He has a meeting.
(g) How are you?
(h) The dictionary is not here.
(i) I like Jana.
(j) The lesson is not silly.
(k) I have a pencil.
(l) The weather (*počasí*) is good.
(m) The town is old.
(n) The first lesson is not difficult.
(o) Jana is here.
(p) Jana is not here.
(q) That is a good exam.
(r) Thank you.

4. Identify the genders of the following nouns and which declension they belong to:

zkouška, slovník, čeština, schůze, pravda, nádraží (*railway station*), večer, zdravi, jméno (*name*), čaj (*tea*), hloupost (*foolishness*), koťátko (*kitten*), tužka, země (*land*), počasí (*weather*), dopis (*letter*), ruka (*hand*), kino (*cinema*), restaurace (*restaurant*), koncert (*concert*), Praha (*Prague*), divadlo (*theatre*), byt (*flat, apartment*), umění (*art*), galerie (*gallery*), oběd (*lunch*), pokoj (*room*), ulice (*street*), měsíc (*month, moon*).

Třetí Lekce – Third Lesson

■ DIALOGUE: PANÍ VRÁTNÁ

VRÁTNÁ: Mladý pane! Kam jdete? Jak se jmenujete?

KAREL: Dobrý den, paní vrátná. Jmenuji se Karel Novotný. Já tady bydlím.

VRÁTNÁ: Promiňte, pane Novotný. Já vás ještě neznám. Jsem tu jenom týden, víte? Počkejte, máte tady dopis.

OLGA: Ahoj, Karle! To je náhoda!

KAREL: Ahoj, Olgo! Jak se máš?

OLGA: Mám se dobře. Ty máš dopis?

KAREL:	Jo, to je překvapení, viď?
OLGA:	Ano, mě to taky překvapuje. Ty nikdy nikomu nic nepíšeš. Jak to, že ti najednou někdo píše dlouhý dopis? Karlíku! Slyšíš mě? Ty mě vůbec neposloucháš.
KAREL:	Ale tohle je velmi zajímavý dopis. Musím si ho hned přečíst. Píše mi sestra, víš. (*Čte si. Zřejmě nechce mluvit. Nepíše mu totiž sestra ale žena, kterou miluje.*)
MILOŠ:	Ahoj, Karle! Ahoj, Olgo! Co tu děláš?
OLGA:	Připravuji se na zkoušku a potřebuji pomoc. Miloši, já nic neumím!
MILOŠ:	Nechceš jít nahoru? Vařím čaj.
OLGA:	Fajn. Ale potom se budeme učit, jo? Musíme se učit!
MILOŠ:	(*tiskne jí ruku*) Můžeme se učit spolu. Pojď, Olgo. Ty také, Karlíku! No pojď, chlapče! (*Jdou nahoru. Olga téměř pláče, protože nic neumí. Miloš se směje. Karel jde a čte dál svůj dopis.*)
VRÁTNÁ:	Slečno! (*Ale je pozdě. Už jsou pryč. Paní vrátná se trochu zlobí ale musíte chápat, že je tu jen týden a chce všechno dělat dobře a správně a také už není mladá holka. Cítí, že stárne.*)

třetí third
paní Mrs, lady, woman
vrátný *m*, -á *f* porter
pán, *voc.* pane! man, *voc.* sir!
kam? where to?
jít – jde go, come
jmenovat se be called/named
jak se jmenujete? what's your name?
bydlet live (*in a place*)
vás you *acc. of* vy
ještě still, yet
znát – zná know
jenom, jen only
týden week

počkejte! wait!
dopis letter
Karel, *voc.* Karle! = Charles
překvapení a surprise
nikdy never (*followed by a negative verb*)
nikomu to nobody (*neg. verb*)
nic nothing (*neg. verb*)
jak to? how come?
ti to you
najednou suddenly, all at once
někdo someone
psát – píše write
dlouhý long
Karlík *familiar form of* Karel

slyšet hear
vůbec ne- not at all
poslouchat listen to
tohle this (*invariable* **-hle** *for
   emphasis*)
zajímavý interesting
muset must, have to
(pře-) číst (si) – **čte** read
mi to me
sestra sister
si to himself, oneself, *etc.*
zřejmě evidently
chtít – **chci chceš . . . chtějí** want
totiž you see, that is, i.e.
žena woman; wife
který who, which, that (*relative
   pronoun, declines like an adj.*)
milovat love
připravovat (se) prepare
potřebovat need
pomoc *f* help
umět, *3rd pers. pl.* **umějí** know
   (how)
nahoru up(stairs)
vařit cook, boil, make
čaj tea

fajn fine
budu budeš *etc.* will (be)
tisknout squeeze, press, print
jí (to) her
ruka hand
moci – **mohu můžeš . . . mohou**
   can, be able
spolu together
pojď! come (on)!
chlapec, *voc.* **-pče!** boy, lad
téměř almost, nearly
plakat – **pláče** cry, weep
protože because
smát se – **směje se** laugh
dál on, further, go on -ing
svůj his (own), one's own
slečna miss, girl
pozdě late, too late
pryč away, gone
chápat – **chápe** understand,
   grasp
všechno all, everything
správně correctly
cítit feel
stárnout get/grow old, age

GRAMMAR

The Present Tense

Verbs with infinitives ending in **-ovat** (3rd Class) and **-nout** (2nd
Class) and some verbs ending in **-at** (1st Class) have very similar
present tenses. Note that **-ov-** becomes **-u-** before present tense
endings in the **-ovat** type. Bracketed forms are colloquial variants.

3	studovat:	studuji (-ju) studuješ studuje studujeme studujete studují	to study
2	tisknout:	tisknu tiskneš tiskne tiskneme tisknete tisknou	to print; to press
1	chápat:	chápu chápeš chápe chápeme chápete chápou	to understand; to grasp

Verbs with third person singular ending **-je** are 3rd Class, **-ne** 2nd Class, and plain **-e** 1st Class.

Note these monosyllabic verbs:

3	**pít** (to drink):	**piji (piju) piješ pije pijeme pijete pijí**
1	**jít** (to go, come):	**jdu jdeš jde jdeme jdete jdou**
	jet (to go, come, ride by vehicle):	**jedu jedeš jede jedeme jedete jedou**
	psát (to write):	**píšu píšeš píše píšeme píšete píšou**
	moci (moct) (to be able, can):	**mohu (můžu) můžeš může můžeme můžete mohou (můžou)**
	chtít (*irregular*) (to want):	**chci chceš chce chceme chcete chtějí**

The Future Tense

The future tense of **být** 'to be' is:

budu budeš bude	I shall be, you will be, *etc.*
budeme budete budou	

Budu starý.	I shall be old.
Nebudou doma.	They won't be at home.

The future of **být** may be used to form the future tense of other verbs. It is used with the infinitive of the verb concerned. This does not apply to perfective verbs – see Lesson 9.

Co tam budeš dělat?	What will you do there? What will you be doing there?
Budu studovat češtinu.	I'll be studying Czech.
Budou se dívat na televizi.	They will watch television.
Budeme ho hledat.	We shall be looking for him. We shall look for him.

Note the positions of **se** and **ho** (second slot in the clause).

Modal Verbs

Modal verbs add the ideas of certainty, necessity, ability, desirability, etc. to the main verb, which follows the modal verb and is in the infinitive.

Můžeme jít spolu.	We can go together.
Chci ho vidět.	I want to see him.
Nepotřebuju to vědět.	I don't need to know that.

Note also **muset** (or **musit**) 'have to, must', **smět – smí**, *3rd pers. pl.* **smějí** 'be allowed/permitted, may', and **mít** 'have to':

Musím jít domů.	I must go home. I have to go home.
Nemusím jít domů.	I don't have to go home. I needn't go home.
Smí jít domů.	He may (is allowed to) go home.
Nesmí jít domů.	He mayn't go home. He is not allowed to go home. He mustn't go home.
Máš jít domů.	You have to go home. You are to go home.

Adjectival Nouns and Surnames

Some nouns are adjectival in form and decline like adjectives. This category includes a large number of surnames, e.g. **Novotný**, **Smutný**, **Malý**.

Women are given the corresponding feminine form, e.g. **pan Novotný a paní Novotná** 'Mr Novotný and Mrs Novotná', **slečna Malá** 'Miss Malá'.

Surnames may also be noun type words, in which case the feminine forms end in **-ová**, and they are adjectival, e.g. **pan Kábrt a paní Kábrtová**. (The sg. of **paní** 'Mrs, wife, married woman' is invariable.)

The Vocative Case

The vocative case is used to address or call a person: **Evo!** 'Eva!'

Only nouns which end in **-a** or a consonant have a vocative singular distinct from the nominative. (In the plural all nouns simply use the nominative.)

VOCATIVE SINGULAR

1st:	-o!	žena – ženo! Eva – Evo!
2nd:	-e!	pan – pane! David – Davide!
3rd/4th:	-i!	muž – muži! Miloš – Miloši! radost – radosti!

Final **-r** becomes **ř** after another consonant and before **-e!**: **Petr – Petře!** (but **profesor – profesore!** 'teacher'). Nouns ending in **g/h**, **ch** or **k** have **-u!**: **kluk – kluku!** 'boy!'. The ending **-ec** gives **-če!**: **chlapec – chlapče!** 'boy!'.

Adjectives simply use the nominative form throughout: **mladý pane!** 'young man!', **paní Novotná!** 'Mrs Novotná!'. Colloquially the nominative may be used after **pane**, e.g. **pane Kábrt!** 'Mr Kábrt!'

Exercises

1. Put the verb form into the plural and give the infinitive:
   bydlím, chápu, překvapuješ, cítíš, píše, slyší, umí, pláčeš, směješ se, čtu, jdeš, znám, bude, učím se, jmenuješ se, je, chce, mohu, tiskne, připravuje se, stárne, miluje, potřebuji.

2. Put into the future, using *budu* etc.:
   směji se, pláče, čteš, potřebují, chcete, známe, píšou, bydlím, mluvíte.

3. Give vocatives of:
   Jana, Eva, sestra, David, mladý pán, Petr, Karel, Karlík, kluk, Miloš, slečna, chlapec, paní Novotná, pan profesor.

4. Give feminine forms of these surnames:
Černý, Novák, Bílý, Kábrt, Loren, Beneš, Palacký, Dvořák,
Smetana.

5. Translate into Czech:
(a) My name is John Smith.
(b) You have a letter.
(c) He needs help.
(d) It is too late.
(e) That is a surprise!
(f) Do you know Olga?
(g) He is making tea.
(h) We are preparing for the exam.
(i) Karel is not listening.
(j) We can study together.
(k) He goes on reading his long letter.
(l) Olga is cross.
(m) Where are you going, David?

Čtvrtá Lekce – Fourth Lesson

■ DIALOGUE: LÁSKA

A

PETR NOVOTNÝ:	Kam jdeš, Jano?
JANA SMUTNÁ:	Jdu domů. Pak jdu večer do kina. Dávají anglický film a chci ho vidět. Je nový a prý moc dobrý. Aspoň Karel to říká. Dávají ho jenom dnes a zítra. Jestli chceš, můžeme jít spolu.
PETR:	Díky, Jano, díky, ale nemohu, bohužel. Já, Anna a David, jdeme do restaurace. Do té nové restaurace, vedle pošty. Znáš ji? A pak jedu domů. Do Prahy. Znáš Davida?

JANA: Ano, Davida znám. Znám ho velmi dobře. A co tam budeš dělat? Budeš se učit?

PETR: Ne, kdepak. Doma na to nikdy nemám čas. Mám tam dívku, přítelkyni. Jmenuje se Eva. Vždycky spolu někam chodíme, na koncert, do divadla, do biografu, do restaurace, nebo na procházku. Nebo sedíme doma.

JANA: Aha, už chápu, proč jezdíš domů tak často. Já doma už nikoho nemám. Kromě otce a matky. Bratr a sestra už jsou taky pryč. Oba studují. Znáš mého bratra?

PETR: Ne, neznám.

JANA: Studuje tady matematiku. Sestru asi neznáš. Matku a otce taky neznáš, že ne?

PETR: Jaká je tvoje sestra? Je hezká?

JANA: Ano, je velmi hezká. Chce studovat angličtinu. Umíš anglicky?

PETR: Ano, ale ne moc dobře. Tak na shledanou. Já už musím jít.

JANA: Ahoj, Petře! Na shledanou!

(*The genitive ending is shown after some nouns.*)

čtvrtý fourth
láska love
domů home (*motion*)
pak then
večer -a evening
večer in the evening
do +*gen.* into, to, until
kino cinema
dávat give, put, put on (*film, play, etc.*)
film film
nový new
prý apparently, people say
zítra tomorrow
jestli if
bohužel unfortunately
restaurace restaurant

vedle +*gen.* next to
pošta post office
ji her, it acc. *of* ona
jet – jede ride, go (*by vehicle*)
Praha Prague
doma at home
čas time
přítelkyně friend (*female*)
někam to somewhere
chodit go, come (*regularly, iterative*)
na +*acc.* on to, to, for
koncert concert
divadlo theatre
biograf cinema
procházka a walk
sedět sit

aha aha
jezdit ride, go (*iterative*)
často often
nikdo, *acc.* **nikoho** no-one
kromě +*gen.* except
otec -tce father
matka mother
oba *m*, **obě** *n/f* both, the two
studovat study
mého *acc.* = *gen. of* **můj** my

matematika mathematics
že ne? do you? *lit.* 'that no'
   (*after negative statement*)
jaký what sort/kind of, what
   . . . like, what *adj.*
tvoje = **tvá**, *f of* **tvůj** your
hezký pretty
anglicky (in) English
umíš anglicky? do you know
   English?

■ **B**

EVA KÁBRTOVÁ:	(*Petr Evu k sobě tiskne a líbá*) Tak, tohle je byt pana Petra Novotného! Co budeme dělat? Proč mě tak mačkáš? Petře, prosím tě!
PETR:	Mám tě rád, Evo. A co ty? Miluješ mě? Máš mě aspoň trochu ráda? Evičko!
EVA:	Ale, Petříčku, to víš, že jo. Miluji tě. Mám tě strašně ráda. Kam půjdeme? Půjdeme někam?
PETR:	No, můžeme třeba do parku, když je tak hezky. Odpoledne se pak půjdeme koupat a večer můžeme do hospody, nebo někam na víno, do vinárny. Nebo do filmového klubu.
EVA:	Ale já nevím, Petře.
PETR:	Koupeš se ale přece ráda, ne?
EVA:	To víš, že jo, ale nemám tady plavky.
PETR:	Tak co třeba do města – do galerie moderního umění, nebo do botanické zahrady? Nebo na hrad? Do chrámu svatého Víta?
EVA:	Ale ne, já nechci. Ráda sedím doma a dívám se na televizi. Já jsem líná. Dneska nechci nikam.
PETR:	Tak jo, když nechceš, budeme doma. Budeme se dívat na televizi. Co dávají dnes večer?
EVA:	Takový starý český film, jmenuje se Život bez radosti. Nechci se na to dívat. Bude to asi strašně nudný film. Ale pozor. Jde sem matka!

MATKA: Co tu děláte? Kam jdete? Vždyť já přece vařím oběd, a vy jdete pryč. Nechcete alespoň kávu anebo čaj?

EVA: Jdeme na procházku, paní Novotná. Do toho malého parku u řeky, znáte to tam? Je to tam prý moc hezké. Ten parčík není daleko. Nebudeme tam dlouho.

MATKA: Který park myslíte? Já to tam neznám. Říkáte, že tam nebudete dlouho? Ano? No jak myslíte. Petře, máš klíč?

PETR: Ano, mám. Za hodinu jsme zpátky. Nemáme moc času. Připravujeme se na tu zkoušku, víš.

MATKA: Na zkoušku? Vy máte zítra zkoušku?

EVA: Ano, vždycky v pondělí máme krátkou zkoušku. Tak my už jdeme.

MATKA: A já jdu vařit. Čas plyne a my stárneme, že ano. Proč ji má rád, tu dívku? Není moc hezká. Já toho kluka nechápu.

byt flat, apartment
k sobě to(wards) himself
líbat kiss
mačkat squeeze, crush
Evička *dim. of* **Eva**
Petříček -čka *dim. of* **Petr**
to víš že jo you know I do, of course I do
strašně awfully, so much
půjdu *etc.* I will go *etc.*
třeba say, for instance
park park
můžeme do parku we can go (*understood*) to the park
je hezky it is nice (*weather*)
odpoledne *n* afternoon
odpoledne in the afternoon
koupat se – koupe se bathe
hospoda pub
víno wine

vinárna wine bar
filmový film *adj.*
klub club
přece, ale přece after all, but after all, but (*remonstrating*)
ne? don't you? *lit.* 'no?'
plavky *pl.* swimsuit
město town, city
galerie gallery
moderní modern
umění art
botanický botanic(al)
zahrada garden
hrad castle
chrám cathedral
svatý Saint, holy
Vít = Vitus
ráda sedím I like sitting
dívat se na +*acc.* look at, watch
televize television

líný lazy
dneska = dnes today
nikam to nowhere
takový some (kind of), such,
　sort of
život -a life
bez +gen. without
nudný boring
pozor watch, careful, mind out
sem here (motion)
vždyť I mean, after all, besides
oběd -a lunch, dinner, midday
　meal
káva coffee
anebo or

u +gen. at, by, beside, at the
　house/place of
řeka river
parčík dim. of park (little) park
daleko far (away)
který? which?
za +acc. in (at the end of, time)
hodina hour
zpátky back
krátký short
pondělí, v pondělí Monday, on
　Monday
plynout flow (gas), pass (time)
že ano/jo don't we, lit. 'that yes'

Words and Phrases

To víš, že jo.	You know I do. Of course I do. Of course.
Že ano/jo?	Is it not so? (after positive statements), lit. 'that yes?'.
Že ne?	Is it not so? (after negative statements), lit. 'that no?'.
Matku znáš, že ano/jo?	You know mother, don't you?
Matku neznáš, že ne?	You don't know mother, do you?

GRAMMAR

Verbs of Motion

A few simple verbs of motion have two forms, one durative, for a single action, and the other iterative, for repeated action or for action which has no specific direction. For example, **jít** – **jde** 'go, come' is durative, while its counterpart **chodit** 'go, come' is iterative:

Jde do kina.	He is going to the cinema (*now, single action*).
Chodí do kina.	He goes to the cinema (*repeatedly, habitually*).
Umí chodit.	He knows how to walk (*in general, indeterminate, no one act in a particular direction*).

Similarly, **jet – jede** 'go, come by vehicle, ride' is durative, while **jezdit** 'go, come by vehicle, ride' is iterative:

Jede do Londýna.	He is going to London.
Jezdí do Londýna.	He goes (*repeatedly, regularly*) to London.

Other such pairs are:

nést – nese *dur.*, **nosit** *iter.*	carry, take (by carrying)
vést – vede *dur.*, **vodit** *iter.*	lead, take (by leading)
vézt – veze *dur.*, **vozit** *iter.*	carry (by vehicle), take (by vehicle)
letět *dur.*, **létat** *iter.*	fly
běžet *dur.*, **běhat** *iter.*	run
hnát – žene *dur.*, **honit** *iter.*	chase

The duratives form special futures with the prefix **po-** added to present tense forms (**pů-** in the case of **jít – jde**). The iteratives form ordinary futures with **budu**:

Půjde do kina.	He will go to the cinema (*single action*).
Pojede do Londýna.	He will go to London (*single action*).
Bude chodit do kina.	He will go (*habitually*) to the cinema.
Bude jezdit do Londýna.	He will go (*habitually*) to London.

The Genitive Case

Note that the genitive sg. signals which declension a noun belongs to.

GENITIVE SINGULAR ENDINGS

1st:	-y	žena – ženy
2nd:	*ma/n* -a *mi* -u	pán – pána, město – města hrad – hradu
3rd:	-e/ě	muž – muže, lekce – lekce
4th:	-i	radost – radosti
5th:	= *nom.*	náměstí

Some 2nd Decl. masculine inanimate nouns have **-a** instead of **-u**, e.g. **život – života** 'life', **svět – světa** 'world' (shown in vocabs).

Many nouns ending in **-e-** plus a consonant drop the **-e-** before any case endings, e.g. **Petříček – Petříčka, Karel – Karla** 'Charles', **sen – snu** 'dream', **otec – otce** 'father' (shown in vocabs).

Some monosyllabic nouns ending in a consonant shorten a long vowel before any case endings (**á→a, é→e, í→e/ě/i, ů→o**), e.g. **mráz – mrazu** 'frost', **chléb – chleba** 'bread', **vítr – větru** 'wind', **líh – lihu** 'alcoholic spirit', **dům – domu** 'house' (shown in vocabs).

The genitive case corresponds to English 'of' or '-'s'. It is also used in certain time phrases and after certain prepositions, e.g. **do** 'into', **z** 'out of', **s** 'down from', **od** 'from, away from', **u** 'near, by, at the house/place of', **vedle** 'beside, next to', and **bez** 'without'.

Byt otce a matky Petra Novotného. The flat of the father and mother of Petr Novotný. Petr Novotný's father and mother's flat.

Galerie moderního umění.	The gallery of modern art.
Druhého dne.	The second/next day. On the second day.
Jdu do kina.	I am going to the cinema.
Život bez radosti.	Life without joy.

The Genitive of Adjectives

Adjectives qualifying genitive singular nouns have these endings:

m/n	**toho prvního malého pána/města**
f	**té první malé ženy**

The endings for masculine and neuter genders are identical in cases other than the nominative and accusative. The endings for the masculine animate accusative singular are the same as the genitive endings, e.g., **Vidíš toho malého pána?** Do you see that little man? **Vidíš mého tátu?** Do you see my Dad?

The Accusative Singular of Masculine Animates

The accusative singular of masculine animate nouns is the same as the genitive singular (unless they end in **-a**, e.g. **táta**, *acc.* **tátu** 'Dad'):

	Vidíš ten hrad?	Do you see that castle?
BUT:	**Vidíš toho pána (muže)?**	Do you see that gentleman/man?
	Znáte Petra?	Do you know Petr?
	Máte otce?	Do you have a father?
	Mám bratra.	I have a brother.

N.B.: *ma* nouns ending in **-tel** are 3rd Decl., e.g. **učitel -e** 'teacher':

Mám dobrého učitele.	I have a good teacher.

Diminutives

Many nouns have diminutives, used either to denote smallness or endearment. They are very common in everyday speech. The basic

English translation as 'little, nice little' etc. has to be avoided often to avoid unnatural diction. Typical diminutive suffixes are:

		double diminutives:	
m	-ek, -ík		-eček, íček
n	-ko		-ečko, -íčko
f	-ka		-ečka, -ička

Examples: **dům – domek – domeček** 'house – little house – tiny little house', **park – parčík** 'park – little park', **Petr – Petřík – Petříček** 'Peter – Pete – little Pete', **oko – očko** 'eye – little eye', **město – městečko** 'town – little town', **kniha – knížka** 'book – little book', **ulice – ulička** 'street – little street', **Eva – Evička** 'Eve – little Eve'. Sometimes the diminutives are used to express a concept somewhat different from the original noun, or refer to an object always smaller than that denoted by the original noun, e.g. a savings book is **spořitelní knížka** (not **kniha**).

There are also diminutive adjectives, used expressively, ending in **-ičký, -inký, -oučký, -ounky**:
malý – maličký/malinký/maloučký/malounký 'little – nice little' etc.

Rád

This adjective is used in conjunction with verbs. **Být rád** means 'to be glad' and **mít rád** +*acc.* 'to like (something), love/like (someone)'.

It has nominative endings only: *sg m* **rád**, *n* **rádo**, *f* **ráda**, *m pl* **rádi**, *f pl* **rády**, *n pl* **ráda**.

Jsem rád (ráda), že jsi tady.	I am glad that you are here.
Jsou rádi, že nejsou doma.	They are glad that they are not at home.
Mám Petra ráda.	I (*feminine subject*) love/like Petr.

Used with any 'doing' verb **rád** means 'like doing':

Rád (ráda) sedím doma.	I like sitting at home.
Koupeš se rád (ráda)?	Do you like bathing? (DON'T use infinitives!)

The negative of **rád** is either **ne- . . . rád** 'not . . . glad, not . . .
like' or (with shortened **a**) **nerad** 'displeased, dislike':

Nemám rád kávu.	I do not like coffee.
Mám nerad kávu.	I dislike coffee.
Nekoupu se rád (ráda).	I do not like bathing, do not enjoy bathing.
Nerad (nerada) se koupu.	I dislike bathing.

Ten, to, ta

Note the use of **to** as a pronoun referring to something general
rather than a particular noun:

To je dobré.	That is good.
Co je to?	What is that (it)?
Co je to žena?	What is a woman? (*lit.* What is it a woman?)

Sometimes, however, **to** must be translated as 'he', 'she' or 'they':

Kdo je to?	Who is that/it/he/she?
To je pan Krejčí.	That is Mr. Krejčí.
Je to tvůj učitel?	Is that/he your teacher?
Ano, je to můj učitel.	Yes, he is my teacher.
Jsou to děti.	They are children.

Ten, **to**, **ta** may also be used as emphatic pronouns meaning 'this
one, that one, it':

Znáš ten park? Ne, ten neznám.	Do you know that park? No, I don't know that one.

English 'One'

'One' meaning an indefinite person or people may be rendered by
the noun **člověk** 'person, man':
Člověk nikdy neví. One never knows. A man/person never knows.
(also, in this phrase: **Jeden nikdy neví.**)

Exercises

1. Give iterative forms of the following durative verbs of motion:
jde, jede, běžíš, letíš, nesu, vedu, ženou.

2. Give futures of: jde, jedete, chodíme, jezdíš, nesou.

3. Fill in the blanks with the words indicated:
   (a) kino: Jdeme do — .
   (b) ta nová restaurace: Chci jít do — — — .
   (c) divadlo: Pošta je vedle — .
   (d) byt: Nese ji do — .
   (e) ten malý park: Vede ho do — .
   (f) kuchyně: Petr běží do — .
   (g) řeka: Jde od — .
   (h) moderní umění: Znáte galerii — — ?
   (i) Anna Kábrtová: Čekáme na — — .
   (j) bratr: Hledám — .
   (k) David Novotný: Nemám — — rád(a).
   (l) ten malý český student: Vidíte — — — — ?
   (m) otec: Eva veze — do Londýna.
   (n) hospoda: Půjdeme do — .
   (o) zahrada: Dům bez — .
   (p) klub: Chodím do — .
   (q) svatý Vít: Chrám — — .

4. Add the appropriate form of *malý* to these sentences:
   (a) Má – sestru.
   (b) Mám – bratra.
   (c) Kde je ten – klíč?
   (d) To je – kino.
   (e) Mají – zahradu.

5. Give the responses to these questions:
   (a) Chcete jít do divadla? (No, I don't.)
   (b) Kde je ta restaurace? (Next to the theatre.)
   (c) Kam jdeš? (I'm going home.)
   (d) Máš mě rád? (Yes, I do.)
   (e) Co děláš? (I'm watching television.)
   (f) Studujete češtinu? (Yes, I am studying Czech.)
   (g) Máte rád (ráda) matematiku? (No, I don't like mathematics.)

6. Translate into Czech:
   (a) Where is he going?
   (b) Do you know that new English restaurant?
   (c) The theatre is beside the cinema.
   (d) Eva, where is David?
   (e) He doesn't want a brother, he wants a sister.
   (f) She loves that boy.
   (g) Do you like him?
   (h) We are going to London today.
   (i) Do you go to London often?
   (j) Do you like going to the cinema?
   (k) I am going for a walk.
   (l) I will go home.
   (m) He likes cooking.
   (n) Eva doesn't like bathing.
   (o) Will you be at home tomorrow?
   (p) You can go to the park.
   (q) Do you have a brother?
   (r) No, but I have a sister.
   (s) Is she pretty?

7. Reread the dialogues and answer these questions:
   (a) Kam jde Jana?
   (b) Umí Petr anglicky?
   (c) Koupe se Eva ráda?
   (d) Co dělá matka?
   (e) Proč jezdí Petr domů tak často?
   (f) Kam chce Eva jít?

Pátá Lekce – Fifth Lesson

■ DIALOGUE: MEDITACE I

ANNA: Ahoj, Davide! Kam jdeš?

DAVID: Jdu do knihovny. Proč se ptáš?

ANNA: Proč tam jdeš? Pořád tam chodíš. Musíš studovat? Připravuješ disertaci?

DAVID: Ne, ne, já se tam nejdu učit. Chce se mi spát a tam v knihovně je klid.

ANNA: Kde je Petr? Není v Bratislavě nebo v Brně? Nebo v Olomouci? Pořád někam jezdí.

DAVID: Už je zpátky. Sedí v pokoji na podlaze a medituje.

ANNA: Je mu špatně?

DAVID: Kdepak, je mu dobře. Je líný. Nerad pracuje, nerad se učí. Kolikrát ho vidím v kuchyni sedět a dívat se do prázdna. Říkám mu něco a on neodpovídá. Ani mě neslyší. Je jakoby v jiném světě. Každý den po obědě spí aspoň hodinu a po večeři čte chvíli nějakou knihu a chodí brzo spát. Ale dost rád cestuje, máš pravdu. Má přítelkyni někde na Slovensku, takže tam často jezdí, a potom má v Olomouci sestru, kterou strašně miluje.
Rád mluví o literatuře, o Nerudovi, o Haškovi a tak. A pořád čte. Vidím ho někdy v autobuse nebo v metru nebo chodit po ulici a vždycky má nějakou knihu a čte si. Já ho nemám rád.
Je to divný člověk.

ANNA: Ale já nechci mluvit o Petrovi, chci mluvit o tobě.

DAVID: O mně?

pátý fifth	**chce se mi** I feel like, *lit.* 'it
meditace meditation	wants itself to me'
knihovna library	**spát – spí** sleep
ptát se – ptá se +*gen.* ask	**klid** calm
pořád constantly, keep	**Bratislava** = capital of Slovakia
disertace dissertation	**Brno** = chief city of Moravia

Olomouc *f* = university town in Moravia

v +*loc.* in (**ve** before **v/f** and many consonant groups)

pokoj room

na +*loc.* on

podlaha, *loc.* **-ze** floor

meditovat meditate

je mu špatně/dobře he is feeling ill/well, *lit.* 'is to him badly/well'

mu to him, to it

nerad doesn't like, not glad(ly)

pracovat work

kolikrát how many times, how often

kuchyně kitchen

prázdno emptiness, empty space

on he

odpovídat answer, reply

ani ne- doesn't even, not even

jakoby as if, as though

jiný other, another, different

svět -a world

každý every, each

po +*loc.* after, along

hodinu for an hour

večeře dinner, supper, evening meal

chvíle while, moment; **chvíli** for a while

nějaký some

kniha book

brzo early, soon

dost quite, rather, enough

cestovat travel

mít pravdu be right, 'have truth'

na Slovensku in Slovakia

o +*loc.* about

literatura literature

Neruda, Jan 19C Czech writer

Hašek-ška, Jaroslav 20C Czech writer

metro metro, underground

ulice street

divný strange, odd

člověk person

tobě *dat./loc. of* **ty** you *sg.*

GRAMMAR

The Locative Case

Nouns

The locative case is only used after prepositions **v** (**ve**) 'in', **na** 'on', **o** 'about', **po** 'after' and **při** 'at, beside':

Je v Praze.	He is in Prague.
Leží na podlaze.	He is lying on the floor.
Mluví o Praze.	He is talking about Prague.
Po obědě spí.	After lunch he sleeps.
Sedí při okně.	He is sitting by/at/beside the window.

The endings are as follows (masculine animate nouns are treated separately below):

LOCATIVE SINGULAR

1st:	**-e/ě**	**žena – ženě**
2nd:	**-e/ě** *or* **-u**	**hrad – hradě, hradu**
3rd/4th:	**-i**	**lekce – lekci**
		radost – radosti
5th:	= *nom.*	**náměstí**

The ending **-e/ě** involves some consonant changes:

(a) as indicated by spelling **-ě** after labials and dentals (**b, p, m, v, f** and **d, t, n**), e.g.
   ryba – rybě 'fish', **máma – mámě** 'Mum', **knihovna – knihovně** 'library', **oběd – obědě** 'lunch'.

(b) **g/h→z, ch→š, k→c** and **r→ř** before **-e**, e.g.
   Olga – Olze 'Olga', **Praha – Praze** 'Prague', **střecha – střeše** 'roof', **ruka – ruce** 'hand', **míra – míře** 'measure'.

With other consonants there is no change, e.g. **hala – hale** 'hall', **les – lese** 'forest'.

In the 2nd decl. the ending may be either **-e/ě** or **-u**, but in many common nouns **-e/ě** is more usual or standard, especially in set phrases with **v** 'in' or **na** 'on'.

However, most nouns ending in **g/h**, **ch**, **k** and **r** only use the ending **-u**, and this restriction also applies to most abstract nouns and many others, especially of recent origin, e.g. **park – v parku** 'in the park', **sníh – ve sněhu** 'in the snow', **metro – v metru** 'in the metro'; **klid – v klidu** 'in calm/peace', **hotel – v hotelu** 'in the hotel', **klub – v klubu** 'in the club', **film – ve filmu** 'in the film'.

Try to remember specific phrases: **na, v hradě/u** 'at, in the castle', **město – v městě** 'in town', **dům – v domě** 'in the house', **svět – na světě** 'in the world', **stůl – na stole** 'on the table', **život – v životě** 'in life', **divadlo – v divadle** 'in the theatre', **kino – v kině** 'in the cinema', **místo – na místě** 'on the spot, in the place', **dvůr – na dvoře** 'in the yard', **auto – v autě** 'in the car', **oběd – po obědě** 'after lunch', **Brno – v Brně** 'in Brno', **Londýn – v Londýně** 'in London', byt – v bytě/u 'in the flat', **autobus** – v **autobuse/u** 'in the bus', **koncert** – na **koncertě/u** 'at the concert'.

Masculine Animate Locative

Most masculine animate nouns form a locative sg. in **-ovi**:
pán – o **pánovi**, **táta** – o **tátovi**, **Petr** – o **Petrovi**.
But 3rd decl. nouns prefer **-i**, except for names standing at the end of a phrase, e.g. **učitel** – o **učiteli**, **muž** – o **muži** (**mužovi** is also possible), **Tomáš** – o **Tomášovi**.
In the 2nd decl. the ending **-u** is used mainly within phrases or with nouns for animals, e.g. **Jan Novák** – o **Janu Novákovi**, **pes** – o **psu/psovi** 'dog'; note also **člověk** – o **člověku** 'person', **Bůh** – o **Bohu** 'God'.

Locative of Adjectives

Adjectives referring to nouns in the locative case take the following endings:

m/n	o tom prvním malém pánovi/městě
f	o té první malé ženě

Word Order

Reflexive pronoun forms **se** 'oneself' and **si** 'to oneself' take precedence in word order over other personal pronouns (unstressed):

Ptá se ho.	He/she asks him. (**ptát se** +*gen*. ask)
Petr se ho ptá.	Petr asks him.
Proč se ho neptáš?	Why don't you ask him?
Chce se mi spát.	I am sleepy. I feel like sleeping.

Verbs of Perception

Verbs of perception (seeing, hearing, etc.) are followed in Czech by an infinitive where in English there is a present participle in '-ing':

Vidím ho ležet na podlaze.   I see him lying on the floor.
Slyším ho mluvit.   I hear him speaking.

Exercises

1. Pick out the locatives in the dialogue.

2. Fill in the blanks with appropriate forms of the words indicated:
   (a) Londýn: Honza je v — .
   (b) Praha: Eva studuje v — .
   (c) Brno: Táta pracuje v — .
   (d) Bratislava: Jedeme do — .
   (e) Paříž *f* 'Paris': Chci jet do — .
   (f) Olomouc *f*: Matka je v — .
   (g) podlaha: Klíč leží na — .
   (h) balík: Adresa je na — . (*adresa* address)
   (i) slovník: Hledáme slovo ve — .
   (j) tá mladá žena: Mluvíme o té — — .
   (k) koncert: Ivan je na — . Jde na — .
   (l) schůze: Nechce mluvit o té — .
   (m) ten starý pán: Čekáme na — — — . Znáte — — — ? Sestra
       nechce mluvit o — — — .

3. Respond as suggested:
   (a) Kde je Petr? (He's in Slovakia.)
   (b) Kde bydlí Petr? (He lives in Prague.)
   (c) Kde je otec? (He's in the kitchen.)
   (d) Kde je David? (He's lying on the floor.)
   (e) Kam jdeš? (I'm going to the library.)
   (f) Kam půjdeme? (We'll go to the theatre.)

4. Translate into Czech:
   (a) I don't want to talk about Hašek.
   (b) He is sitting in the library.
   (c) He goes to sleep early.
   (d) Do you hear me?
   (e) He likes travelling.
   (f) I'm feeling sleepy.
   (g) I often see him walking along the street.

(h) What'll we do after dinner?
(i) Jiří is back now.
(j) He's cooking lunch.
(k) He's reading a book.
(l) He's asleep.
(m) Dad doesn't like working.
(n) Anna is back.
(o) She is meditating in the kitchen.
(p) I don't want to talk about you.
(q) I want to talk about literature.

Šestá Lekce – Sixth Lesson

■ DIALOGUE: MEDITACE II

ANNA: Ano, o tobě. Vypadáš smutně. Není ti něco?

DAVID: Ne, je mi dobře. Mám ještě tu rýmu, ale to nic není. V noci trochu kašlu a zase trochu, když ráno vstávám. A pak celý den nic. Ráno sice nemám chuť k jídlu, ale stejně nerad snídám, takže mně to nevadí.

ANNA: Nechceš na chvíli ke mně? Píšu domácí úkol, překládám z češtiny do angličtiny a potřebuju pomoc. Tady tomu prvnímu slovu nerozumím vůbec. Není v tom malém kapesním slovníku, co mám já, ani v tom velkém, který mají v knihovně. Nechceš své milé Aničce trochu pomoct? Když to tak umíš.

DAVID: Ale já to tak moc neumím. No dobře, půjdeme k tobě. Ale jenom na chvíli, protože pak musím na poštu.

ANNA: Proč?

DAVID: Posílám balík tomu anglickému studentovi, Philipu Smithovi z Londýna, znáš ho? Mám pro něj knihu o současné české literatuře. A jeho ženě posílám jako dárek anglickou knihu o staré Praze a Pražském hradě a ilustrovanou knihu o Československu.

ANNA: O Philipovi nechci nic slyšet. Nemám ho ráda. On má ženu? To slyším poprvé.

DAVID: Pozor! Jde sem Petr. Po meditaci je vždycky lepší se mu vyhýbat. Je vždycky takový divný.

PETR: (*pro sebe*) Já chci Anně a Davidovi vyprávět o včerejší schůzi na fakultě a oni odcházejí. Anno! Davide! Proč se mi vyhýbáte?

(*Genitive* **-i** *indicates 4th Decl. feminine*)

vypadat look (+*adv*)

smutně sad(ly)

není ti něco? is something wrong? *lit.* 'is not to you something?'

je mi dobře I feel well, *lit.* 'it is to me well'

mi to me *dat.*

rýma a cold

noc -i night

kašlat – kašle cough

zase again

ráno morning, in the morning, early

vstávat get up, stand up

celý the whole, all, entire

chuť -ti appetite, taste

k +*dat.* to, towards (*here* = for) (**ke** before **k/g** and many consonant groups)

jídlo food

stejně anyway

snídat have breakfast

sice . . ., ale 'it's true that . . . but/however', 'although . . ., . . .'

mně *dat./loc.* me

vadit matter

na chvíli for a while/moment (*future sense*)

ke mně to me, to my place/house (**ke** = **k**)

domácí home *adj.*, domestic

úkol task, piece of work

domácí úkol piece of homework

překládat translate

z +*gen.* out of, from (**ze** before **z/s** and many consonant groups)

slovo word

kapesní pocket *adj.* (**kapsa**: pocket)

co *here* = who, which, that

ani nor

který who, which, that (*relative pronoun*)

milý dear, sweet

Anička *dim.* of **Anna**

pomoct/pomáhat +*dat.* help

když when, if, since

to tak umíš you know how to do it so well, are so good at it

k tobě to you, to your place/house

protože because

na poštu to the post office

posílat send

balík parcel

Londýn -a London

pro +*acc.* for

něj *acc.* him, it (*after preposition*)
dárek -rku present, gift
současný contemporary
jeho his (*invariable*)
pražský Prague *adj.*
ilustrovaný illustrated
poprvé for the first time
to slyším poprvé that's the first I've heard of it

lepší better
vyhýbat se +*dat.* avoid
takový divný kind of strange
pro sebe to himself
vyprávět o +*loc.* tell about
včerejší yesterday's *adj.* (**včera** yesterday)
fakulta, na fakultě faculty, at the faculty

Words and Phrases

THE FAMILY

rodina family
rodiče parents
děti children
otec -tce father
táta Dad
tatínek -nka Daddy
tati! Daddy!
kluk, chlapec -pce, hoch boy
syn son
bratr brother
dědeček -čka grandfather
vnuk grandson
vnoučata *n pl.* grandchildren
strýc uncle
muž man, husband
manžel husband
pán man, gentleman
pan Novotný Mr Novotný

příbuzný, -ná a relative
soused (-ka) a neighbour

rodič parent
dítě *n* child
matka mother
máma Mum
maminka Mummy
mami! Mummy!
dívka, holka, děvče *n* girl
dcera daughter
sestra sister
babička grandmother
vnučka granddaughter

teta aunt
žena woman, wife
manželka wife
paní lady, woman
paní Novotná Mrs Novotný
slečna Novotná Miss Novotný
slečna Miss, girl

GRAMMAR

The Dative Case

The dative case is mostly the same in form as the locative sg. It is used to express the indirect object of a verb, e.g. giving or saying 'to', doing 'for', taking 'to' or 'from'. It is also used after certain prepositions, notably **k** 'towards, to', **proti** 'against, opposite', **kvůli** 'for the sake of' and **díky** 'thanks to, due to'.

Dávám Petrovi knihu.	I give Petr a book. I give a book to Petr.
Říkám mu něco.	I say something to him. I tell him something.
Vařím Janě oběd.	I cook Jana lunch. I cook lunch for Jana.
Nesu Ivanovi knihu.	I take (*lit.* carry) Ivan a book. I take a book to Ivan. (**nést** – **nese** carry, take)
Beru Ivanovi knihu.	I take the book from Ivan (**brát** – **bere** take, remove)
Jde k řece.	He goes towards the river, to the river.

The dative is also used after certain verbs where English speakers might expect the accusative, e.g. **pomáhat** 'to help (a person)', **věřit** 'to believe (a person)', **radit** 'to advise (a person)', **závidět** 'to envy (a person)', **vyhýbat se** 'to avoid (a person or thing)', **rozumět** 'to understand (a person or thing)'.

Pomáhá Petrovi.	He helps Petr.
Vyhýbá se mu.	He avoids him.
Já mu nevěřím.	I don't believe him.

Dative endings are the same as for the locative sg. except that 2nd Decl. *m*/*n* nouns always have **-u** (**hradu**, **městu**) and *m*/*n* adjective forms are:

tomu prvnímu malému (**pánovi/městu**)

Formation of Adverbs

Standard adverbs are formed from adjectives by replacing **-ý/í** with **-e/ě**. The same consonant changes apply as in the dat./loc. case of nouns:

klidný – klidně 'calm – calmly', **dobrý – dobře** 'good – well', **tichý – tiše** 'quiet – quietly', **zdvořilý – zdvořile** 'polite – politely'.

A number of adverbs end in **-o**, e.g. **blízko** 'near, nearby', **daleko** 'far away', **dlouho** 'for a long time', **dávno** 'a long time ago', **často** 'often'.

Note the 'impersonal' use of adverbs after the verb 'to be', often with a dative of the person:

Je mi smutno.	I feel sad.
Je tam smutno.	It is sad there.
Je mi dobře/špatně.	I feel well/ill. *lit.* 'It is to me well/badly'.

This answers the question:

Je ti něco? *or* **Není ti něco?**	Is something wrong? *lit.* 'Is to you something?' *or* 'Is not to you something?'

Rest and Motion

Being 'at' someone's house or place (a state of rest) is expressed by **u** +*gen.* 'at, near', while motion 'to' someone's house or place is expressed by **k** +*dat.* 'to, towards':

Sedí u Jany a pije kávu.	He is sitting at Jana's (and) drinking coffee.
Jde k Janě na večeři.	He is going to Jana's for supper/dinner.

Similarly **v** +*loc.* 'in' is used for a state of rest, while **do** +*gen.* 'into' is used for motion:

Petr je v kině.	Petr is in (at) the cinema.
Petr jde do kina.	Petr is going to the cinema.

Sometimes the same preposition is used, but with different cases, the accusative case being reserved for motion. For example, **na** +*loc.* means 'on', but **na** +*acc.* means 'on to':

Kniha je na stole.	The book is on the table.
Dávám knihu na stůl.	I put the book on to (on) the table.

The same distinction applies to many adverbs, e.g.

rest:			motion:		
kde?	'where?'		**kam?**	'where to?'
tady, tu (formal **zde**)	'here'		**sem**	'to here'
doma	'at home'		**domů**	'home'
dole	'below, downstairs'		**dolů**	'down, downstairs'
nahoře	'above, upstairs'		**nahoru**	'up, upstairs'
venku	'out, outside'		**ven**	'out, outside'

But sometimes there is no distinction, e.g. **tam** 'there' is used for both rest and motion.

Kde je Honza?	Where is Honza?	(**Honza** = 'Johnny',
Honza je tady.	Honza is here.	familiar form of **Jan** = 'John')
Honza je tam.	Honza is there.	
Kam jde Honza?	Where is Honza going?	
Honza jde sem.	Honza is coming here.	
Honza jde tam.	Honza is going there.	
Honza je doma.	Honza is at home.	
Honza jde domů.	Honza is going home.	

Note also:

vlevo 'to/on the left', **nalevo** 'to/on the left', **doleva** 'to the left';
vpravo 'to/on the right', **napravo** 'to/on the right', **doprava** 'to the right';
levý 'left', **pravý** 'right'.

'In' and 'on'

Some nouns are preceded by **na** 'on' to express 'in' or 'at' where an English speaker would expect **v** 'in':

pošta – **na poště** 'in/at the post-office'; **Slovensko** – **na Slovensku** 'in Slovakia'; **Morava** – **na Moravě** 'in Moravia' (but **v Československu** 'in Czechoslovakia'); **koncert** – **na koncertě** 'at the concert'; **náměstí** – **na náměstí** 'on/in the square'; **letiště** *n* – **na letišti** 'at the airport'.

If **na** +*loc.* is used for place 'at' or 'in' (or 'on') use **na** +*acc.* for motion 'to':

na poštu 'to the post-office', **na Slovensko** 'to Slovakia', **na Moravu** 'to Moravia' (but **do Československa** 'to Czechoslovakia'), **na koncert** 'to the concert', **na náměstí** 'to the square', **na letiště** 'to the airport'.

Exercises

1. Pick out the datives in the dialogue.

2. Fill in the blanks with the words indicated:
   (a) mladý kluk: Posílá balík tomu — — .
   (b) sestra: Dávám — knihu.
   (c) bratr: Půjdeme k — na oběd.
   (d) Jana: Jde k — na večeři.
   (e) Petr: Nepomáhá — .
   (f) Ivan: Vyhýbám se — .
   (g) matka: Vařím — oběd.
   (h) řeka: Chci jít k — .
   (i) to druhé slovo: Rozumíš — — — ?
   (j) to třetí slovo: Ano, ale nerozumím — — — .
   (k) ta dívka: Nerozumím — —, když mluví anglicky.

3. Respond to the questions as indicated:
   (a) Víš něco o moderním umění (Yes, I do.)
   (b) Kde je matka? (She is in the kitchen.)
   (c) Co dělá? (She is cooking lunch.)
   (d) Co děláte vy? (I'm not doing anything.)
   (e) Jdeš domů? (No, I'm not going home yet.)

(f) Je táta nahoře? (No, he's downstairs.)

(g) Kam jdeš? (I'm going out.)

4. Translate into Czech:
   (a) He keeps studying.
   (b) I am preparing lunch.
   (c) Anna is sitting in the garden.
   (d) David has a cold.
   (e) Eva gives Honza his dictionary.
   (f) Ivan gives Anna a dictionary.
   (g) She wants to tell his teacher about Prague and about Czechoslovakia.
   (h) He feels like going to the cinema.
   (i) She has no appetite for food.
   (j) I don't like cooking.
   (k) She is avoiding him.
   (l) We have to go to the post-office.
   (m) They often see him sitting in the library.
   (n) I need a new pocket dictionary.
   (o) We are talking about literature.

5. Answer these questions on the dialogues:
   (a) Proč potřebuje Anna pomoc?
   (b) Proč musí David jít na poštu?
   (c) Kdo je Philip?
   (d) Má Anna ráda Philipa?

Sedmá Lekce – Seventh Lesson

■ **DIALOGUE: KDE JE DAVID? I**

PETR: Nevíš náhodou, kde je David? Hledám ho celé dopo-
         ledne, doma, na fakultě, všude.

JANA:	Byl tu se mnou právě před chvílí. Mluvili jsme spolu o té zkoušce. Teď stojí tamhle před poštou. Vidíš ho? Čeká tam s balíkem v ruce. Právě mi říkal, že posílá Philipu Smithovi do Anglie balík. Pamatuješ se na něj, tady studoval. Kdy to bylo, loni nebo letos?
PETR:	Myslíš toho vysokého, co chodil s Libuší? To bylo loni.
JANA:	Mezi námi, neměla jsem ho vůbec ráda. Nevím proč. Byl trochu drzý.
PETR:	Ale mně byl sympatický. Kde stojí David? Před tou dívkou s červenou kabelkou? Nebo tamhle za tím starým pánem se zelenou aktovkou, co má ten velký dlouhý svetr? Vidíš ho? Čte Rudé právo.
JANA:	Ale to je František Stříbrný. David stojí mezi tím vysokým klukem a tou velkou tlustou ženou, která pracuje na fakultě. Ten kluk stojí před Davidem, a ta žena je za ním, ale je to on. Znám jeho kabát.
DAVID:	(k té tlusté ženě) Promiňte, jak dlouho tu čekáte?
ŽENA:	Asi čtvrt hodiny. Fronta jde strašně pomalu. Ale já musím čekat, protože posílám velice důležitý dopis. Čekala jsem tady včera s balíkem půl hodiny.
DAVID:	Včera bylo lepší sedět doma, když tak mrzlo. No jo. Musíme prostě čekat. Nedá se nic dělat.

náhodou by chance
dopoledne morning
všude everywhere
byl was, were
s +*ins*. with (**se** before awkward consonant groups, **s** and **z**)
se mnou with me
právě just, just now
před +*ins*. in front of, before, ago
teď now
stát – stojí – stál stand; cost
tamhle over there
Anglie England

pamatovat se na +*acc*. remember
něj *acc. after prep*. him, it
kdy when?
loni last year
letos this year
myslet mean, think
vysoký tall, high (**nízký** low)
chodit s +*ins*. go out with
Libuše girl's name (*legendary Czech princess*)
mezi +*ins*. between, among
drzý rude, insolent
sympatický likeable, nice

mně byl sympatický he seemed nice to me, I found him likeable, *lit.* 'to me he was likeable'
červený red
kabelka handbag
za +*ins.* behind, beyond
zelený green
aktovka briefcase
svetr sweater, jersey
rudý red, blood-red (*revolutionary colour*)
právo justice, right
Rudé právo 'Red Justice', *Czechoslovak Communist Party daily newspaper*
František = Franz, Francis
Stříbrný *surname* = Silver
tlustý fat (**hubený, tenký** thin)

ním *ins. after prep.* him, it
kabát coat
fronta queue, line
jak dlouho how long?
čtvrt -i quarter
pomalu slowly (**rychle** quickly)
velice very
důležitý important
půl half
včera yesterday
lepší better
mrznout freeze, be freezing (cf **mráz – mrazu** frost)
prostě simply
dá se it is possible
nedá se nic dělat nothing can be done, it can't be helped, *lit.* 'it is not possible to do anything'

Words and Phrases

THE WEATHER (**Počasí**)

Jak je dnes venku?	What's it like (outside) today?
Jaké je počasí?	What's the weather like?

Je hezky.	It's nice.	(**hezký** nice, pretty)
Je ošklivo.	It's nasty, horrible.	(**ošklivý** ugly, nasty)
Je krásně.	It's beautiful.	(**krásný** beautiful)
Je tma.	It's dark.	(**tma** darkness)
Je světlo.	It's light.	(**světlo** light)
Je horko.	It's hot.	(**horký** hot)
Je teplo.	It's warm.	(**teplý** warm)
Je chladno.	It's cool, cold.	(**chladný** cool)
Je zima.	It's cold.	(**zima** cold, *also* winter)
		(**studený** cold *adj.*)
Je sucho.	It's dry.	(**suchý** dry)
Je mokro.	It's wet.	(**mokrý** wet)

Je slunce.	It's sunny.	(**slunce** *n* sun)
Je vítr.	It's windy.	(**vítr – větru** wind)
Je mlha.	It's misty/foggy.	(**mlha** mist, fog)
Prší.	It's raining.	(**pršet** to rain)
		(**déšť – deště** rain)
Sněží.	It's snowing.	(**sněžit** to snow)
		(**sníh – sněhu** snow)
Mrzne.	It's freezing.	(**mrznout** to freeze)
		(**mráz – mrazu** frost)

Je ti zima?	Are you cold? *lit.* 'Is to you cold?'
Ne, je mi teplo.	No, I am warm.

GRAMMAR

The Past Tense of Verbs

The third person past tense form of the verb is arrived at by replacing the **-t** of the infinitive by **-l**. Verbs ending in **-nout** change this to **-nul** after a vowel, but shorten this to **-l** after a consonant. Translate this past tense by whatever English past tense is appropriate to the context.

5:	**čekat – čekal**	to wait – waited
4:	**slyšet – slyšel** **sedět – seděl** **kouřit – kouřil**	to hear – heard to sit – sat to smoke – smoked
3:	**studovat – studoval**	to study – studied
2:	**plynout – plynul** **mrznout – mrzl**	to flow, pass – flowed, passed to freeze – froze
1:	**chápat – chápal**	to understand, grasp – understood, grasped

This **-l** form agrees with its subject in gender and number. It takes the same endings as **rád -a** *etc.* 'glad':

Čekal. Bratr/autobus čekal.	He waited. Brother/the bus (*m*) waited.

Čekala. Sestra/práce čekala.   She waited. Sister/the work (*f*) waited.

Čekalo. Auto čekalo.   It waited. The car (*n*) waited.

Čekali.   They (*ma*) waited.

Čekaly.   They (*mi, f*) waited.

Čekala.   They (*n*) waited.

In the plural, forms in **-i/y** sound identical of course. Colloquially **-y** is also used for *n pl*, making all genders the same.

First and second person forms are expressed by adding forms of the verb 'to be': **jsem, jsi, jsme** and **jste**. Pronouns may be added for emphasis (**jsem** and **jsme** may then be omitted):

Čekal jsem. Já (jsem) čekal.   I waited. (Add **-a** if female.)

Čekal jsi. Ty jsi čekal.   You (*sg.*) waited.

Čekali jsme. My (jsme) čekali.   We waited.

Čekali jste. Vy jste čekali.   You (*pl.*) waited.

N.B. Čekal jste. Vy jste čekal.   You (*sg. formal*) waited.

Jsi may be replaced by **-s** attached to the preceding word:

Čekals. Čekalas.   You waited.

Cos dělal(a)?   What were you doing? (*or of course*: **Co jsi dělal(a)?**)

The auxiliary forms **jsem, jsi (-s), jsme** and **jste** are placed in the second grammatical slot (before any unstressed pronouns):

Čekali jsme tě.   We were waiting for you.

Včera jsme tě čekali.   Yesterday we were waiting for you.

Note that **jsi se** is shortened to **ses** and **jsi si** to **sis**:

Kde ses schovával?   Where were you hiding (yourself)?

Myslel sis, že není doma?   Did you think that he wasn't at home?

Zpíval(a) sis.   You were singing to yourself. (**zpívat** to sing)

The negative is formed by adding **ne-** to the main verb:

Nečekali jsme tě. We weren't expecting you.

or: **My jsme tě nečekali.**

Remember, however, that in the future **ne-** is added to **budu**: **Nebudeme čekat**. We won't wait.

Word order may change for questions in the usual way:

Miloš tam čekal.   Miloš was waiting there.
Čekal tam Miloš?   Was Miloš waiting there?

Past tenses of monosyllabic verbs are given in the vocabularies. Long vowels usually shorten (á→a, é→e, í→e/ě/i, ou→u, ů→o, ý→y): **mít – měl** 'to have – had'; **být – byl** 'to be – was, were'; **pít – pil** 'to drink – drank'; **psát – psal** 'to write – wrote' (but note **hrát – hrál** 'to play – played'); **nést – nesl** 'to carry – carried'; **růst – rostl** 'to grow – grew'; **plout – plul** 'to float, sail – floated, sailed'.

The Instrumental Case

Nouns

Instrumental sg. noun endings are as follows:

INSTRUMENTAL SINGULAR

1st	-ou	žena – ženou
2nd:	-em	pán – pánem, město – městem
3rd:	*m/n* -em/ěm *f* -í	muž – mužem lekce – lekcí
4th:	-í	radost – radostí
5th:	-ím	náměstí – náměstím

Non-standard genders follow the table, e.g. **táta – tátou** *ma* 'Dad', **moře – mořem** *n* 'sea', **skříň – skříní** *f* 'cupboard, closet' (some 3rd Decl. nouns are *n* with ending -e and *f* with ending -soft consonant).

The instrumental case expresses the agent 'with, by, by means of', and also the spatial idea 'through'. It is also used after prepositions **před** 'in front of, before', **za** 'behind', **pod** 'below', **nad** 'above', **mezi** 'between, among' and **s** 'with, along with, accompanied by, containing'. Try not to confuse the use of the simple instrumental denoting the agent or instrument 'with' and the preposition **s** meaning 'along with':

Píše tužkou.	He writes with a pencil.
but: **Píše s Janou dopis.**	He is writing a letter with Jana. (**dopis** letter)
Dívá se oknem.	He is looking through the window.
Sedí za oknem.	He/she is sitting behind the window.

(However, when **před**, **za**, **pod**, **nad** and **mezi** are used with a sense of motion the accusative case is used: **Dává knihu za okno.** He/she puts the book behind the window.)

You may find the table in the reference section handy for revision of singular noun endings.

Instrumental of Adjectives

Adjectives referring to nouns in the instrumental case take the following endings:

m/n	**tím prvním malým pánem/městem**
f	**tou první malou ženou**

Instrumental Object and Complement

Some verbs are followed by an object in the instrumental where one might have expected the accusative: **Mává knihou**. He waves ('with') the book. **Hnout stolem**. To move the table.

As we know, the complement of the verb 'to be' is usually in the nominative: **Petr je dobrý kluk**. Petr is a good boy. Sometimes, however, the instrumental is used, especially meaning 'as, in the role of', to indicate an acquired, adopted, non-intrinsic state or function. Some other verbs are followed by the instrumental in a similar way:

Kniha je vždy dobrým dárkem.	A book is always a good present.

Výhodou je levná cena.	The advantage is the cheap price, i.e. it acts as an advantage.
Je učitelem.	He is a teacher, i.e. works as a teacher.
Stává se dobrým učitelem.	He is becoming a good teacher. (**stávat se** +*ins.* become)
Jmenovali ho předsedou.	They named/appointed him chairman. (**jmenovat** +*acc.* +*ins.* name, appoint someone as something)

(**výhoda** advantage; **levný** cheap; **cena** price; **předseda** chairman)

Instrumental-Form Adverbs and Prepositions

Various instrumental forms have become fixed adverbs, e.g. **náhodou** 'by chance', **jednou** 'once', **většinou** 'mostly', **cestou** 'en route, on the way', **mimochodem** 'by the way, in passing'.

Some have become prepositions which are followed by the genitive, e.g. **během** 'during, in the course of', **kolem** 'around, about, past'.

Reported Speech

In Czech (unlike English) the tense of the verb in reported speech is the same as it would have been in actual, direct speech:

Říkal mi, že posílá balík. He told me (that) he was sending a parcel. (SPOKEN – **'Posílám balík'**. 'I am sending a parcel.')

After verbs of perception, thinking and knowing, the same rule applies (as though the person were talking to himself):

Pak jsem tě viděl, jak stojíš před poštou. Then I saw you standing/ as you stood in front of the post-office.

(THOUGHT – **'Stojí před poštou.'** 'He is standing in front of the post-office.')

Nevěděl, kde jsi. He didn't know where you were.

(THOUGHT – **'Kde je?'** 'Where is he?')

Punctuation

Subordinate clauses are always demarcated by commas, even if there is no pause in speech:

Nevím, co to je.	I don't know what that is.
To je ta žena, která pracuje na fakultě.	That is that woman who works at the faculty.

Exercises

1. Put into the past tense:
   (a) Hledám ho.
   (b) Vidíš ji?
   (c) Je mi sympatický.
   (d) Pije kávu.
   (e) Mám dopis.
   (f) Jedeme domů.
   (g) Mají nové auto.
   (h) Jak dlouho tu čekáte?
   (i) Sedíme v kuchyni.
   (j) Mrzne.
   (k) Ona mu tiskne ruku.
   (l) Čtu knihu.
   (m) Nevím, kde je.
   (n) Neví, kde jsi.
   (o) Neslyší ho.

2. Put into the present tense:
   (a) Šla na poštu.
   (b) Stál před knihovnou.
   (c) Hledala tě.
   (d) Jel do Londýna.
   (e) Mluvila s Janou.
   (f) Dělali zkoušku.
   (g) Chtěla jsi kávu?
   (h) Čekali.
   (i) Jmenoval se Ferdinand.
   (j) Pršelo.
   (k) Nevěděla jsem o něm nic.

(l) Měla rýmu.

(m) Studovali jsme v Bratislavě.

3. Fill in the blanks as suggested:

(a) Eva: Stojí před — .

(b) František: Jdu s — do kina.

(c) ta mladá sekretářka: Chodí s — — — .

(d) autobus: Leží pod — .

(e) ten český student: Mluví s — — — .

(f) pošta: Čeká před — .

(g) Libuše: Stojí za — .

4. Answer these questions on the dialogue:

(a) Kdo hledá Davida?

(b) Kde stojí David?

(c) Co má v ruce?

(d) Kde pracuje ta tlustá žena?

(e) Jak dlouho čekala včera před poštou?

5. Translate into Czech:

(a) He saw me standing in front of the house.

(b) I will be waiting behind the cinema.

(c) He was standing behind Jiřina.

(d) I've been waiting here half an hour.

(e) Do you remember him?

(f) He was going out with Eva.

(g) I didn't like him.

(h) Do you read Rudé právo?

Osmá Lekce – Eighth Lesson

■ DIALOGUE: KDE JE DAVID? II

PETR: Davide! Davide!

DAVID: Ahoj, Petře! Hledáš někoho? Koho hledáš?

PETR: Tebe. Hledám tě celý den! Neslyšels mě? Volal jsem na tebe a mával! Kde jsi byl? Ráno jsem tě hledal po snídani doma. Nebyl tam nikdo. Pršelo a já jsem stál čtvrt hodiny před domem v mokru. Potom jsem tě sháněl na fakultě. Mluvil jsem s Annou, která taky nevěděla, kde jsi, a taky tě sháněla. Potřebovala s tebou mluvit. Nebyl jsi prý doma celou noc. S kým jsi byl, když jsi nebyl u ní? Pak jsem jel autobusem sem, a jak jsem šel přes náměstí, konečně jsem tě viděl, jak tu stojíš před poštou. Kde ses schovával celé dopoledne?

DAVID: Seděl jsem v knihovně a četl jsem knihu. Šel jsem jednou na záchod a dvakrát do bufetu. Pil jsem tam kávu, kouřil a mluvil chvíli s Janou. Včera jsem byl s jedním kamarádem ze školy. Byli jsme v hospodě na pivu a potom jsme šli k němu a seděli jsme u něho, pili a mluvili celou noc. Potřebuješ něco?

PETR: O čem jste tak dlouho mluvili, prosím tě?

DAVID: O současné literatuře. Jeho to velice zajímá.

PETR: Nevěděl jsem, že se tak zajímáš o literaturu. Hele, jdeme dnes večer s Janem na koncert. Nechceš jít s námi? Hraje Česká filharmonie, řídí Václav Neumann.

DAVID: Nemohu, bohužel. Jdu dnes na večeři s Pavlem.

PETR: Nemůžeš? A já jsem tě sháněl celé dopoledne! Myslel jsem, že o to budeš mít zájem. A ty nemůžeš! To je škoda.

---

osmý eighth
volat na +*acc.* call to
mávat wave

pršet rain
dům – domu house
mokro the wet

shánět, *3rd pers. pl.* -**ějí** look for, try to find
jel, *past of* **jet** went
jak as
šel, **šla** *etc.*, past of **jít** went
přes +*acc.* across
konečně finally, at last
schovávat se hide (oneself)
jednou once
záchod, **na záchod** toilet, to the toilet
dvakrát twice, two times
-krát times
dva *m*, **dvě** *n/f* two
bufet buffet, snackbar
pít – **pije** – **pil** drink
kouřit smoke
jeden, **jedno**, **jedna** one (*decline like* **ten**, **to**, **ta**)
kamarád *m*, **-ka** *f* friend
ze = **z** (*before a cons. group*) from

škola school
pivo beer; **na pivu** 'on beer', drinking beer
zajímat interest
zajímat se o +*acc.* be interested in
hele look
jdeme . . . s Janem Jan and I are going, *lit.* 'we with Jan are going' ('we' = Jan + I)
dnes večer this evening, *lit.* 'today evening'
hrát – **hraje** – **hrál** play
filharmonie Philharmonic
řídit conduct, drive
Pavel – **Pavla** = Paul
zájem – **zájmu** interest
mít zájem o +*acc.* be interested in
škoda a pity

Words and Phrases

PHRASES FOR 'INTEREST' AND 'INTERESTING':

Ty mě zajímáš.

You interest me. (**zajímat** to interest)

To mě nezajímá.

That doesn't interest me.

Zajímám se o literaturu/hudbu/o moderní umění/o češtinu.

I am interested in literature/music (**hudba** music)/modern art/Czech. (N.B. **o** + *accusative, not locative, here*)

Mám zájem o literaturu, atd.

I am interested in literature, etc. (**atd.** = **a tak dále** and so on, etc.)

To je zajímavé.

That is interesting. (**zajímavý** interesting)

COLOURS

černý	black	růžový	pink, rosy (růže rose)
bílý	white		
černobílý	black-and-white	oranžový	orange (*but* pomeranč an orange)
červený	red		
rudý	blood-red, dark red	fialový	purple, violet (fiala a violet)
modrý	blue		
žlutý	yellow	hnědý	brown
zelený	green	šedý/šedivý	grey
světlý	light (světlo light)	tmavý	dark (tma darkness)
světle modrý	light blue	tmavě zelený	dark green (*or* tmavozelený)

barva	colour
barevný	coloured
barevná televize	colour TV
černobílá televize	black-and-white TV
Rudé právo	'Red Justice' (*Czechoslovak Communist daily newspaper*)
červená	red traffic-light
zelená	green traffic-light
Máme červenou.	We have a red light.
Máme zelenou.	We have a green light, it's green.

GRAMMAR

Personal Pronouns

Here is a complete table of personal pronouns. (You have met many of the forms already in the dialogues.)

nom.	já 'I'	ty 'you'	– 'oneself'	my 'we'	vy 'you'
acc./gen.	mě	tebe – tě	sebe – se	nás	vás
dat.	mně – mi	tobě – ti	sobě – si	nám	vám
loc.	o mně	o tobě	o sobě	o nás	o vás
ins.	mnou	tebou	sebou	námi	vámi

nom.	on 'he', to 'it'	ona 'she'	oni 'they'
acc.	jeho/něho, něj – ho	ji/ni	je/ně
gen.	jeho/něho, něj – ho	jí/ní	jich/nich
dat.	jemu/němu – mu	jí/ní	jim/nim
loc.	o něm	o ní	o nich
ins.	jím/ním	jí/ní	jimi/nimi

Forms following a dash (**mi, tě, ti, se, si, ho, mu**) are used alone, unstressed. Their longer equivalents are used after prepositions or for emphasis:

Znám tě.	I know you.
Tebe znám.	I know YOU.
Dívám se na tebe.	I am looking at you.
Nerozumíš mi.	You don't understand me.
Mně nerozumíš.	You don't understand ME.
Známe ho.	We know him.
Jeho známe.	We know HIM.

Third person forms in **n-** (instead of **j-**) are used only after prepositions:

Čekám na něho/na něj.	I am waiting for him.
Čekáme na ni.	We are waiting for her.
Půjdu s ním.	I'll go with him.
Půjdu s nimi.	I'll go with them.

Forms **ty** and **vy** may be vocative:

Ty blbče!	You idiot!	(**blbec -bce** idiot)
Vy darebáku!	You rascal!	(**darebák** rascal)

Note the alternative literary forms **mne** = **mě** 'me', **jej** = **ho** 'him, it' and **je/ně** = neuter acc. **ho**.

Oni 'they' also has a feminine (and m. inanimate) form **ony** (sometimes used in speech) and a neuter form **ona** (more or less confined to literary usage). In speech the form **oni** may be used for all genders.

Third person pronouns may also refer to inanimate nouns:

Vidíš ten dům/to auto/tu knihu?	Do you see that house, that car, that book?
Ano, vidím ho/ji.	Yes, I see it (*lit*. him/it, her).
Vlak nejede.	The train isn't coming.
Musíme na něj čekat.	We have to wait for it.

In the accusative the form **něho** is animate only.

The third person pronoun may be used colloquially to emphasise the subject of a verb:

On pan Novák není doma. 'He Mr Novák isn't at home.'

In this context the neuter sg. form **ono** is used (otherwise it is rare):

Ono prší!	It's raining!
Ono to není pravda!	That's not true!
also: **To není ono.**	That's not it, not right.

Emphatic Pronoun Ten, To, Ta

Forms of **ten**, **to**, **ta** 'this, that' may be used as emphatic pronouns (with inanimate nouns this is the standard method):

Znáte tento nový román?	Do you know this new novel.
Ne, ten neznám.	No, I don't know that one.
Znáte mého nového učitele?	Do you know my new teacher?
Ne, toho (jeho) neznám.	No, I don't know him (that one).

Word Order

Where several unstressed pronouns come in a row the reflexive pronoun comes first, then any other datives, then any other accusatives:

Tento román se mi nelíbí.   I don't like this novel (*lit.* it does not please me).

Posílá mi ho.   He is sending me it/sending it to me.

Interrogatives and Related Words in 'Ně-', 'Ni-'

Learn the declensions of **kdo?** 'who?' and **co?** 'what?'. Compare **to** 'that'.

nom.	kdo	co	to
acc.	koho	co	to
gen.	koho	čeho	toho
dat.	komu	čemu	tomu
loc.	o kom	o čem	o tom
ins.	kým	čím	tím

Note also the following interrogatives and their derivatives in **ně-** ('some-') and **ni-** ('no-'):

kdo?	'who?'	**někdo**	'someone'	**nikdo**	'no-one'
co?	'what?'	**něco**	'something'	**nic**	'nothing'
kde?	'where?'	**někde**	'somewhere'	**nikde**	'nowhere'
kam?	'where to?'	**někam**	'to somewhere'	**nikam**	'to nowhere'
kdy?	'when?'	**někdy**	'sometime(s)'	**nikdy**	'never'
jak?	'how?'	**nějak**	'somehow'	**nijak**	'in no way'
jaký?	'what kind of?'	**nějaký**	'some (kind of)'	**nijaký**	'no kind of'
který?	'which?'	**některý**	'some (one)'	–	
čí?	'whose?'	**něčí**	'someone's'	**ničí**	'no-one's'

Note also **žádný** 'no' (*adj.*). **Nic** declines like **co** (**ničeho**, *etc.*). **Jaký** and **který** decline like hard adjectives (**který** is also used as the relative pronoun 'who, which, that'); **čí** declines like a soft adjective. Note the double negatives obligatory in Czech:

Nikdy nemá čas.   He never has time.

Nikdo tam není.   Nobody is there. There isn't anybody there.

Exercises

1. Replace nouns by third person pronouns:
   (a) Mám dopis.
   (b) Vidíš Petra?
   (c) Vidíš Janu?
   (d) Stál před Ivanem.
   (e) Sedí před sestrou.
   (f) Byla u bratra.
   (g) Jde k učiteli.
   (h) Ptá se Evy, kde je Zdeněk.
   (i) Vidíš auto?
   (j) Mluvil jsem s matkou o Ladislavovi.
   (k) Čeká tam za autem.

2. Fill in the suggested responses:
   (a) Kde jsi byl(a)? (I was at home.)
   (b) Kde je Václav? (Václav is over there in front of the faculty.)
   (c) Kde stojí? (Behind that old gentleman.)
   (d) Jaké bylo počasí? (It was bad. It rained.)
   (e) Kouříš? (No, I don't smoke.)
   (f) Piješ? (No, I don't drink.)
   (g) Chceš jít se mnou na koncert? (No, I don't have time.)

3. Translate into Czech:
   (a) You were talking about the exam.
   (b) He was talking about me.
   (c) He was standing behind you.
   (d) They didn't see us.
   (e) We were sitting behind you (pl.).
   (f) Do you want to come with us?
   (g) She went there by bus.
   (h) Do you remember him?
   (i) I didn't know she was studying here at the faculty.
   (j) He went to the toilet.
   (k) He didn't want to go with her to the theatre.
   (l) Do you want to go with me to a concert?
   (m) I sat at home all day.
   (n) They played well.

4. Answer these questions on the dialogue:
   (a) Jaké bylo ráno počasí?
   (b) Kde byl David celé dopoledne?
   (c) Co dělal v bufetu?
   (d) Kam jde dnes večer Petr s Annou?
   (e) Kdo hraje?
   (f) Kam jde David?

Devátá Lekce – Ninth Lesson

■ DIALOGUE: NA FAKULTĚ I

IVAN: Udělal jsi ten nový překlad? Jedno slovo není v tom slovníku, co mám já.

PETR: Ještě ne. Včera jsem chtěl začít, ale zjistil jsem, že jsem ztratil svůj slovník. Pořád něco ztrácím. Dělám ten překlad teď v knihovně. Právě začínám. Kde je Jitka? Byla tu před chvílí.

IVAN: Sedí v bufetu. Vlastně stojí, protože tam není ani jedna židle. Je strašně nervózní. Právě vykouřila už snad třetí cigaretu a vypila druhou černou kávu.

PETR: A co Zina?

IVAN: Ta její kamarádka se jmenuje Zina? Píše tam dopis, pije čaj a jí nějaký salám. Obě mají tak špatnou náladu, že jsem raději hned odešel.

PETR: Potřebuju mluvit se Zinou. Ahoj, Ivane. Uvidíme se zítra.

(V bufetu.)

JITKA: Kde je Petr? Nebyl tu před chvílí? Já toho kluka sháním celý den. Potřebuju s ním mluvit. Neviděla jsem ho od rána.

ZINA: Tamhle je. Stojí s Ivanem před vrátnicí. Vidíš ho? Ivan má v ruce nějakou knihu. Zřejmě už začal ten překlad. Petr taky.

JITKA:	Je to chudák! Moc mu to nejde.
ZINA:	Pozor. Petr sem jde. Myslím, že tě hledá.
JITKA:	Jo?
ZINA:	Chce si od tebe něco vypůjčit, asi peníze. Stále si něco vypůjčuje.
JITKA:	Máš ještě cigaretu? Dáš mi jednu?
ZINA:	Mám. Na.
JITKA:	Já už nemám ani na kávu. Půjčíš mi? Peníze dostanu zítra. Dostávám je vždy koncem měsíce a dnes už nemám nic.
ZINA:	Když já mám jenom korunu!

(*The arrow-head* > *points to the perfective form of the verb. See the grammar section.*)

devátý ninth

dělat>u- do, make

překlad translation

ještě ne not yet

začít – začne – začal<začínat begin

zjistit<zjišťovat find out, ascertain

ztratit<ztrácet lose

svůj, své/svoje, svá/svoje one's own (my own *etc.*)

vlastně actually

ani even

židle chair

nervózní anxious, nervous, worked-up

kouřit>vy- smoke

cigareta cigarette

pít – pije – pil>vy- drink

černý black

její her

ta její that . . . of hers

psát – píše – psal>napsat write

jíst – jí, *3rd pers. pl.* jedí –

jedl>sníst eat

salám salami

mít špatnou náladu be in a bad mood, *lit.* 'have a bad mood'

raději, radši more gladly, prefer to

odejít – odejde – odešel<odcházet go away, leave, depart

vidět>u- see

od +*gen.* from, since

vrátnice porter's lodge, reception

chudák poor fellow, poor thing

moc mu to nejde he isn't doing very well, *lit.* 'it does not go to him much'

vypůjčit<vypůjčovat borrow

stále always, constantly, keeps

dát – dá – dal<dávat give, put

na here, take it

nemám na kávu I haven't enough (*understood*) for coffee

dostat – dostane – dostal<do-

   stávat get, obtain
konec -nce end
koncem +*gen.* at the end of

měsíc month, moon
koruna crown, basic unit of
   Czechoslovak currency

GRAMMAR

Aspect

Aspect – the viewing of actions or states as complete or in progress – is a crucial feature of Czech verbs. Perfective verbs carry a sense of completion and see actions as a single complete unit, while imperfective verbs denote actions or states in progress or being repeated.

Most verbs have both forms (in previous lessons predominantly imperfective only) but modal verbs and simple verbs denoting states are usually imperfective (e.g. **být** 'to be', **ležet** 'to lie', **moci** 'to be able').

There are only two kinds of common pair, depending on whether the basic form is imperfective or perfective (the arrow-head sign used below always points towards the perfective form):

1) PREFIX pairs, e.g. **dělat>udělat** 'do, make', where the basic form is imperfective, and the perfective adds a prefix (here **u-**). Most pairs use one of the following prefixes:

na-:	**psát>napsat** 'write' (**-át** usually becomes **-at**)
o-:	**holit>oholit** 'shave'
po-:	**zvát>pozvat** 'invite'
s-:	**trávit>strávit** 'spend (time)'
u-:	**vidět>uvidět** 'see'
vy-:	**pít>vypít** 'drink'
z-:	**organizovat>zorganizovat** 'organise'
za-:	**platit>zaplatit** 'pay'

Originally a certain prefix came to be used because its meaning blended appropriately with the verb concerned, e.g. **napsat** 'write (on, on to, down)', **oholit** 'shave (round)'. In practice however the choice looks arbitrary and you just have to learn each pair individually until you begin to grasp the numerous parallels.

Different prefixes used with a given verb may produce new compound verbs with different meanings, e.g. **vydělat** 'earn, make (money)', as opposed to **udělat** 'make, do (completely)'. Such compounds are likewise perfective, since the prefixes perfectivise, and this brings us to the second type of pair:

2) SUFFIX pairs, e.g. **vydělat<vydělávat** 'earn', where the basic form is perfective (usually compound) and the imperfective has a change of suffix (using **-(á)vat, -ovat, -et,** or **-at**). The patterns illustrated are typical:

-ávat:	**dostat<dostávat** 'get' (esp. verbs in **-at**)
-ovat:	**dokončit<dokončovat** 'finish' (esp. verbs in **-it**)
-et:	**ztratit<ztrácet** 'lose' (some verbs in **-it**)
-at:	**zapomenout<zapomínat** 'forget' (esp. **-nout**)

Some simple verbs also belong to this category, due to their primarily perfective meaning, e.g. **dát<dávat** 'give', **koupit<kupovat** 'buy'. Note that different compounds of the same verb share the same pattern, e.g. **opsat<opisovat** 'copy', **popsat<popisovat** 'describe', both compounds of **psát>napsat** 'write'.

All derived imperfectives using the suffix **-et** have 3rd pers. pl. present ending in **-ejí** (e.g. **ztrácejí** 'they lose'): this is no longer noted in the vocabularies.

Irregular Pairs

The vast majority of verbs fall into the two main types just discussed, but there are a few exceptions. In a few cases two completely different verbs may form a pair:

brát>vzít	'take'
klást>položit	'put, lay'

The compounds of these two pairs have the following patterns:

vybrat<vybírat	'choose, pick out'
přeložit<překládat	'translate'

Sometimes the suffix **-nout** may be used to perfectivise, giving the sense of a single, complete, instantaneous action. Parallel perfectives with a prefix indicate complete but repeated action, e.g.:
křičet>zakřičet *or* **křiknout** 'shout'

Note also that some simple verbs may have more than one prefixed perfective depending on the precise sense, e.g.:

volat 'call'>**zvolat** 'call, exclaim, shout', **zavolat** 'call (to), ring up, telephone'

Tense and Aspect

Perfective verbs form present and past tenses in the same way as imperfective verbs. However, the future with **budu** is only formed from imperfectives. Perfective verbs use their present tense form to denote the future: **Udělám svou práci.** 'I will do my work'. This can also be used as a present tense, not for something happening in the here and now (this must be imperfective), but in general statements or narratives where the idea of completed action is wanted: **Vždycky udělá svou práci.** 'He always does (and completes) his work'.

The full set of forms available is like this:

Infinitive:	**Musím dělat svou práci.**	I must do/get on with my work.
	Musím udělat svou práci.	I must do/complete my work.
Present:	**Dělám svou práci.**	I am doing my work. I do (habitually) my work.
	Vždycky udělám svou práci.	I always do (and complete) my work.
Future:	**Budu dělat svou práci.**	I will do/be doing (getting on with) my work.
	Udělám svou práci.	I will do/finish my work.
Past:	**Dělal jsem svou práci.**	I did/was doing/used to do my work (process of doing).

Udělal jsem svou práci.   I did/have done/ had done (completed) my work.

Distinguish the meanings of the following for yourself:
Chci vydělávat/vydělat peníze.
Vydělávám si peníze. Vždycky si vydělám peníze.
Budu si vydělávat peníze. Vydělám si peníze.
Vydělával jsem si peníze. Vydělal jsem si peníze.

Try not to think too much in terms of parallels with English tenses but see the basic ideas underlying the Czech system.

Verbs of Motion

Simple durative and iterative verbs of motion have no perfectives. Their set of forms looks like this:

Infinitive:	**Nechci jít do práce.**	I don't want to go to work, e.g. today.
	Nechci chodit do práce.	I don't want to go to work (habitually).
Present:	**Jdu do práce.**	I am going to work, go to work (on any single occasion).
	Chodím do práce.	I go (habitually) to work.
Future:	**Půjdu do práce.**	I will go to work (single occasion).
	Budu chodit do práce.	I will go (habitually) to work.
Past:	**Šel jsem do práce.**	I went to work, was going to work (on any single occasion).
	Chodil jsem do práce.	I went, used to go (habitually) to work.

However, compounds of these verbs do form perfective<imperfective pairs, losing the durative-iterative distinction. Here are some

patterns, using the prefixes **při-** (which adds the idea of reaching, arriving, bringing) and **od-** (away from, leaving, taking):

odejít<odcházet 'go away, leave' and **přijít<přicházet** 'arrive'
(derived from **jít: chodit** 'go')

odjet<odjíždět 'go away, leave (by vehicle)' and
přijet<přijíždět 'arrive, come (by vehicle)'
(derived from **jet: jezdit** 'go, ride')

odnést<odnášet 'take away, carry away' and **přinést<přinášet** 'bring (carrying)'
(derived from **nést: nosit** 'carry')

odvést<odvádět 'take/lead away' and **přivést<přivádět** 'bring (leading)'
(derived from **vést: vodit** 'lead')

odvézt<odvážet 'take away (by vehicle)' and **přivézt<přivážet** 'bring (by vehicle)'
(derived from **vézt: vozit** 'carry (by vehicle)'

Prefixes

Most prefixes are similar or identical to prepositions in meaning and form. The list below gives some basic meanings. Their full range of senses is much wider, however, with all kinds of metaphorical ramifications. Most of the examples below use compounds (perfective) of the verb **jít** 'to go' (corresponding imperfectives have the same prefix with the form **-cházet**):

do-	'to, as far as, reach'	**Došel k lesu.** He reached the wood.
na-	'on, on to'	**Našel dopis.** He found (came upon) the letter.
nad-	'above, up, over'	**Nadešla chvíle.** The moment has come ('come up').
o-, ob-	'round, about'	**Obešel dům.** He went round the house.
od-	'away, away from, off'	**Odešel.** He went away/off.
po-	'over (a surface)'	**Popsal všechen papír.** He wrote all over the paper. (**Pošel** means 'died (*of an animal*), kicked the bucket')

pod-	'under, beneath'	**Podešel most.** He went under the bridge.
pro-	'through'	**Prošel tunelem.** He went through the tunnel.
pře-	'across' (cf **přes** +*acc.* 'across')	**Přešel most/přes most.** He went across/crossed the bridge.
před-	'in front of'	**Na rohu nás předešel.** At the corner he passed/got in front of/overtook us.
při-	'near, arrive, come'	**Přišel do práce.** He came to work/arrived at/reached work.
roz-	'apart, asunder'	**Rozešli se u domu.** They separated/went their separate ways at the house.
s-	a) 'together, with'	**Sešli se v Praze.** They met/came together in Prague.
	b) 'down, off'	**Sešli s hory.** They came down from the mountain. (**hora** mountain)
u-	'away, off, escape'	**Ušel smrti.** He escaped/'got away from' death. (**smrt -i** death)
v-	'into'	**Vešel do pokoje.** He came into/went into/entered the room.
vy-	'out, out of'	**Vyšel z domu.** He went/came out of/left the house.
vz-	'up, rise up'	**Vzešlo žito.** The rye came up.
z-	a) 'away, out' (*rare*)	**Zběhl od vojska.** He deserted/ran away from the army.
	b) '-ise, become'	**Znárodnit.** To nationalise (*pf.*). **Zlidovět.** To become popular/popularly known.

za-   'behind, beyond'   **Slunce zašlo.** The sun went down/set (beyond the horizon).

Prefixes ending in a consonant may add **-e** as in some of the examples (**od-e-šel**, **ob-e-šel**, **před-e-šel**, *etc.*).

The verb **zlidovět**, being derived from **lidový** 'popular, of the people', has 3rd pers. pl. present **-ějí** (other similar verbs likewise).

Exercises

1. Give perfectives of the following:
   dělat, ztrácet, začínat, kouřit, pít, psát, odcházet, vidět, vypůjčovat, dávat, dostávat, zjišťovat.

2. Put into the future (keeping the same aspect or durative/iterative form):
   (a) Nekouřil.
   (b) Vykouřil jsem cigaretu.
   (c) Chodím do kina.
   (d) Jdu na schůzi.
   (e) Jedou do Prahy.
   (f) Už nepiju.
   (g) Vypila jednu černou kávu.
   (h) Zjistili jsme pravdu.
   (i) Dělám svou práci.
   (j) Začal jsem ten překlad.
   (k) Nikdy mu nic nevypůjčoval.
   (l) Nikdy mu nic nedal.
   (m) Nikdy nic nenapsal.
   (n) Nepsal mu.

3. Translate into Czech:
   (a) I'll see him tomorrow.
   (b) Have you written that letter?
   (c) I have lost my key.
   (d) Zina was sitting in the snackbar.
   (e) She was in a bad mood.

(f) She was looking for Pavel.

(g) Pavel was lying on the floor.

(h) He got the money yesterday.

(i) I'll write the letter tomorrow.

(j) I'll give him the letter tomorrow.

(k) I'll start that translation tomorrow.

(l) We'll see each other tomorrow.

(m) He's gone away.

(n) He was eating salami and drinking beer.

(o) He got a parcel yesterday.

(p) I haven't got even a crown.

(q) I haven't even got enough for coffee.

(r) He wrote a book about Czech literature.

(s) I want to write a book about Čapek.

(t) Jitka was here a moment ago.

4. Study the grammar notes and give imperfective forms of:
zeptat se, oholit, koupit, křiknout, vzít, vydělat, přijít, odvezt, přinést, dokončit, položit, uslyšet, zvolat.

5. Put the following imperfective past tense forms into the corresponding perfective forms (e.g. *dělal*: *udělal*):
pil, dával, začínal, zjišťoval, psal, odcházel, ztrácel.

6. Put the following perfective future forms into corresponding imperfective forms (e.g. *udělá*: *bude dělat*):
napíšou, vykouříme, dáte, uvidím, dostane, vypije.

Desátá Lekce – Tenth Lesson

■ DIALOGUE: NA FAKULTĚ II

PETR: Čest práci, soudruzi! Dobrý den, slečny! To máme dnes krásné počasí, co? Smím si přisednout? Co tu děláte?

JITKA: To jsou ale hloupé řeči o počasí. Napsal jsi ty překlady?

PETR: Ještě ne. Bohužel. Ti profesoři mi už začínají jít na nervy. Opravdu. Pořád vymýšlejí nová překvapení. Jejich překlady jsou úplně nemožné!

JITKA: Ty jejich texty jsou opravdu těžké.

PETR: Moc těžké. Nedovedu je vůbec přeložit. Také nemohu najít své slovníky. Nechal jsem je asi včera v autobusu.

JITKA: No to je škoda.

PETR: Hele, Zino, sehnal jsem lístky do divadla. Nechceš jít se mnou? Promiň, Jitko, že zvu jenom Zinu a ne tebe, nemohu tě bohužel pozvat, protože jsem dostal poslední dva lístky, co měli.

ZINA: Nemohu, Petře. Musím dnes odjet do Bratislavy. Odjíždím večerním vlakem. Jedou se mnou kamarádi ze školy, dva Arabové, dva Angličané a tři Němci. Pamatuješ se na ně, jak jsme byli spolu minulý týden ve vinárně?

PETR: Ty máš kamarády z celého světa! Proč si vybíráš Araby, Angličany a Němce? Co Češi? Čechy nemáš ráda?

ZINA: Já jsem si je nevybrala. Oni si vybrali mě. Ale musím ti říci, někteří zdejší arabští, angličtí a němečtí studenti jsou docela milí a sympatičtí! A vůbec, proč se ptáš? Učím se anglicky, ne česky. Česky umím.

PETR: Dokončila jsi už ty dva domácí úkoly? Můžeš mi je ukázat? Udělala jsi je dobře?

ZINA: Nic ti nebudu ukazovat. Ty jsi hrozný. Děláš takové hlouposti. Vždycky si najdeš nějakou dívku, která pro tebe všechno udělá. A pak napíšeš svůj překlad podle jejího. A to já nechci, protože to není správné. Chápeš to?

PETR: Ty jsi hrozná. To není vůbec pravda. Tak já jdu. Na shledanou!

---

desátý tenth
čest – cti honour
práce work, labour

čest práci honour to labour
   (*party greeting, here jocular*)
soudruh *m*, **soudružka** *f*

comrade
to *here emphatic* 'well, so'
krásný beautiful
počasí weather
co? *here* 'what?' *or* 'haven't we?'
smět – smí, *3rd pers. pl.* **smějí –
smĕl** may, be allowed/
permitted
přisednout si *pf.* sit down
beside, join
řeč -i speech, talk (*often pl.*)
profesor *m*, **profesorka** *f* teacher
(*secondary/higher education*)
nerv nerve
jít na nervy get on one's nerves
vymyslet<vymýšlet think up,
invent
jejich their (*invariable*)
úplně entirely, absolutely
nemožný impossible
text text, passage
ty jejich those . . . of theirs
dovést – dovede – dovedl
manage, be able
přeložit<překládat translate
najít – najde – našel<nacházet
find
nechat<nechávat let, leave
hele look, look here (*pl. or
formal sg.* **heleďte**)
sehnat – sežene – sehnal *pf.* find,
get (*by searching, by effort*)
lístek -stku ticket (*dim. of* **list**
leaf, sheet of paper)
zvát – zve – zval>pozvat invite
poslední last, final
odjet – odjede – odjel<odjíždět
go away, leave (*riding, by
vehicle*)

večerní evening *adj.*
vlak train
škola school (*also used for
college and* university)
Arab *m*, **Arabka** *f* an Arab
Angličan *m*, **Angličanka** *f* an
Englishman, Englishwoman
Němec -mce *m*, **Němka** *f* a
German
minulý last (*preceding*)
týden – týdne, *dat./loc.* **týdnu**,
ins. **týdnem**, *pl. nom./acc.*
týdny week
**vybrat – vybere –
vybral<vybírat (si)** choose,
select
Čech *m*, **Češka** *f* a Czech
říci – řekno řckl<říkat say,
tell
některý some, certain
zdejší local, who/which are here
(*adj. from* **zde** here)
arabský Arab(ic) *adj.*
německý German *adj.*
docela quite, entirely
vůbec anyway, in general
**ptát se – ptá se – ptal se>zeptat
se** ask (*+gen. of person*)
učit se>na- learn
anglicky English *adv.* (*after
learn, speak, write, etc.*)
česky Czech *adv.*
dokončit<dokončovat finish,
complete
**ukázat – ukáže – ukázal<uka-
zovat** show
hloupost silliness, silly thing
podle *+gen.* according to
správný correct, right

Words and Phrases

PREFERENCE

raději, coll. **radši**, is the comparative of **rád** glad. It indicates preference.

Mám víno rád, ale mám raději pivo.	I like wine, but I like beer better, I prefer beer.
Raději sedím doma.	I prefer sitting at home.

GRAMMAR

Nominative and Accusative Plural

Nouns

Nominative and accusative plural forms are identical, except for masculine animate nouns, which have a special nominative plural form.

NOMINATIVE AND ACCUSATIVE PLURAL

1st:	**-y**	**žena – ženy** women
2nd:	*m* **-y** *n* **-a**	**hrad – hrady** castles **město – města** towns
3rd:	**-e/ě**	**klíč – klíče** keys **lekce – lekce** lessons
4th:	**-i**	**radost – radosti** joys
5th:	= *nom. sg.*	**náměstí** squares

Masculine animate nouns have a special nominative plural form in **-i**, e.g. **pán – páni**; *acc.* **pány** 'gentlemen' (2nd), **muž – muži**; *acc.* **muže** 'men' (3rd).

Note the sound changes before **-i** in masculine animate nouns, including **h→z, ch→š, k→c,** and **r→ř.** These do not occur in the accusative plural:

kamarád	– **kamarádi**;	*acc.* **kamarády**	'friends'
student	– **studenti**;	*acc.* **studenty**	'students'
soudruh	– **soudruzi**;	*acc.* **soudruhy**	'comrades'
Čech	– **Češi**;	*acc.* **Čechy**	'Czechs'
kluk	– **kluci**;	*acc.* **kluky**	'boys, lads'
profesor	– **profesoři**;	*acc.* **profesory**	'teachers'

Irregular Plurals

Some *ma* nouns have nominative pl. ending in **-ové**. This includes:
(a) *ma* nouns ending in **-a** in the singular, which follow the 2nd Decl throughout the plural:

  táta – **tátové**; *acc.* **táty**   'dads'

(b) *ma* nouns ending in **-g** or consonants **b, p, v, f, m, l, s, z.**
(c) certain other nouns, where this is often a more solemn alternative to **-i**:

  filolog – **filologové**; **filology**   'philologists'
  Arab – **Arabové**; **Araby**   'Arabs'
  pán – *nom. pl.* **pánové**, alternative to **páni**, as in **dámy a pánové!** 'ladies and gentlemen!'

This ending is markedly human and can be used for personification:

vůl – **voli**; **voly**	'oxen'	
but **volové**; **voly**	'idiots', 'asses'	
hrad – ó **hradové**	'o castles'	

Some other *ma* nouns have nom. pl. ending in **-é**, notably nouns ending in **-an, -tel** and **-ista** in the singular:

Angličan – **Angličané** (*coll.* **Angličani**); **Angličany**	'Englishmen'
učitel – **učitelé**; **učitele**	'teachers'
komunista – **komunisté** (*coll.* **komunisti**); **komunisty**	'Communists'

Two other nouns with this ending:

host – **hosté**; **hosty**	'guests'
soused – **sousedé**; **sousedy**	'neighbours'

Adjectives: Nominative/Accusative Plural

Again, only *ma* nominative and accusative pl. differ.

ma nom. *ma acc.*	**ti první malí páni** **ty první malé pány**
mi/f nom./acc. *n nom./acc.*	**ty první malé hrady, ženy** **ta první malá města**

Before the *ma* nom. pl. ending **-í** the same sound changes occur as in nouns before **-i**:

druhý – *ma nom. pl.* **druzí**; *acc.* **druhé**   'other'
tichý – **tiší; tiché**   'quiet'
jaký – **jací; jaké**   'what kind of'
některý – **někteří; některé**   'some'

cký also changes to **čtí** and **ský** to **ští**:
německý – **němečtí; německé**   'German'
český – **čeští; české**   'Czech'

Adverbs

Adverbs derived from adjectives in **-cký** and **-ský** end in **-cky** and **-sky**:

Nemluvím německy, mluvím česky.   I don't speak German ('Germanly'), I speak Czech ('Czechly').

Mluví cynicky.   He speaks cynically.

Those derived from nationality adjectives refer only to the language. For the sense of manner use phrases of the type **po --sku/cku**:

Vaříme po česku, po anglicku.   We cook in the Czech/English manner.

Reflexive Possessive Adjective 'Svůj'

The reflexive possessive adjective **svůj** *m*, **své** *n*, **svá** *f* means 'my (own), your (own), his (own), her (own), its (own), our (own), your (own) pl, their (own), one's (own)'. It always refers to possession by the subject of the verb. Examples:

Hledám svou tužku.	I am looking for my pencil.
but: **Hledá mou tužku.**	He is looking for my pencil.
Hledáš svou tužku?	Are you looking for your pencil?
but: **Hledám tvou tužku.**	I am looking for your pencil.
Hledá svou tužku.	He/she is looking for his/her (own) pencil.
Hledáme své tužky.	We are looking for our pencils.
Hledáte své tužky.	You are looking for your pencils.
Hledají své tužky.	They are looking for their (own) pencils.

Dative For Possessive

English possessive adjectives are often rendered in Czech by dative pronouns where the person is affected by an action in the verb:

Obléká si kabát.	He puts on his coat, *lit* 'to himself the coat'.
Obléká mu kabát.	He puts on his (somebody else's) coat.
Myju si vlasy.	I wash/am washing my hair, *lit.* 'to myself the hair'.
Jdeš mi na nervy.	You are getting on my nerves, *lit.* 'going to me on to the nerves'.

Exercises

1. Put the following into the plural:
    (a) Profesor čte.
    (b) To je slovník.
    (c) Kde je cigareta?
    (d) Kde je ten kluk?
    (e) Hledám svůj překlad.
    (f) Jeho učitel je špatný.
    (g) Soudruh není doma.
    (h) To je Čech.
    (i) To není Angličan.
    (j) To je arabský student.
    (k) Vidíte tam toho anglického studenta?
    (l) To auto je dobré.

(m) Vlak jede pomalu (*slowly*).

(n) Měsíc jde rychle.

(o) To je starý komunista.

(p) Kde je ta kniha?

(q) Nechodím na seminář.

(r) Čeká na toho mladého pána.

(s) Není sympatický.

(t) Čeká na tu hezkou sekretářku.

(u) To je tramvaj.

(v) Lekce je těžká.

(w) Kde je ten klíč?

2. Respond as suggested:

(a) Udělal jsi ten překlad? (Not yet. It's too difficult.)

(b) Půjčíš mi slovník? (Yes. Here you are.)

(c) Máš peníze? (Yes, I do, but only four crowns.)

(d) Dostal(a) jsi můj dopis? (No, I didn't.)

(e) Kde jsou mé cigarety? (I don't know. Have you lost them?)

(f) Kde jsi byl(a) minulý týden? (I was in Bratislava last week)

(g) Proč jsi tam jel(a)? (A friend invited me there.)

3. Translate into Czech:

(a) He got a good coat.

(b) She showed him her new dictionary.

(c) I'll give you my new translation.

(d) We didn't know those two songs (*píseň* – *písně f* song).

(e) We knew those three boys.

(f) I left my money in the train.

(g) She was eating salami in the bus.

(h) She left yesterday.

(i) I don't like exams.

(j) The teacher came into the room.

(k) They didn't like Englishmen.

(l) She saw the boys standing in front of the porter's lodge.

(m) I lent him four crowns and three cigarettes.

(n) I'll do it tomorrow if (*když*) I have (*say*: will have) time.

(o) Which train will you go by?

(p) I am learning Czech.

(q) I do not know Czech.

  (r) She gave me his key.
  (s) I gave him her key.
  (t) I gave her my key.
  (u) We gave them our money.

Jedenáctá Lekce – Eleventh Lesson

■ **DIALOGUE: V HOSPODĚ I**

  A

JOHN:	Dáme si něco k jídlu? Máš hlad? Jídelní lístek, prosím. Budeme večeřet
IVAN:	Ale jo, proč ne. Já mám strašný hlad. Podíváme se, co mají. Smažený sýr, telecí řízek, vepřovou knedlík zelí, šunku, kuře na rožni, dršťkovou polévku. Dnes toho mají dost.
JOHN:	Biftek s vejcem nemají? Nebo roštěnou? Kolik to stojí? Dnes mám chuť na pořádný kus masa. Je mi zima. Potřebuji teplé jídlo.
IVAN:	Ano, roštěnou mají, biftek taky. Ale biftek stojí třicet korun a roštěná osmadvacet. Máš na to dost peněz?
JOHN:	Mám. Dostal jsem předevčírem stipendium.
ČÍŠNICE:	Tak. Co si budete přát, pánové?
JOHN:	Biftek s vejcem, prosím.
ČÍŠNICE:	Ano, dobře. A vy?
IVAN:	A já si dám ten řízek, s bramborovým salátem. A polévku. Vlastně dvakrát polévku. Ty si ji dáš taky, že jo, Johne?
JOHN:	Ano.
ČÍŠNICE:	Takže to máme dvakrát polévku, jednou biftek s vejcem, a jednou řízek bramborový salát. A co k pití?

IVAN: Pivo.

ČÍŠNICE: Hned to bude. A přinesu polévku. Je to všechno?

IVAN: Ano, všechno. Děkujeme. Kolik ti dávají, Johne? Dvanáct set?

JOHN: Šestnáct set korun, protože jsem tady na šest měsíců, ne na celý rok. A dostal jsem něco od rodičů.

IVAN: Kolik je tu vás Angličanů letos na fakultě?

JOHN: Letos je nás tu z Anglie pět, ze dvou různých univerzit.

IVAN: Pět kluků?

JOHN: Ne, dívky také.

IVAN: Kolik je tu dívek?

JOHN: Dvě.

IVAN: Jaké jsou? Jsou hezké? Jak vypadají? Umějí česky nebo jenom anglicky?

JOHN: Jsou docela pěkné. Obě umějí trochu česky, ale ne moc dobře, musím říct. Ostatně jsou to jen taková hloupá děvčata.

IVAN: Víš, že jsem se nesetkal v životě ani s jednou Angličankou? A já jsem, člověče, znal holek, různých národností. Nechceš mě představit?

JOHN: Velice rád. Máš zítra chvíli čas? Můžeš přijít k nám na kolej.

---

jedenáctý eleventh

dát si<**dávat si** have to eat, have, *lit.* 'give oncsclf'

hlad hunger

mít hlad be hungry, *lit.* 'have hunger'

jídelní lístek menu

večeřet>**po-** have dinner

smažený fried

sýr -a cheese (*here* fried in breadcrumbs)

telecí veal *adj.*

řízek -zku schnitzel

vepřová *adj. noun* roast pork

knedlík dumpling

zelí cabbage

šunka ham

kuře – kuřete, *pl.* **kuřata** chicken

rožeň – žně spit, skewer

dršťkový tripe *adj.*

polévka soup

dost enough, quite a lot

biftek steak

vejce *n, gen. pl.* **vajec** egg

roštěná entrecote

kolik how much?
kolik to stojí how much does it cost? (**cena** price)
chuť – chuti appetite
mít chuť na +*acc.* feel like, *lit.* 'have an appetite for'
pořádný proper
kus piece
maso meat
zima cold; winter
je mi zima I feel cold
teplý warm, hot
třicet thirty
dvacet twenty
osmadvacet twenty eight, *lit.* eight and twenty
peníze – peněz *m pl.* money
předevčírem the day before yesterday
stipendium -dia *n* grant (*drops* **-um** *before endings*)
číšník *m*, **číšnice** *f* waiter, waitress
přát – přeje – přál wish
bramborový potato *adj.*
salát salad
pití, k pití drinking, to drink

pivo beer
přinést<přinášet bring
dvanáct twelve
sto, *gen. pl.* **set** hundred
šestnáct sixteen
na +*acc.* for (*time ahead*)
rok year
rodiče -ů parents
dvou *gen. of* **dva/dvě** two
různý various, different
univerzita university
pěkný pretty
ostatně anyway, besides
děvče – děvčete, *pl.* **děvčata** *n* girl
setkat se – setká se – setkal se<setkávat se s +*ins.* meet
holek *gen. pl. of* **holka** some girls (*a quantity of, lots of*)
národnost nationality
člověče! *voc. of* **člověk** man, person
představit<představovat introduce
přijít<přicházet arrive, come
kolej *f* college, hall of residence, dorm

Words and Phrases

EATING

Stůl pro dva, pro tři . . .	A table for two, for three . . .
Je tento stůl volný?	Is this table free?
Dovolíte?	'Will you permit?' i.e. May we sit here?
Prosím.	'Please.' i.e. Please do. You're welcome.

Mám hlad.   I am hungry. *lit*. I have hunger.

Mám žízeň.   I am thirsty. *lit*. I have thirst. (**žízeň -zně** *f*)

Něco k jídlu.   Something to eat (*lit*. for food).

Něco k pití.   Something to drink (*lit*. for drink).

Budeme večeřet/obědvat/snídat.   We'd like to have dinner/lunch/breakfast. *lit*. We will dine/lunch/breakfast.

corresponding nouns: **večeře** dinner, evening meal; **oběd -a** lunch, midday meal; **snídaně** breakfast

Co si dáme (k jídlu)?   What shall we have (to eat)? *lit*. What shall we give ourselves (for food)?

Já si dám . . .   I'll have . . . I'm going to have . . .

Mám chuť na +*acc*.   I feel like (having), I think I'll have, I fancy (having) . . . *lit*. I have an appetite for . . .

Dvakrát polévku, jednou biftek, jednou řízek.   Two soup, one steak, and one schnitzel. *lit*. Twice . . ., once . . ., once . . .

Dvě deci vína.   Two decilitres of wine. (*a standard measure for one person*)

Dobrou chuť!   Bon appétit! Guten Appetit! *lit*. Good appetite! (*normally said before meals*)

Přeji vám dobrou chuť!   I wish you a good appetite!

Platit! *or* **Platím!**   The bill! *lit*. To pay! I pay! (*several people*: **Platíme!** We pay!)

GRAMMAR

Genitive Plural

Nouns

Masculine nouns have the ending **-ů**; others have 'zero' (i.e. no ending for 1st, 2nd) or **-í** (for 3rd, 4th, 5th).

GENITIVE PLURAL

1st:	– –	ženy – žen
2nd:	*m* -ů *n* – –	páni – pánů města – měst
3rd:	*m* -ů; *rest* -í	muži – mužů; lekce – lekcí
4th:	-í	radosti – radostí
5th:	-í (= *nom.*)	náměstí

Before the 'zero' ending (– –) the vowel **-e-** is inserted in many consonant groups: **dívky – dívek** 'girls', **vinárny – vináren** 'wine-bars', **písničky – písniček** 'little songs', **sklenky – sklenek** 'glasses'; **jídla – jídel** 'foods', **sta – set** 'hundreds'.

A few nouns shorten vowels before the 'zero' ending: **síly – sil** 'forces', **mouchy – much** 'flies', **léta – let** 'years, summers', **díla – děl** 'works'.

Some 3rd Decl. nouns have the 'zero' ending, especially *f* nouns ending in **-ice, -yně**, and *n* nouns ending in **-iště: sklenice – sklenic** 'glasses', **ulice – ulic** 'streets', **přítelkyně – přítelkyň** 'friends (*female*)', **letiště – letišť** 'airports'; also **peníze – peněz** 'money' (*pl. noun*).

Adjectives

Genitive plurals of adjectives are the same for all genders:

těch prvních malých   pánů/měst/žen

Young of Animals

Nouns ending in **-e/ě** denoting the young of animals add **-et-/-ět-** before singular endings and **-at-** before plural endings. They decline as follows and are neuter in gender:

kotě 'kitten', *sg. acc.* = *nom.*, *gen.* **kotěte**, *dat./loc.* **kotěti**, *ins.* **kotětem**; *pl. nom./acc.* **koťata**, *gen.* **koťat**

The rest of the plural follows type **města** – **měst**.

A few other nouns also decline this way, e.g. **rajče** – **rajčete**; **rajčata** 'tomato', **poupě** – **poupěte**; **poupata** 'bud'.

Numerals

Cardinal and Ordinal

0	nula		
1	jeden, jedno, jedna	1st	první
2	dva, *n/f* dvě (cf oba, *n/f* obě 'both')	2nd	druhý
3	tři	3rd	třetí
4	čtyři	4th	čtvrtý
5	pět	5th	pátý
6	šest	6th	šestý
7	sedm	7th	sedmý
8	osm	8th	osmý
9	devět	9th	devátý
10	deset	10th	desátý
11	jedenáct	11th	jedenáctý
12	dvanáct	12th	dvanáctý
13	třináct	13th	třináctý
14	čtyrnáct	14th	čtyrnáctý
15	patnáct	15th	patnáctý
16	šestnáct	16th	šestnáctý
17	sedmnáct	17th	sedmnáctý
18	osmnáct	18th	osmnáctý
19	devatenáct	19th	devatenáctý
20	dvacet	20th	dvacátý
21	jed(e)nadvacet '1 and 20' *or* dvacet jeden	21st	jed(e)nadvacátý *or* dvacátý první

22	dvaadvacet '2 and 20'	22nd	dvaadvacátý
	or dvacet dva		*or* dvacátý druhý
etc.		etc.	

30	třicet	30th	třicátý
40	čtyřicet	40th	čtyřicátý
50	padesát	50th	padesátý
60	šedesát	60th	šedesátý
70	sedmdesát	70th	sedmdesátý
80	osmdesát	80th	osmdesátý
90	devadesát	90th	devadesátý
100	sto	100th	stý

99	devětadevadesát	99th	devětadevadesátý
	or devadesát devět		*or* devadesátý devátý
101	sto jeden	101st	stý první
etc.		etc.	

200	dvě stě	200th	dvoustý
300	tři sta	300th	třístý
400	čtyři sta	400th	čtyřstý
500	pět set	500th	pětistý
600	šest set	600th	šestistý
700	sedm set	700th	sedmistý
800	osm set	800th	osmistý
900	devět set	900th	devítistý
1000	tisíc	1000th	tisící

million **milión**	millionth **milióntý**
thousand million **miliarda**	thousand millionth **miliardtý**

číslo number **telefonní číslo** telephone number (**telefon** telephone)

Numbers 1–4 (and **oba** 'both') are treated like adjectives:

Jsou tam čtyři lidé.	There are four people there.
Byli tam čtyři lidé.	There were four people there.
Byla tam jedna dívka.	One girl was there.
Mám tři koruny.	I have three crowns.
Mám dvě (obě) auta.	I have two (both) cars.

Numbers 5 and upwards are treated in nominative and accusative positions as nouns followed by the genitive plural. Verb agreement is then neuter singular:

Je tam pět lidí.	There are five people there.
Bylo tam pět lidí.	There were five people there.
Mám sto korun.	I have a hundred crowns.
Mám šest aut.	I have six cars.
Je (Bylo) tam dvě stě lidí.	There are (were) 200 people there.
Bylo tam dvaapadesát (padesát dva) lidí.	There were 52 people there.

(Or, in formal usage, **Byli tam padesát dva lidé**, but this construction with noun and verb form determined by **dva** is not in general spoken use.)

Other quantitatives do the same thing (e.g. **mnoho** 'many', **dost** 'enough', **kolik** 'how many', **několik** 'several', **málo** 'few', **pár** 'a couple of'):

Kolik tam je (bylo) Angličanů?	How many Englishmen are (were) there?
Je (Bylo) tam mnoho (málo) lidí.	There are (were) many (few) people there.
Mám dost peněz.	I have enough money.

When counting use *f* forms **jedna** and **dvě**, e.g.

dvě a dvě jsou čtyři	$2 + 2 = 4$
jedna a jedna jsou dvě	$1 + 1 = 2$

Pronouns in the genitive are placed before the numeral or stated quantity: **Je nás pět** (*but* **jsme dva**). **Koupil ho kilo** (a kilo).

Tisíc (*gen. pl.* **tisíc**) 'a thousand' is treated like other numbers above 5 or as a *mi* noun. **Milión** is treated as a *mi* noun, **miliarda** as a *f* noun:

Bylo tam tisíc lidí.	There were a thousand people there.
Bylo/-y tam dva tisíce lidí.	There were two thousand people there.

| **Bylo tam pět tisíc lidí.** | There were five thousand people there. |
| **Bylo/-y tam tři milióny lidí** | There were three million people there. |

Partitive genitive

Sometimes the genitive case is used instead of the nominative or accusative to express the idea 'some':

Napadlo sněhu.	A quantity of snow fell. *lit.* 'There fell of some snow.' (*or* **Napadal sníh**. The prefix **na-** indicates a quantity of snow fell)
Přinesl vody.	He brought some water. (*or* **Přinesl vodu.**)
Podal mu čaje.	He handed him some tea. (*or* **Podal mu čaj.**)

With a negative verb the genitive may be used to express the idea 'no, not any' (the opposite of 'some'):

Není vody.	There's no water. There isn't any water. *lit.* 'There is not of water.' (*or* **Není voda.**)
Nemám peněz (peníze).	I have no money. I haven't any money.
Neřekl ani slova (slovo).	He didn't say a word.

(The use of the genitive after negative verbs was more widespread in the older language.)

Exercises

1. Fill in the blanks with genitive plurals:
   (a) Je tam několik — . (Angličan, Angličanka, Němec, univerzita, dívka, kino, píseň f, děvče, lekce)
   (b) Je tu mnoho — . (krásné holky, mladí číšníci, dobré restaurace)
   (c) Mám pět — . (klíč, kniha, slovník, auto, sestra, bratr, slovo)
   (d) Vypili šest — . (piva, sklenice vína)
   (e) Snědla pět — . (knedlík, řízek, muž)

2. Fill in the blank with the numbers indicated, followed by the appropriate form of *koruna*:

   Mám — — . (10, 20, 15, 5, 4, 17, 1, 40, 100, 300, 1000, 200, 540, 126)

3. Put the nouns into the appropriate forms to fill the blanks:
   (a) Mám šestnáct — . (dopis)
   (b) Ivan má tři — . (sestra)
   (c) Jana má jednoho — . (bratr)
   (d) Dala mu tři — . (kniha)
   (e) Je tady už devět — . (měsíc)
   (f) Jsou tu jenom dvě — . (židle)
   (g) Toto město má tři — . (divadlo)
   (h) Praha má velmi mnoho — . (divadlo)
   (i) Udělali jsme jedenáct — . (lekce)
   (j) Vykouřila pět — . (cigareta)

4. Translate into Czech:
   (a) I am hungry.
   (b) The menu, please.
   (c) What do you have?
   (d) How much does veal schnitzel cost?
   (e) I don't have enough money for that.
   (f) How much does fried cheese cost?
   (g) I'll have (*lit.* 'give myself') soup.
   (h) Good appetite!
   (i) I'll get my grant tomorrow.
   (j) How much do they give you, Pavel?
   (k) Do your parents give you something?
   (l) Yes, they give me eight hundred crowns.

Dvanáctá Lekce – Twelfth Lesson

■ DIALOGUE: V HOSPODĚ II

IVAN: Kolikátého je dnes?

JOHN: Osmadvacátého února. Je pátek. Těšíš se na jaro?

IVAN: Ne, já mám radši podzim nebo zimu. V létě mám vždycky strašnou žízeň. Dáš si ještě pivo?

JOHN: Ne. Já jsem už vypil asi pět piv, věříš? Nikdy v životě jsem nevypil najednou tolik piv.

IVAN: Kolik je ti let? Já, když mně bylo patnáct, jsem jednou vypil osm piv.

JOHN: Proto máš dnes takové břicho. Já jsem začal pít pivo a chodit do hospody, když jsem byl poprvé v Praze. Bylo mi tehdy devatenáct. V poslední době chodím do hospody jenom málokdy.

IVAN: Takže ty radši víno?

JOHN: Do vináren nechodím nikdy. Víno nemám rád.

IVAN: Slyšel jsem, že u vás v té Anglii máte rádi psy. Máte tam u vás hodně psů. Říká se, že Angličané mají rádi zvířata. A hlavně psy.

JOHN: Ano, máme jich hodně. Doma máme krásnou kočku. Loni měla pět koťat a letos čtyři. Ale ty mě neposloucháš, Ivane!

IVAN: Poslouchám, poslouchám. Kolik je hodin? V půl deváté musím jít. Mám totiž schůzku s Jitkou. Před Staroměstskou radnicí. A předtím musím ještě vyřídit pár věcí. Ona nerada čeká a tak musím spěchat.

JOHN: Už je devět pryč. Je přesně za pět minut čtvrt na deset. Pojedeš tramvají nebo taxíkem?

IVAN: Sakra. Už musím běžet, nebo přijdu pozdě. Paní vrchní, platit! To je strašné. Víš, že jsem takhle už ztratil bůhvíkolik přítelkyň – a pěkných! Po škole jdu obyčejně do hospody, vypiju několik sklenek vína nebo pár piv a potom zapomenu na všechno, i na lásku!

ČÍŠNICE: Tak to máme dvakrát polévku, jednou řízek bram-
              borový salát, jednou biftek s vejcem a k pití osm
              piv, a kolik rohlíků? Tři rohlíčky. Tak to dělá
              dohromady sto třicet korun a padesát haléřů,
              prosím. Děkuji vám, pánové. Na shledanou.

kolikátý? 'how-manyeth?'
kolikátého je dnes? what's today's date?
únor -a February
pátek -tku Friday
těšit se na +*acc.* look forward to
jaro spring
podzim autumn
zima winter
léto summer, *pl.* **léta – let** summers, years
žízeň -zně *f* thirst
mít žízeň be thirsty
ještě yet, again, another
věřit>u- believe
najednou at once
tolik so much, so many
kolik je ti let how old are you? *lit.* 'how many is to you of years?'
proto so therefore, that's why
břicho belly, tummy
tehdy then, at that time
doba time, age, period
v poslední době recently, *lit.* 'in the last time'
málokdy seldom, rarely
v té Anglii over in England, *lit.* in that England
pes – psa dog
u vás *here* = in your country

hodně +*gen.* plenty, lots of
říká se it is said
zvíře -řete, *pl.* **-řata** *n* animal, beast
hlavně mainly, chiefly
kočka cat
kotě -těte, *pl.* **-ťata** *n* kitten
kolik je hodin? what time is it? *lit.* 'how much is it of hours?'
v půl deváté at half past eight, *lit.* 'at half of the ninth'
schůzka appointment, meeting, rendezvous
staroměstský Old Town *adj.*
radnice town hall
předtím before that, previously
vyřídit<vyřizovat settle, fix, arrange
pár +*gen.* a couple of
věc -i thing
spěchat hurry
je devět pryč it is past nine
přesně exactly, precisely
za pět minut čtvrt na deset ten past nine, *lit.* 'in five minutes a quarter on to ten'
minuta minute
taxík taxi
sakra Christ!, God! *lit.* 'sacrament!'
běžet, *iter.* **běhat** run
platit>za- pay

platit! the bill! *lit.* 'to pay!'
vrchní *adj. noun* head waiter
   (*who deals with bills*)
takhle like this, this way
bůhvíkolik God knows how
   many
obyčejně usually
sklenka glass
zapomenout<zapomínat   na
   +*acc.* forget

i even
rohlík roll
rohlíček -čku *dim. of* **rohlík**
   (*waiters use a lot of
   diminutives*)
dohromady altogether
haléř heller (*100 hellers = 1
   crown*)

Words and Phrases

MODES OF TRANSPORT

autobus bus
auto car
taxík taxi
tramvaj *f* tram(car)
vlak train
letadlo plane
metro metro, underground

Pojedu tam autobusem. I'll go there by bus.
Autem. By car.
Taxíkem. By taxi.
Tramvají. By tram.
Vlakem. By train.
Letadlem. By plane.
Metrem. By metro/underground.
(*All using the instrumental case.*)
Půjdu tam pěšky. I'll go there on foot. (*Adverb*)

Additional vocabulary:

lístek -stku ticket (*also theatre, etc.*)
jízdenka travel ticket
jízdenka na vlak/autobus/tramvaj ticket for the train/bus/tram
koupit si<kupovat si buy

místenka seat reservation
zpáteční jízdenka return ticket
nádraží station
stanice stop, small station (or: **zastávka**)
stanice metra metro station
stanice autobusu bus stop
stanice tramvaje tram stop
vystoupit<vystupovat get off
autobusové nádraží bus station, coach station
letiště *n* airport

Je tu někde stanice metra? Is there a metro station round here?
Kde mám vystoupit? Where have I to get off?

GRAMMAR

Time

rok -u year
měsíc -e month
týden -dne, *pl.* **týdny -ů** *m* week
den – dne, *pl.* **dny -ů** *or* **dni -í** *m* day
století century

tento, minulý, příští this, last, next
příští týden next week
minulý rok last year

Note also these adverbs:

letos, loni/vloni, napřesrok this, last, next year
dnes/*coll.* **dneska, včera, zítra** today, yesterday, tomorrow
předevčírem, pozítří the day before yesterday, the day after
  tomorrow

Associated nouns:

dnešek -ška, včerejšek -ška, zítřek -řka today, yesterday, tomorrow

General times of day:

ráno (early) morning, in the morning (also **jitro**)
dopoledne *n* morning, a.m., in the (later) morning, forenoon
odpoledne *n* afternoon, p.m., in the afternoon
večer -a evening, in the evening
noc -i, v noci night, in the night
poledne *n*, **v poledne** midday, at midday
půlnoc -i, o půlnoci (!) midnight, at midnight
brzo/brzy early, soon
pozdě late
včas on time
čas time
hodina, minuta, vteřina or **sekunda** hour, minute, second
chvíle, chvíli a while, for a while
moment, okamžik a moment

Days

pondělí, úterý, středa	Monday, Tuesday, Wednesday
čtvrtek, pátek	Thursday, Friday
sobota, neděle	Saturday, Sunday

For 'on Monday' *etc.* use **v** +*acc*.:
v pondělí, v úterý, ve středu,
ve čtvrtek, v pátek,
v sobotu, v neděli

Note genitives **čtvrtek -rtka**, but **pátek -tku** (!), e.g. **Budu tady do čtvrtka.** I shall be here till Thursday. **Od pátku budu doma.** From Friday I shall be at home.

Seasons

zima, jaro, léto, podzim	winter, spring, summer, autumn
v zimě, v létě	in winter, in summer
but: **na jaře, na podzim** (!)	in spring, in autumn

Months

Unusually, these are quite different from ours in name:

leden -dna, únor -a, březen -zna	January, February, March
duben -bna, květen -tna, červen -vna	April, May, June
červenec -nce, srpen -pna, září	July, August, September
říjen -jna, listopad -u, prosinec -nce	October, November, December

For 'in January' *etc.* use **v** +*loc.*:

v lednu, v únoru, v březnu
v dubnu, v květnu, v červnu
v červenci, v srpnu, v září
v říjnu, v listopadu, v prosinci

The date is given in the genitive sg.:

Kolikátého je dnes?	What is today's date? What day is it today? *lit.* 'Of the howmanyeth is it today?' (**kolikátý** 'howmanyath')
Dnes je dvacátého dubna.	Today is the 20th of April.
Narodil jsem se osmého března.	I was born on the 8th of March. (**rodit se>na-** to be born)

Years and Age

Narodil jsem se roku (v roce) 1965 (= **devatenáct set šedesát pět** 'nineteen hundred sixty five', *or* **tisíc devět set šedesát pět** 'thousand nine hundred sixty five').

V padesátých/šedesátých/sedmdesátých/osmdesátých letech. In the fifties, sixties, seventies, eighties. (*lit.* 'In the fiftieth years . . .')

The plural of **rok** 'year' is either **roky** or **léta** (*lit.* 'summers'):

Je (Bylo) mi šestnáct let. I am sixteen (years old). (*lit.* 'Is to me sixteen years.'). I was sixteen.
Jsou (Byly) mu čtyři roky. He is (was) four (years old).
(One may also use the forms **šestnáct roků** and **čtyři léta** here.)

Telling the Time

It is 1 o'clock.	**Je jedna (hodina).**	(hodina hour)
It is 2 o'clock.	**Jsou dvě (hodiny).**	
It is 5 o'clock.	**Je pět (hodin).**	

For 'at 1 o'clock' *etc.* use **v** +*acc.* **V jednu (hodinu). Ve dvě (hodiny).
Ve tři (hodiny). Ve čtyři (hodiny). V pět (hodin).** *etc.*

It is midday. At midday.	**Je poledne. V poledne.**
It is midnight. At midnight.	**Je půlnoc. O půlnoci.** (!)

For 'half past' use **půl** and then say 'of one, of the second, of the
third (hour, *understood*)', referring to the next hour:

It is half past twelve.	**Je půl jedné.**
It is half past one.	**Je půl druhé.**
It is half past two.	**Je půl třetí.** *etc.*

For 'a quarter past' use **čtvrt na** +*acc.*, and refer again to the next
hour, for 'a quarter to' use **tři čtvrtě na** +*acc.* (*lit.* 'three quarters
on to'):

It is a quarter past twelve (one, two . . .)	**Je čtvrt na jednu (dvě, tři . . .)**
It is a quarter to one (two, three . . .)	**Je tři čtvrtě na jednu (dvě, tři . . .)**

For intermediate five-minute intervals you may refer forward to
the next quarter, half-hour or hour, using **za deset minut** 'ten
minutes before' and **za pět minut** 'five minutes before', e.g.:

It is five (ten) past twelve. **Je za deset (pět) minut čtvrt na jednu.**
(*lit.* 'ten, five minutes before a quarter on to one')

It is twenty (twenty five) past twelve. **Je za deset (pět) minut půl
jedné.**

It is twenty five (twenty) to one. **Je za deset (pět) minut tři čtvrtě
na jednu.**

It is ten (five) to one. **Je za deset (pět) minut jedna.**

To say 'at' any of these times use **v** +*acc.*, except before phrases
with **za . . .**:

V půl jedné (druhé, třetí). At half past twelve (one, two).

Ve čtvrt na jednu (dvě, tři).	At a quarter past twelve (one, two).
Ve tři čtvrtě na jednu (dvě, tři).	At a quarter to one (two, three).
Přišel za pět minut čtvrt na jednu.	He came at ten past twelve.

Instead of the above system you may prefer to say:

Je jedna (hodina a) pět (minut).	It is one five.
Je jedna (hodina a) čtyřicet (minut).	It is one forty.

Points of the Compass

sever, jih, východ, západ	N, S, E, W
severovýchod, severozápad	NE, NW
jihovýchod, jihozápad	SE, SW

For 'in the north' *etc.* use **na** +*loc.*:
na severu, na jihu, na východě, na západě

For 'to the north' *etc.* use **na** +*acc.* (*motion*):
na sever, na jih, na východ, na západ

For 'from the north' *etc.* use **od** +*gen.*:
od severu, od jihu, od východu, od západu

Corresponding adjectives for 'northern' *etc.* are:
severní, jižní, východní, západní,
severovýchodní, severozápadní,
jihovýchodní, jihozápadní

Exercises

1. Fill in the blank to give the times indicated:
   (a) Je/Jsou — — . (5 o'clock, 10 o'clock, 3 o'clock, 1 o'clock)
   (b) Je půl — . (half past 5, 2, 8, 1, 12, 3)

2. Fill in the blank to give the indicated year of birth:
   Narodil(a) jsem se roku —— . (1960, 1970, 1986, 1954, 1943,
           1968, 1972, 1805, 1789, 1620, 1436)

3. Give the following times in Czech:
   5.15, 5.45, 2.15, 2.45, 12.15, 12.45, 1.47, 3.55, 4.20, 11.05,
   13.10.

4. Respond as suggested:
   (a) Kolik je vám let? (I am twenty years old.)
   (b) Kolik stojí jeden lístek? (One ticket costs eight crowns.)
   (c) Co si dáš? (I'll have schnitzel.)
   (d) Kolik je hodin? (It's half past five. Why are you not asleep?)
   (e) Pojedeš tramvají nebo metrem? (I'll go on foot.)

5. Translate into Czech:
   (a) How much did it cost?
   (b) Did you have enough money?
   (c) Do they have a lot of good pubs in Prague?
   (d) When I was six I knew how to read.
   (e) I started drinking when I was fifteen.
   (f) I am here for four months.
   (g) I have been here for five months.
   (h) I bought two dictionaries yesterday.
   (i) I bought five new books yesterday.
   (j) I drank two beers in the pub last Wednesday.
   (k) It is past ten o'clock.
   (l) I have to go home now.
   (m) There are many books about Prague in the library.
   (n) I don't like singing folk songs.
   (o) In this town there are many bad restaurants and only a few
       good ones.
   (p) I love tripe soup, what about you?
   (q) I know a good deal of beautiful women.
   (r) There are many dogs in England.

Třináctá Lekce – Thirteenth Lesson

■ DIALOGUE: KAM JDETE? I

ZINA: Kam jdete, kluci? Jdete někam na pivo?

IVAN: Nechtěla bys jít s námi? Právě se rozhodujeme, kam bychom měli jít. Asi půjdeme ke Glaubicům.

ZINA: No, já nevím. Musím ještě vyřídit pár věcí.

IVAN: Pozvali bychom tě na večeři. Nemáš hlad?

ZINA: Docela ráda bych s vámi šla. Ale napřed bych potřebovala zajít k dvěma přítelkyním, spolužačkám z fakulty. Slíbila jsem jim půjčit několik knih, které jsem nedávno koupila. Nesu je tady v těch taškách. Jsou hrozně těžké.

PETR: To jsi strávila zase celý týden v knihkupectvích a antikvariátech? Nebo jsou to učebnice?

ZINA: Ne, kdepak. Nejsou to učebnice. Jsou to staré vzácné knihy v krásných vazbách, s dřevoryty a pěknými barevnými ilustracemi.

IVAN: Proč je tedy půjčuješ, když jsou tak vzácné?

ZINA: No, já jsem je vlastně nechtěla půjčit. Neměla jsem se chlubit svými odbornými bibliofilskými znalostmi.

PETR: Kde bydlí ty holky?

ZINA: Jedna bydlí tam, jak se jde těmi ulicemi nahoru k Hradčanům, a ta druhá bydlí nahoře na Pohořelci v těch starých domech před Strahovským klášterem. Nešli byste se mnou?

IVAN: My půjdeme radši do hospody napřed. A ty potom přijdeš za námi, ano?

ZINA: Tak jo, dobře. Jen skočím k těm kamarádkám a hned přijdu za vámi. Zatím ahoj.

chtěl by would like	**měl by** should, ought
rozhodnout se<rozhodovat se decide	**u Glaubiců** 'Glaubic's', name of a pub

ke Glaubicům to 'Glaubic's'
napřed beforehand, first, in front, ahead
zajít<zacházet k +*dat.* drop in on
dvěma *dat. of* **dva/dvě** two
spolužák *m,* **spolužačka** *f* fellow student/pupil
slíbit<slibovat promise
několik +*gen.* several, some
nedávno recently, not long ago
koupit<kupovat buy
nést – nese – nesl, *inter.* **nosit** carry, take
taška bag
hrozný terrible
hrozně terribly
trávit>s- spend (*time*)
knihkupectví bookshop
antikvariát secondhand (antiquarian) bookshop
učebnice textbook
vzácný rare
vazba binding
dřevoryt woodcut, engraving
barevný coloured

ilustrace illustration
měl should have
chlubit se>po- +*ins.* boast of
odborný expert *adj.*
bibliofilský bibliophilistic, of fine/rare books
znalost, *often* **znalosti** *pl.* knowledge, expertise
tam, jak se jde where you go, *lit.* 'there how it is gone'
nahoru up, upwards (*motion*)
Hradčany – Hradčan *m pl.* Hradčany, around Prague Castle (*German form* Hradschin)
nahoře up (*rest*)
Pohořelec -lce = a square in front of the Strahov Monastery
strahovský Strahov *adj.*
klášter -a monastery
skočit *pf.* **k** + *dat.* pop in to see (*for a short time*), *lit.* 'jump, leap'
za vámi after you (*follow after*)
zatím for the meantime, for now, meanwhile

Words and Phrases

VISITING *etc.*

Zajít ke kamarádovi.

To call in, drop in on a friend, go to see a friend.

or, using **(za)stavit se** *pf.* **u** +*gen.*:
Zastavit se u kamaráda. }
Stavit se u kamaráda. }

To call in *etc.* on a friend.

Navštívit<navštěvovat někoho.
Návštěva.

To visit someone.
A visit.

Skočit (si) do obchodu.	To pop in to a shop. (**obchod** shop)
Skočit k někomu.	To pop in and see someone (*for a short visit*).
Zajít pro mléko, pro pivo.	To pop in for some milk, for some beer, to get some milk/ some beer (*to take out of the shop or pub*).
Zajít si na pivo.	To pop in for a beer (*consumed on the premises*).
Zajít pro lékaře.	To go and fetch the doctor. (**lékař** doctor)

GRAMMAR

The Conditional Tense

The conditional tense corresponds to the English tense with 'would'. It is formed with the **-l** form of the past tense plus the auxiliary **bych, bys, by; bychom, byste, by**. The conditional tense of **dělat** is thus:

Dělal bych, dělal bys, dělal by	'I, you, he would do;
dělali bychom, dělali byste, dělali by	we, you, they would do'

The usual gender and number agreement applies:

Dělala by.	She would do.
Dělaly byste.	You *pl. f.* would do.
Dělala byste.	You *sg. formal f.* would do.

Note 2nd pers. sg. reflexive forms:

Zeptal(a) by ses.	(= **bys** + **se**)	You would ask.
Koupil(a) by sis.	(= **bys** + **si**)	You would buy (for yourself).

Note the meanings of the following modals in the past and conditional:

Chtěl jsem tam jít.	I wanted to go there.
Chtěl bych tam jít.	I would (should) like to go there.

Mohl jsem tam jít.	I could have gone there.
Mohl bych tam jít.	I could go there.
Měl jsem tam jít.	I should have gone there.
Měl bych tam jít.	I should (= ought to) go there.
Musel jsem tam jít.	I had (= was obliged) to go there.
Musel bych tam jít.	I would have to go there.

The conditional alone may express a wish, or **rád** may be added:

Já bych tam šel.	I would like to go there. (*also*: I would go there.)
Já bych tam rád šel.	I would like to go there. I'd go there gladly.

Dative, Locative and Instrumental Plural

Nouns

The following virtually completes our survey of noun endings.

DATIVE, LOCATIVE and INSTRUMENTAL PLURAL

1st:	-ám -ách -ami	ženy – zenám, ženách, ženami
2nd:	-ům -ech -y	páni – pánům, pánech, pány
3rd:	*m* -ům -ích *m/n* -i *f/n* -ím -ich *f* -emi/ěmi	muži – mužům, mužích, muži lekce – lekcím, lekcích, lekcemi
4th:	-em -ech -mi	radosti – radostem, radostech, radostmi
5th:	-ím -ích -ími	náměstí – náměstím, náměstích, náměstími

Masculine nouns ending in velars **g/h**, **ch** or **k** have locative pl. **-ích**, preceded by sound changes **g/h→z**, **ch→š**, **k→c**:
kluk: kluci – o klucích 'boys'; **hoch: hoši – o hoších** 'lads'; **kruh: kruhy – v kruzích** 'circles'.

Neuter nouns ending in velars have **-ách**, without the sound changes. Some masculine nouns may do the same colloquially:
vajíčko: vajíčka – ve vajíčkách 'eggs'; **kousek: kousky – v kouscích/ v kouskách** 'bits, pieces'.

Adjectives

There is no gender differentiation:

dat.	**těm prvním malým pánům/městům/ženám**
loc.	**o těch prvních malých pánech/městech/ženách**
ins.	**těmi prvními malými pány/městy/ženami**

Dual Plurals: Parts of the Body

Some nouns for paired parts of the body such as *eye* or *hand* have special plural forms called *dual plurals*. Note especially the typical genitive and locative forms in **-ou**, and the instrumentals in **-ma**, e.g. **ruce** 'hands' (*irreg. pl. of* **ruka**), **v rukou** 'in the hands', **rukama** 'with the hands'. Adjectives qualifying nouns with instrumental plurals in **-ma** form their own instrumental plurals in **-ma** instead of **-mi**:

těma malýma rukama 'with those little hands'.

The following list is for reference:

oko 'eye', *f pl.* **oči, očí, očím, očích, očima**
ucho 'ear', *f pl.* **uši, uší, uším, uších, ušima**
ruka 'hand', *pl.* **ruce, rukou, rukám, rukou (-ách), rukama**
noha 'leg', *pl.* **nohy, noh(ou), nohám, nohou (-ách), nohama**
rameno 'shoulder', *pl.* **ramena, ramen(ou), ramenům, ramenou (-ech), rameny**
koleno 'knee', *pl.* **kolena, kolen(ou), kolenům, kolenou (-ech), koleny**
prsa *pl.* 'chest', **prsou, prsům, prsou, prsy**
(The singular form **prs** means 'breast' and has a regular plural **prsy -ů** 'breasts'. **Rameno** and **koleno** may have sg. endings **-e, -i, -em** as for the 3rd declension.)

Here are some more common words for parts of the body:

hlava head	**ret – rtu**, *pl.* **rty** lip
vlasy *m pl.* hair	**zub** tooth
nos nose	**brada** chin
ústa *n pl.* mouth (*slang* **huba**)	**tvář** *f* cheek, face
obličej face	**jazyk -a** tongue (*also* language)

krk neck, throat
prst finger
záda *n pl.* back
zadek – dku bottom, backside
břicho belly
žaludek -dku stomach
srdce *n* heart
pás – pasu waist

bok hip, side
prst (u nohy) toe
stehno thigh
kost -i bone
kůže skin (*also* leather)
krev – krve *f* blood
sval muscle
mozek -zku brain

Exercises

1. Put into the conditional tense:
   (a) Šel jsem domů.
   (b) Koupila tu knihu.
   (c) Chtěli spát.
   (d) Měli jste sedět doma.
   (e) Nedostali jsme místo.
   (f) Pozveš nás na večeři?
   (g) Potřebuju nový svetr.
   (h) Dáš mi ten slovník?
   (i) Jsem ráda.
   (j) Je to škoda.

2. Fill in the blanks with appropriate plural forms of the words indicated:
   (a) Mluvíme o — . (ženy, antikvariáty, auta, Němci, učitelé)
   (b) Chodí po — . (hospody, ulice, řeky, parky, divadla)
   (c) Petr nerozumí — . (dnešní studenti, ty knihy, jiní lidé, ti kluci, Italové, auta)
   (d) Byla tu před několika — . (hodiny, roky, léta, měsíce, století, týdny)
   (e) Stojí tam před těmi — . (židle, auta, domy, knihy, staré budovy, kluci, mladí Arabové)

3. Respond as indicated:
   (a) Šel bys se mnou do kina? (*or* Šla bys . . .)
       (No, I can't. I'm going with Petr to a concert.)

(b) Mohl(a) byste mi laskavě říci, kde je hospoda U Fleků?
(The pub U Fleků? It's over there in that street on the right.)

(c) Prosím vás, jak se dostanu na Hradčany?
(You go from here to the left, up, and then to the right.)

(d) Kde jsi koupil(a) ty knížky?
(I bought them in a secondhand bookshop.)

(e) Byly drahé? (*drahý* dear)
(No, they were very cheap.) (*levny, laciný* cheap)

4. Translate into Czech:
(a) What have you got in your hands?
(b) He is carrying her on his shoulders.
(c) He has small hands.
(d) Jana has big legs.
(e) You have beautiful ears.
(f) She was looking at me with big eyes.
(g) We are deciding where we should go.
(h) I would like to buy some new shoes.
(i) I would like to invite them for dinner.
(j) They would like to see us.
(k) Jitka lives in this street.
(l) Zina is my fellow-student.

Čtrnáctá Lekce – Fourteenth Lesson

■ DIALOGUE. KAM JDETE II

PETR: A nemohla bys jim říci, aby pak přišly s tebou?

ZINA: Samozřejmě. Řeknu jim to. Jenom bych nerada ty knížky tahala s sebou celý večer po hospodách. Já bych se zbláznila, kdyby se ztratily. A kdybych tam nešla vůbec, myslely by si, že jsem se na ně vykašlala. Kdybych se o těch knihách nebyla zmínila, a kdyby na mě tak nenaléhaly, abych jim je půjčila, nemusela bych tam jít.

IVAN: Tak jo. Ale pak přijdete za námi do hospody, slibuješ?

ZINA: Přijdeme. Fajn. Už se na to těším.

IVAN: Ale co kdyby tam bylo moc lidí, co kdyby nebylo místo? Museli bychom jít jinam.

ZINA: A to byste chtěli, abych já běhala jako blázen po všech malostranských hospodách? Kvůli vám, pánové?

PETR: Ale u Glaubiců se místo vždycky najde. To se nestane, abychom tam nenašli místo.

IVAN: Ale co kdyby.

ZINA: Víte co, když to nejde nějak rozumně dohodnout, tak já jdu.

PETR: Ale ne, prosím tě, Zino!

IVAN: Půjdeme tedy k Flekům. U Fleků je vždycky místa dost.

ZINA: Takhle v létě tam bude plno turistů. Budete sedět mezi samými cizinci – Němci, Italy a takovými lidmi. Já radši jdu. Ahoj.

PETR: Tak to se ti teda povedlo, Ivane. Teď už se nedá nic dělat. Půjdeme na pivo.

mohl by could

říci jim, aby tell them to

samozřejmě of course

nerad bych I wouldn't like to

tahat, *iter. of* **táhnout** pull, drag, cart

po +*loc. here* = about, from one to another

zbláznit se *pf.* go mad

kdyby if

ztratit se<**ztrácet se** get lost

vykašlat se *pf.* **na** +*acc.* walk out on, give up, *lit.* 'cough out on'

zmínit se<**zmiňovat se o** +*loc.* mention

naléhat na +*acc.* insist, urge

aby in order that, that, in order to, to

lidé -í, -em, -ech, -mi *m pl.* people (*pl. of* **člověk**)

místo place, space

jinam to elsewhere

malostranský of the Malá Strana, 'Little Side', district of Prague, Lesser Town, Kleinseite

blázen -zna madman

najde se will be found

stát se – stane se – stal se *pf.* happen

nestane se, aby . . . ne- we are bound to, *lit.* 'it won't happen that we wouldn't'

to nejde it isn't possible, it can't be, *lit.* 'it does not go'
nějak somehow
rozumně sensibly, rationally
dohodnout *pf.* agree, settle
u Fleků pub with own brewery making 13° brown ale, *černé pivo*; dates from 1459
plno +*gen.* full of
turista, *pl.* -é tourist
samý nothing but
cizinec -nce *m*, **cizinka** *f.* foreigner

Ital *m*, -**ka** *f* an Italian
povedlo se *pf.* +*dat. of person* succeeded, managed, *lit.* 'it succeeded (to)'; *here ironically*: 'a fine job you made of that', 'you've really done it this time'
teda, tedy then, so, in that case, well now, well then
teď už now

Words and Phrases

HAPPEN AND BECOME

Stát se *pf.*	To happen.
Stávat se *impf. iter.*	To happen (*on several occasions*)
Dít se – děje se – děl se *impf.*	To happen, go on.
Co se stalo?	What happened? What has happened?
Co se stane?	What will happen?
To se (často) stává.	That (often) happens.
Co se děje?	What's happening? What's going on?

Note also **stát se**<**stávat se** +*ins.* 'to become':
Stal se učitelem. He became a teacher.
Stává se nesnesitelným. He is becoming unbearable.

Do not confuse **stát se – stane se – stal se** *pf.* 'to happen; to become' (as above) with **stát – stojí – stál** 'to stand (be standing); to cost':
Stojí ve frontě. He is standing in the queue.
Stál přede mnou. He was standing in front of me.
Kolik to stojí? How much does it cost?
Kolik to stálo? How much did it cost?

GRAMMAR

'If' and 'When'

Kdyby, meaning 'if', consists of **kdy** ('when?') fused with the conditional auxiliary **bych**, *etc*. After **kdyby** the main clause is usually also in the conditional:

Kdybych měl čas, napsal bych   If I had time I'd write a novel.
román.

Where the main clause is not in the conditional use **jestliže** 'if', colloquially **jestli**, or formally **-li** (see example below). After a conjunction like 'if', where English has a simple present with future reference, Czech has a future tense:

Jestli(že) budu mít čas, napíšu   If I have time I'll write a novel.
román.   (*lit*. 'If I will have time . . .')
or (*formal style*): **Budu-li mít čas, napíšu román**.

Jestli may also be used instead of formal **zda**, meaning 'whether':
Nevím, jestli (zda) přijde.   I don't know whether (if) he'll
                             come.
(*or* **Nevím, přijde-li**.)

The conjunction **když** 'when' may also mean 'if' (i.e. 'if and when') when used with a future tense:
Když budu mít čas, napíšu   If (and when) I have time I'll
román.   write a novel.

For an unambiguous sense of 'when' use **až** with a future tense:
Až budu mít čas, napíšu román.   When I have time I'll write a
                           novel.
Elsewhere, as a conjunction, **až** means 'until':
Počkám, až budu mít čas.   I'll wait until I have time.

(As an adverb **až** means 'right', 'only, not till', or 'even':
zůstat až do konce 'to stay right to the end', **až dnes** 'only today, not till today', **pět až deset lidí** 'five to ten people'.)

The same rule of using the future tense applies after other conjunctions like **jakmile** 'as soon as', **dokud . . . ne** 'until, as long as . . . not':

Jakmile zavoláš, přijdu.	As soon as you call (telephone), I'll come.
Dokud nezavoláš, zůstanu doma.	Until you call, I'll stay at home. As long as you don't call, I'll stay at home. (**zůstat**<**zůstávat** stay)

An 'if' clause with **kdyby** may be replaced by the infinitive:

Mít čas, napsal bych román.	If I had time I'd write a novel. (*lit.* 'To have time, . . .')
Nebýt jeho, šla bych domů.	Were it not for him, I'd go home. (note genitive **jeho**)

'In Order To'

The conjunction **aby** 'in order to, in order that, so that, so as to, to' consists of **a** fused with **bych**, **bys** *etc*. It may introduce clauses of purpose:

Pracovali jsme rychle, abychom neztráceli čas.	We worked quickly, so that we wouldn't lose (any) time, so as not to lose any time, in order not to lose any time.

It is also used after verbs of 'telling' and 'wishing', where English has an infinitive with 'to':

Řekl jim, aby mluvili pomalu.	He told them to speak slowly.
Chci, abyste na mě počkal.	I want you to wait for me.

It may also correspond to English 'that' in clauses after some modal verb phrases denoting possibility, necessity, fear, desirability, timeliness, etc. of an action or state:

Je třeba, abych mu napsal.	It is necessary for me to write to him. It is necessary that I write to him.
Je čas, abychom šli.	It is time for us to go. It is time (that) we went.

Bojím se, aby nepršelo (*or* **že**   I am afraid that it may rain (or
  bude pršet).   that it will rain).
Note the negative **ne-** with **aby** after the verb **bát se – bojí se – bál
se** 'to fear, be afraid'.

The Past Conditional and Pluperfect Tenses

A past conditional tense corresponding to English 'would have
done' is sometimes formed by adding **byl** or **byl býval** to the ordi-
nary conditional forms. The past conditional of **být** is always **byl
býval**.

Kdybych byl měl peníze, byl bych koupil tu knihu.	If I had had the money, I would have bought that book.
Byl bych to býval udělal rád.	I would have done it gladly.
Nebyl bych koupil tu knihu.	I would not have bought that book.
Kdo by to byl řekl?	Who would have said it?
Byl bych býval rád.	I would have been glad.

A pluperfect tense is occasionally formed by adding **byl** to the
simple past tense, but it is rare and confined to literature:

Když byli hosté přišli, všichni začali jíst.	When the guests had come, all began to eat. (usually just: **Když hosté přišli . . .**)

Two past conditionals in a row are often avoided by replacing
one in either the subordinate or the main clause by an ordinary
conditional:
Kdybych byl býval měl peníze, já bych tu knihu koupil.

Possessives, Všechen

Possessives **jeho** 'his, its' and **jejich** 'their' are indeclinable. **Její**
'her' is a soft adjective. **Můj** 'my' may decline like a hard adjective
throughout, but the alternative forms in the table below are also
in standard use. **Tvůj** 'your' and **svůj** 'one's own' follow **můj**. Note
carefully the declension of **náš** 'our' and **všechen** 'all'. **Váš** 'your'
follows **náš**.

The table uses the phrases 'all our/my sugar' (**cukr** sugar), 'all our/my beer', 'all our/my love', *etc*.

	m/n	*f*
sg. nom.	všechen náš/můj cukr všechno naše/moje, mé pivo	všechna naše/moje, má láska
acc.	= *nom.* (*ma* = *gen.*)	všechnu naši/moji, mou lásku
gen.	všeho našeho/mého cukru	vší naší/mojí, mé lásky
dat.	všemu našemu/mému cukru	vší naší/mojí, mé lásce
loc.	o všem našem/mém cukru	o vší naší/mojí, mé lásce
ins.	vším naším/mým cukrem	vší naší/mojí, mou láskou
pl. nom./	všichni naši/moji, mí páni	
acc.	všechny naše/moje, mé pány, domy, lásky všechna naše/moje, má piva	
gen.	všech našich/mých pánů *etc.*	
dat.	všem našim/mým pánům	
loc.	o všech našich/mých pánech	
ins.	všemi našimi/mými pány	

Note alternative forms **všecek** = **všechen**, **všeck-o** = **všechn-o** *etc.*, **vše** = **všechno**.
The form **mojí** is colloquial.

Exercises

1. Fill in the blanks with appropriate forms of the words indicated:
   (a) Kde je — kniha? (tvůj)
   (b) To není — auto. (váš)
   (c) — dívky už odešly. (všechen)
   (d) Bydlí v — ulici. (náš)
   (e) To jsou — ponožky. (můj)
   (f) To nejsou — boty. (jeho)
   (g) Sedí na — židli. (můj)

(h) To jsou — kamarádi. (tvůj)

(i) Najdete to ve — učebnicích. (všechen)

(j) To slovo není v — slovníku. (můj)

(k) Má — auto. (svůj)

(l) Neznám — jména. (jejich)

2. Convert the following sentences according to this model:
Mluví pomalu. Řekl mu, aby mluvil pomalu.

(a) Přijde zítra. Řekl mu, . . .

(b) Počkáš na mě. Chci, . . .

(c) Koupím si tu knihu. Chtěli, . . .

3. Put the following sentences into the conditional:

(a) Když budu mít čas, napíšu román.

(b) Když budeš mít dost peněz, koupíš mi ten svetr?

(c) Když přijdeš, uvařím ti kávu.

(d) Když bude pršet, půjdeme do kina.

4. Translate into Czech:

(a) If I had enough money I would buy those books.

(b) Would you like to go with me to the cinema?

(c) Would you wait for me?

(d) He told me to go to the post-office.

(e) I ought to write to him.

(f) I came to Prague in order to learn Czech and not in order to speak English.

(g) If you didn't know English so well I would speak to you in Czech.

(h) I would like to go to Hradčany.

(i) There are always a lot of people in the trams and buses in the morning.

(j) I went there with my new friends.

(k) He told me he would like me to get him a book about English cars.

(l) We gave our friends books with pretty illustrations of English towns.

(m) If I didn't write to you so often you would think I had forgotten about you.

(n) She wanted us to go with her to the concert.

(o) Could you tell me where the pub U Fleků is?

Patnáctá Lekce – Fifteenth Lesson

■ **DIALOGUE: NA KOLEJI I**

IVAN: Petře! Vstávej! Nespi už! Je sedm hodin! Dnes máme výměnu prádla. Musíme vstávat.

PETR: Co se děje, člověče? Nekřič! Neřvi na mě. A vypni ten budík, sakra. Neblbni. Rychle, prosím tě. Víš, že to nemám rád. A zapni rádio, ať je tady trochu veseleji!

IVAN: Uklízečky jsou tady hned! Nebuď tak líný! Nelež jako mrtvý! Ty jsi snad ten nejlínější člověk na celém světě. Línějšího jsem alespoň já nikdy neviděl.

PETR: Nech mě být! Ty jsi horší než paní uklízečka. A ztlum to rádio, prosím tě. Bolí mě hlava.

IVAN: Vstávej, uklidni se a nepřeháněj to. Uvařím čaj a přinesu ti ho. Buď fit! Víš co? Cvičme něco z české mluvnice. Zopakujme si druhý a třetí stupeň přídavných jmen. Začni!

PETR: Kdybys jen mluvil trochu tišeji a nedělal takový rámus! Kdybys byl jen po ránu trochu milejší! A kup si budík s menším zvonkem! To bude lepší. Ale nemluvme raději o tom. Uvař ten čaj a přines ho. A co nejrychleji.

IVAN: Hned to bude.

PETR: A namaž pár krajíců chleba. Máslem a sýrem. Nebo medem. Chléb najdeš ve skříni. Není bohužel právě nejčerstvější, ale to nevadí. Mohl by být ještě horší. A podívej se, jestli nám nezbylo ještě trochu sýra. Med najdeš na stole mezi knížkami. Čí jsou to kalhoty? A tamta košile? Dej sem ty ponožky. Jsou moje.

IVAN: Ty jsi snad ten nejnepořádnější člověk, kterého vůbec znám.

PETR: Ty jsi jako moje maminka. Ta se mě taky snažila pořád vychovávat.

IVAN: Udělej si ten čaj sám. Jdu se umýt.

PETR: Počkej! Vezmi si ručník a mýdlo! A nezapomeň holicí strojek!

IVAN: Ty vstávej a neraď. A nedělej, že všechno víš líp než já. Krucifix! Nebudu se holit.

vstát – vstane – vstal<vstávat get up

spát – spí – spal sleep

výměna exchange, change

prádlo bedlinen

dít se – děje se – děl se be going on, happen

křičet>za- shout (*pf. also* křiknout)

řvát – řve – řval>zařvat roar

vypnout – vypne – vypnul <vypínat switch off

budík alarm-clock

blbnout be idiotic

rychlý quick

zapnout<zapínat switch on

rádio radio

ať let

ať je . . . 'let it be . . .'

veselý cheerful, merry, gay

uklízečka cleaner

jsou tady hned will be here any minute, *lit.* 'are here immediately'

buď! be!

snad perhaps

nikde nowhere

nech! *imperative of* nechat leave!, let!

horší worse (*irreg.*)

než than

tlumit>z- muffle, turn down

bolet hurt, be sore

hlava head

bolí mě hlava I have a headache, *lit.* 'my head is hurting me'

uklidnit se<uklidňovat se calm (oneself) down

přehnat – přežene – přehnal <přehánět exaggerate

vařit>u- boil, cook, make

buď fit! be fit! keep fit!

cvičit>na- practise

mluvnice grammar

opakovat>z- repeat, revise

stupeň -pně degree

druhý stupeň 'second degree', comparative degree

třetí stupeň 'third degree', superlative degree

přídavné jméno adjective

tiše quietly

rámus noise, racket, din

po ránu in the morning

milý nice, pleasant; dear, sweet

kup! *imperative of* koupit buy!

menší smaller (*irreg.*)

zvonek -nku bell

lepší better (*irreg.*)

raději preferably, rather

co nejrychleji as quickly as possible

mazat – maže – mazal>na- spread, smear

krajíc slice

chléb – chleba bread

máslo butter

med honey

skříň *f* cupboard, closet

čerstvý fresh

nejčerstvější 'of the freshest', as fresh as it might be

dívat se>po- look
zbýt – zbude – zbyl<zbývat be left (over)
stůl – stolu table
čí whose?
kalhoty *f pl.* trousers
tamten, tamto, tamta that, that there
košile shirt
ponožka sock
nepořádný untidy, disorderly
jako like
maminka mum, mummy
snažit se>vyna- try
vychovat<vychovávat bring up, educate, bring up properly, give good manners to, *etc.*
sám, samo, sama yourself, oneself, *etc.*; -self, by oneself, alone

mýt – myje – myl>u- wash
čekat>počkat – počká – počkal wait
vzít – vezme – vzal *pf. of* brát – bere – bral take
ručník towel, *lit.* 'hand towel'
mýdlo soap
holicí strojek shaver
strojek -jku little machine, appliance (stroj machine)
radit>po- advise
neraď! stop giving advice!, stop dishing out advice!
dělat, že . . . pretend that . . .
líp better (*irreg.*)
holit>o- shave
holit>o- se shave (oneself)

GRAMMAR

The Imperative

The imperative of a verb delivers an order or instruction, like English 'Do!', 'Sing!'. It may be formed from both imperfective and perfective verbs. Its singular form is the present (or pf. future) tense with no ending or, for class 5 verbs, the ending **-ej!**:

5	-ej!	udělej!	'do, make!' *pf.*
4	— !	popros!	'ask!' *pf.*
3		nekupuj!	'don't buy!'
2		promiň!	'excuse (me)!' *pf.*
1		přines!	'bring!' *pf.*

For the plural and formal sg. form simply add **-te**, e.g. **udělejte! poproste! nekupujte! promiňte! přineste!**

Final dentals are always soft (**ď**, **ť**, **ň**) and long vowels shorten in the final syllable (— ! type):
veď! 'lead!'; **vrať!** 'return!'; **kup!** 'buy!' from **koupit**; **ukaž!** 'show!' from **ukázat** – *3rd sg. pres.* **ukáže**.

Class 4 verbs in **-et** whose 3rd pers. pl. form is in **-ejí** also have imperatives in **-ej**, e.g. **neodcházej!** 'don't go away!'

To avoid imperatives with no vowel or ending in consonant groups add the endings **-i!** sg., **-ete/ěte!** pl. and formal:
jdi! jděte! 'go!'; **spi! spěte!** 'sleep!'; **mysli! myslete!** 'think!'

There is also a form corresponding to English 'Let's . . .!' ending in **-me (-eme/ěme)**:
udělejme! 'let's do!'; **jděme!** 'let's go!'

Learn the following examples individually:
nech! 'leave, let!'; **pojď!** 'come!' (*now*), **přijď!** 'come!' (*sometime*); **buď!** 'be!'; **měj!** 'have!'; **jez!** 'eat!'; **pusť!** 'lct go!'; **půjč!** 'lend!'; **stůj!** 'stand!'; **vem!** *coll. or* **vezmi!** 'take!'; **zavři! zavřte!** *or* **zavřete!** 'close, shut!'; **otevři! otevřte!** *or* **otevřete!** 'open!'; **račte!** 'please!' (e.g. **račte si sednout!** 'please sit down!').

In general the use of the aspects is the same as in the other forms of the verb. However, the imperfective is more usual in the negative:

Zavři dveře!	Close the door!
Nezavírej dveře!	Don't close the door!

(**zavřít** – **zavře** – **zavřel**<**zavírat** close, shut)

Simple durative verbs of motion have additional imperative forms with the prefix **po-**, meaning 'come' (now) or 'together'. Negative imperatives are usually iterative.

Jdi tam!	Go there!
Pojď sem!	Come here!
cf **Přijď zítra!**	Come tomorrow! (**při-** 'come' at some future time)
Pojďte!	Come on!
Pojďme na oběd!	Let's go for lunch! (Come along let's go for lunch!)

Nechoď tam!   Don't go there!
Nechoď už sem!   Don't come here any more!

Other persons of imperative may be formed with **ať** 'let' and the present tense of the verb (impf. or pf.):
Ať vstoupí! Let him come in! Have him step in!

Sometimes infinitives are used as imperatives, on notices, peremptorily, etc.:
Nekouřit! No smoking!

Note the following idiomatic phrases:

Zaplať pán bůh!	Thank God!
Chraň bůh! *or* **Nedej bůh!**	God forbid! (**chránit** to protect)
Měj(te) se hezky!	Keep well! Look after yourself!
Spi sladce!	'Sleep sweetly!' Rest in peace.
Vem to čert!	The devil take it! (**čert** devil)

Comparison of Adjectives and Adverbs

Comparative adjectives use the ending **-ejší/-ější**. Comparative adverbs have **-eji/-ěji**. Superlative adjectives and adverbs simply have the prefix **nej-** added to the comparative form:

	ADJ.	ADV.	
Comparative Superlative	**líný** **línější** **nejlínější**	**líně** **líněji** **nejlíněji**	lazy – lazily lazier – more lazily laziest – most lazily

Similarly **zdvořilý – zdvořilejší – nejzdvořilejší** 'polite – more polite – most polite'; **zdvořile – zdvořileji – nejzdvořileji** 'politely – more politely – most politely'; **inteligentní – inteligentnější**, *etc.* 'intelligent – more intelligent'.

(Colloquially one also finds adverbs in **-ejc/-ějc**, e.g. **pěknějc** 'more prettily', **pozdějc** 'later'.)

Consonant changes before **-ejší/-ější** and **-eji/-ěji**:

h→ž: **ubohý – ubožejší** 'wretched'; *adv.* **uboze – ubožeji (z/ž)**
ch→š: **vetchý – vetšejší** 'decrepit'; *adv.* **vetše – vetšeji**

k→č:	divoký – divočejší 'wild'; *adv.* divoce – divočeji (c/č)
r→ř:	chytrý – chytřejší 'clever'; *adv.* chytře – chytřeji
ck→čť:	cynický – cyničtější 'cynical'; *adv.* cynicky – cyničtěji
sk→šť:	lidský – lidštější 'human(e)'; *adv.* lidsky – lidštěji
c→cň:	vroucí – vroucnější 'fervent'; *adv.* vroucně – vroucněji

Comparatives are often followed by **než** 'than':
Ivan je línější než já. Ivan is lazier than I.
Note that where English 'of' means 'out of' a larger number Czech uses **z** +*gen*.

Ivan je nejlínější z jeho studentů.	Ivan is the laziest of his students.
Je to jeden z mých nejlínějších žáků.	He is one of my laziest pupils. (**žák** *m*, **žákyně** *f* pupil)

Exercises

1. Form comparatives from:
   nudný, zajímavý, milý, sympatický, populární; smutně, tiše, sympaticky, tvrdě

2. Form superlatives from:
   hloupý, nový, zdvořilý, ošklivý, krásný; správně, pěkně, mile, pozdě

3. Fill in the blanks with comparative or superlative forms as appropriate:
   (a) Ta první kniha je — než ta druhá. (zajímavý)
   (b) Olga je — než Anna. (krásný)
   (c) Ivan je — než já. (inteligentní)
   (d) Pavel je — z jeho žáků. (chytrý)
   (e) Zpívá — než já. (pěkně)

4. Form imperatives from:
   přijdou, jdou, neříkají, nepijí, pozvou, půjčí, vykašlou se na ně, běží; dát, napsat, nekouřit, mluvit, hledat, vybrat si, neptat se; koupil, nekupoval, poslouchal, myslel si

5. Translate into Czech:
   (a) You are worse than Láďa.
   (b) Whose socks are those?
   (c) Go away!
   (d) Do it yourself!
   (e) I have a headache.
   (f) Turn off the radio!
   (g) Get up!
   (h) Don't shout!
   (i) He's gone to wash.
   (j) Don't make such a noise!
   (k) Open the book!
   (l) Translate that word for me!
   (m) Calm down!
   (n) Do we still have a little butter?
   (o) The shirt is in the wardrobe.
   (p) Give me that key!
   (q) Don't give it to anyone!
   (r) I have lost my towel.
   (s) Where are her trousers?
   (t) Don't exaggerate!
   (u) The cleaners are always more polite than the students.

Šestnáctá Lekce – Sixteenth Lesson

■ DIALOGUE: NA KOLEJI II

PETR: A oblékni si trenýrky. Vypadáš hrozně, čím dál tím hůř.

IVAN: Myslíš, že bych vypadal mladší, kdybych neměl vousy?

PETR: Podívej se sám na sebe. Kdybys měl těch vousů víc, šlo by to. Potřebuje to o něco delší a hustší knírek. Zatím to vypadá hůř, než kdybys neměl žádný. Kratší, tenčí a ubožejší by určitě být nemohl.

UKLÍZEČKA: Prádlo! Dejte sem laskavě prádlo, pánové. Honem, vstávejte, nespěte už! Sluníčko pěkně svítí' Tady máte čisté, povlečte si je. Děkuji vám pěkně. Další, prosím. Prádlo! Otevřte dveře! Prádlo!

IVAN: A máme to za sebou. To nejhorší je za námi. Uvaříme si ten čaj? Petře, běž do kuchyně a postav vodu, prosím tě. A opláchni hrnky. Já na to nemám energii.

PETR: Ty jsi úplně nemožný! Promiň, ale vážně! Musíš chvíli počkat. Jdu se holit.

IVAN: Ohol se pořádně. Vypadáš líp bez vousů, opravdu. Kdežto já jsem hezčí vousatý. Mám hezké vlasy.

PETR: Ale houby. Podej mi ručník. A když chceš, tak si zase lehni. A spi sladce. Jdu se umýt.

IVAN: Ach jo. Nedá se nic dělat. Jdu postavit na čaj sám. Příště budu muset být chytřejší. Aspoň že nám už funguje vařič, zaplať pán bůh! Sakra, kde mám boty?

obléknout<oblékat si put on

trenýrky – trenýrek *f pl.* boxer shorts (*often worn as underpants*), 'training shorts'

čím dál tím more and more, -er and -er, *lit.* 'by which the further by that', *followed by comparative*

hůř worse

čím dál tím hůř worse and worse

mladší younger

vousy -ů beard, whiskers

sám na sebe at yourself

víc(e) more

šlo by to 'it would go', it would be O.K.

o něco a bit, *lit.* 'by something', *followed by comparative*

delší longer

hustší thicker (**hustý** thick)

knírek -rku moustache (*dim. of* **knír**)

zatím at the moment

kratší shorter

tenčí thinner (**tenký** thin)

ubohý wretched, miserable

ubožejší more wretched

určitě definitely, certainly

laskavě kindly

honem quick, quickly, hurry up

sluníčko *dim. of* **slunce** *n* sun

svítit shine

čistý clean

povléci – povleče – povlekl<povlékat slip on, put on (*cover*)

další next

otevřte! *imp. of* **otevřít – otevře – otevřel<otvírat** open

dveře -í *f pl.* door

máme to za sebou 'we have it behind us', that's over and done with

nejhorší the worst

postavit *pf.* put on (*water for tea etc.*)

voda water

opláchnout<oplachovat rinse

hrnek -nku mug, cup

energie energy

prominout<promíjet forgive, excuse

vážně seriously

pořádně properly

kdežto whereas

hezčí nicer, better-looking

vousatý bearded

vlasy -ů *m pl.* hair

houba mushroom

houby! 'mushrooms!', nonsense! rubbish!

podat – podá – podal<podávat hand, pass

lehnout si<lehat si lie down

sladce sweetly (**sladký** sweet)

spi sladce 'sleep sweetly', words found on tombstones, equivalent to 'rest in peace'

ach jo ah well

sám myself

příště in future (**příští** future, next, coming)

chytrý clever, cunning

fungovat work, function, be in working order

vařič cooker

zaplať pán bůh! thank God! (**platit>za-** pay, reward)

bůh – boha god

pán lord, master

bota shoe, boot

Words and Phrases

Nic nám nezbývá.

'Nothing is left to us.' There's nothing else for it. There's nothing else we can do.

Buď fit!

'Be fit!' Keep fit! (*catchphrase*)

Hned to bude.

'It will be at once.' Won't be long. Coming right away.

Jak to jde?

How goes it?

Jde to.

OK. Not bad. All right. Can't complain. *lit.* 'It goes.' *or* It is possible. It can be done.

Nejde to.

It is impossible. It can't be done.

Šlo by to.	It would be OK. *or*: It could be done.
Vypadáš mladě/stařе/dobře/ špatně.	You look young/old/well/ill (bad).
Ty ale vypadáš!	'You but look!' = You look a sight!
Houby!	'Mushrooms' = Nonsense! Rubbish!

A less polite alternative is:

Hovno!	*lit*. 'Shit!' *but meaning* Nonsense! Rubbish!
Do prdele!	*lit*. 'Into the arse!' *means in English* Shit! Bother! Drat!

(**prdel -e** *f* arse)

GRAMMAR

Irregular Comparison

Some comparative adjectives end in **-ší** (preceding **k** is omitted). The adverbs are generally regular:

mladý – mladší	young;	*adv*. **mladě – mlaději**
starý – starší	old;	*adv*. **stařе – stařeji**
tvrdý – tvrdší	clean;	*adv*. **čistě – čistěji**
sladký – sladší	sweet;	*adv*. **sladce – sladčeji**
krátký – kratší	short;	*adv*. **krátce – kratčeji**
tichý – tišší	quiet;	*adv*. **tiše – tišeji**
jednoduchý – jednodušší	simple;	*adv*. **jednoduše – jednodušeji**
hustý – hustší	thick;	*adv*. **hustě – hustěji**

A few adjectives in **-ký** have comparatives in **-čí**:

lehký – lehčí	light;	*adv*. **lehce – lehčeji**
hezký – hezčí	pretty;	*adv*. **hezky (!) – hezčeji**
tenký – tenčí	thin;	*adv*. **tence – tenčeji**

Note the irregular examples below. Many have adverbs in **-o** giving comparatives with lengthened vowels ending in **-e** or with 'zero' ending:

blízký – **bližší** near – nearer; *adv.* **blízko** – **blíž(e)** near by – nearer

daleký – **další** far – further, next; *adv.* **daleko** – **dál(e)** far off – further (for the meaning 'more distant' one must use **vzdálenější**, the comparative from **vzdálený** 'distant')

dlouhý – **delší** long – longer; *adv.* **dlouho** – **déle**, *coll.* **dýl** for a long time – longer, also **dlouze** in a long manner

dobrý – **lepší** good – better; *adv.* **dobře** – **lépe**, **líp** well – better

drahý – **dražší** dear – dearer; *adv.* **draho** – **dráž(e)** dear, at a high price – dearer, also **draze** dearly

hluboký – **hlubší** deep – deeper; *adv.* **hluboko** – **hloub(ěji)** deep down – deeper down, also **hluboce** deeply

malý – **menší** little, small – smaller, lesser; *adv.* **málo** – **méně**, **míň** little – less, few – fewer

nízký – **nižší** low – lower; *adv.* **nízko** – **níž(e)** low down – lower down, also **nízce** in a low (shameful) manner

široký – **širší** wide – wider; *adv.* **široko** – **šíř(e)(ji)** wide, far and wide – more widely, wider, also **široce** widely

špatný – **horší** bad – worse; *adv.* **špatně** – **hůř(e)** badly – worse

těžký – **těžší** heavy, difficult – heavier, more difficult; *adv.* **těžko** – **tíž(e)** with difficulty – with more difficulty, also **těžce** heavily, with difficulty

úzký – **užší** narrow – narrower; *adv.* **úzko** – **úže(ji)** anxious, in an anxious state – in a more anxious state, also **úzce** narrowly

velký, **veliký** – **větší** big, great, large – bigger, greater, larger; *adv.* **mnoho** – **víc(e)** much, many – more, also **velice** greatly

vysoký – **vyšší** high – higher; *adv.* **vysoko** – **výš(e)** high up – higher up, also **vysoce** highly

Note also: **dřívější** earlier, previous, *adv.* **dřív(e)** earlier, sooner, **nejdřív(e)** first of all, at first and **nejprve** first of all; **spíš** rather, more likely, **nejspíš** most likely; **rád** glad, **raději**, *coll.* **radši** more gladly; **často** often, **častěji** more often.

Some examples of usage:

Sedl si blíž k oknu.　　　　He sat down nearer (to) the window.

Pojďte dál!	Come in! 'Come further!'
Další, prosím!	Next (person), please!
Stojí o kus dál.	He is standing a bit further away/off. (*lit.* 'by a piece', **o** +*acc.*)
Má mnoho přátel.	He has many (a lot of) friends. (**přítel -e** friend, *pl.* **přátelé** – *gen.* **přátel**)
Má víc přátel než já, ale méně přátel než Ivan.	He has more friends than I, but fewer friends than Ivan.
Umí to líp než já, ale hůř než Jana.	He knows (how to do) it better than I, but worse than Jana.
Přijdu co (možná) nejdřív, nejspíš zítra.	I will come as soon as possible ('as possible soonest'), most likely tomorrow.
Je tam draho, čím dál tím dráž.	It is dear there, dearer and dearer ('by what the further by that the dearer').
Teď budu chodit častěji.	Now I'll come more often.
Je méně (míň) inteligentní.	He is less intelligent.
Budeš tam dlouho?	Will you be there (for) long?
Nebudu tam déle (dýl) než měsíc.	I won't be there longer than a month.
Letadlo letí níž a níž.	The aircraft is flying lower and lower.
On má nejvíc peněz.	He has the most money.
Já radši víno.	I prefer wine.
To pivo není právě nejlepší.	That beer isn't exactly of the best, i.e. as good as it might be.

'The Same'

There are various words in Czech for 'the same', including **stejný** 'of the same kind', **týž** (**tentýž**) 'the same, one and the same', and, in colloquial speech, **ten samý**. **Týž** (**tentýž**) is not much used in everyday speech, except for the neuter sg. pronoun form **totéž**. Some examples of usage:

Děláme stejnou/tu samou práci.	We are doing the same (*same kind of*) work.
Mám stejný/ten samý kabát jako on.	I have the same (*kind of*) coat as he.
Měla na sobě tentýž/stejný/ten samý kabát jako včera.	She was wearing the same (*one and the same*) coat as yesterday (*lit.* 'had on herself').
On říká totéž/to samé.	He says the same.
To je to samé. To je stejné.	That is the same (thing).

The declension of **týž** (with invariable **-ž**) is rather odd in places:

sg. nom./	**týž/tentýž pán, dům totéž město**	**táž/tataž žena**
acc.	= *nom./gen.*	**touž/tutéž ženu**
gen.	**téhož pána** *etc*.	**téže ženy**
dat.	**témuž pánovi**	**téže ženě**
loc.	o **témž(e)/tomtéž pánovi**	o **téže ženě**
ins.	**týmž/tímtéž pánem**	**touž/toutéž ženou**

pl. nom./	**tíž/titíž páni**
acc.	**tytéž pány, domy, ženy táž/tataž města**
gen.	**tychž pánů** *etc*.
dat.	**tymž pánům**
loc.	o **tychž pánech**
ins.	**tymiž pány**

Note that the form **téż** means the same as **také** 'also' (in formal style).

Exercises

1. Form comparatives from:
   špatný, starý, hezký, krátký, velký, lehký, hluboký; dobře, daleko, dlouho, málo, draho.

2. Form superlatives from:
   dobrý, mladý, malý, těžký, tichý, tvrdý, čistý; špatně, mnoho, hluboko, krátce.

3. Respond as suggested:
   (a) Je Václav mladší než Petr? (No. Václav is older than Petr.)
   (b) Kdo z vás umí nejlíp česky? (Jitka knows Czech best.)
   (c) Mám tě rád. (I don't like you. Go away!)
   (d) Běž do kuchyně a postav na čaj. (Do it yourself. I'm going to wash.)
   (e) Jak vypadám? (You look awful, worse than yesterday.)
   (f) Máme ještě chleba? (No, but we still have some tea and salami.)
   (g) Otevřte dveře! (Please, I'm sleeping! Come later!)
   (h) Co si přejete? (Bring me a glass of water please.)
   (i) Ty boty, jsou levné? (No, they're terribly expensive.)

4. Translate into Czech:
   (a) Don't buy those books.
   (b) Leave it there on the table.
   (c) Don't be sad.
   (d) The train goes quicker than the bus.
   (e) He knows Czech better than David.
   (f) This is the best and largest bookshop in Prague.
   (g) He is the dirtiest person I know.
   (h) Turn off the radio, I have to study today.
   (i) I got up at five o'clock this morning, but I felt better than yesterday evening.
   (j) David looks younger than Petr.
   (k) Run to the post-office with these letters, please.
   (l) Put on your trousers, for goodness sake.
   (m) Read this letter!
   (n) Don't sleep any more, we have to get up.
   (o) He has shorter hair than last year, but he is fatter and wearing ('has on himself') a dirty old sweater and green trousers.
   (p) Do we still have a bit of bread left?
   (q) My mother always makes me tea in the morning.
   (r) His alarm-clock is worse than mine, it makes an awful racket.

Sedmnáctá Lekce – Seventeenth Lesson

■ DIALOGUE: POZVÁNÍ NA OBĚD I

ZINA: Ivane! Petře! Je tam někdo? Čekáme vás na oběd.

IVAN: Ježíšmarjá! Zino! To jsi ty? My jsme úplně zapomněli, že jsi nás pozvala na oběd!

ZINA: To jste teda pěkní blbci.

IVAN: Kolik je hodin? Nechcete, abychom vám trochu pomohli? Například loupat brambory?

ZINA: Ne. Není třeba. Všechno je v podstatě hotové. Brambory a zelí už jsou na plotně, a sekaná je v troubě. Čeká se jenom na vás. Co dělá Petr? Je v posteli?

IVAN: Leží a spí jako dřevo. Je mu špatně. Petře! Vstávej už!

PETR: Nech mě být. Já chci spát.

IVAN: Žádné ležení a naříkání. Jde se k Zině na oběd. Pamatuješ se, že nás pozvala?

PETR: Ale já nikam nemůžu! Bolí mě hlava! Strašně mě bolí hlava! Navíc mám nedokončený úkol z němčiny. Potřebuju ještě pár hodin, překládání z češtiny do němčiny mi dělá potíže. Potom mám napsat na zítřek referát na seminář z české literatury, něco o národním obrození, a já o tom vůbec nic nevím. Co se týká našich dějin a literatury, někdy se mi zdá, že jsem úplně nevzdělaný člověk. To je zoufalé.

IVAN: To máš pravdu, psaní a čtení, to jsou tvoje slabiny, i v češtině. Doufám, že jsi už přečetl ten román.

PETR: Myslíš ten, co jsem si vypůjčil včera z univerzitní knihovny? Kdepak. To se nedá číst. Tam je toho filozofování a uvažování o abstraktních mravních hodnotách tolik, že normální člověk to téměř nemůže číst. Já si myslím, že takové řeči o vymyšlených mravních problémech nejsou k ničemu.

pozvání invitation
někdo someone
blbec -bce idiot, clot
například for example
loupat>o- peel
brambory *f pl.* potatoes
není třeba it's not necessary, no
   need
podstata basis
v podstatě basically
hotový ready
plotna cooker, stove, hob
sekaná meat loaf
trouba oven
čeká se 'it is being waited', we're
   waiting
postel -e *f* bed
ležet lie
dřevo wood, piece of wood
spí jako dřevo he is sleeping like
   a log
ležení lying
naříkání complaining
naříkat>za- complain
jde se 'it is being gone', we're
   going
nedokončený unfinished
němčina German (*language*)
překládání translating
potíže *f pl.* difficulty, difficulties
dělat potíže cause trouble
zítřek -řku tomorrow
referát seminar paper, report
seminář seminar
národní national
obrození revival

obrodit<obrozovat revive
týkat se +*gen.* touch on,
   concern, regard
co se týká +*gen.* as regards, as
   far as . . . is concerned
dějiny *f pl.* history
zdát se – zdá se – zdál se seem
nevzdělaný uneducated
zoufalý desperate, hopeless
   (**zoufat** to despair)
psaní writing
čtení reading
číst – čte – četl>pře- read
slabina weak point (**slabý** weak)
román novel
univerzitní university *adj.*
to se nedá číst it is unreadable,
   impossible to read
filozofování philosophising
filozofovat philosophise
uvažování speculation,
   speculating
uvažovat o +*loc.* speculate,
   think about
abstraktní abstract
mravní moral
hodnota value
tolik *gen.* so much (*here:* so
   much philosophising and . . .)
normální normal
téměř ne- scarcely, hardly
vymyšlený invented
problém problem
nejsou k ničemu 'are not for
   anything', are useless, are no
   good for anything

Words and Phrases

PHRASES WITH **k** +*dat*.

To je k zbláznění!	'That is to/for going insane'. That's insane. That's awful.
Není to k dostání.	'It is not for the obtaining.' It is not obtainable. It is not to be had.
To je k smíchu.	That is funny ('to laughter').
Je to k pláči.	'It is to crying.' It is enough to make you weep.
To není k ničemu.	That is not 'for anything'. That is useless.
To není ke čtení.	It is unreadable, impossible to read.
cf. **To se nedá číst.**	It is unreadable, impossible to read.

MODE OF ADDRESS

When talking about whether you use the pronoun **ty** or **vy** (formal) with a given person you need to know the related verbs **tykat** 'to say **ty**' and **vykat** 'to say **vy**', e.g.:

Já mu tykám.	I call him **ty**.
My si tykáme.	We call each other **ty**.
Budeme si tykat.	We shall call each other **ty**.
Stále si vykají.	They still call each other **vy**.
Vy si tykáte? – Ovšem.	Do you call each other **ty**? – Of course. (**ovšem** of course)

GRAMMAR

The Verbal Noun

The Czech verbal noun corresponds in formation to English nouns ending in '-ing'. It is formed from both imperfectives and perfectives and it declines like **náměstí** (5th Decl.). Verbal nouns derived from reflexive verbs regularly omit **se** or **si**. They all end in **-ní** or **-tí**. Form as follows:

5	dělat: dělání	doing, making
4	překvapit: překvapení vidět: vidění	surprising, a surprise seeing, sight, vision
3	kupovat: kupování	buying
2	tisknout: tisknutí	pressing, squeezing
1	chápat: chápání	understanding

Many verbal nouns have acquired special meanings. They are not necessarily to be translated by '-ing' words in English, and often have their own dictionary entries, e.g. vzdělání 'education' from vzdělat se 'educate oneself'; umění 'art' from umět 'know how', and (as above) překvapení 'a surprise', vidění 'sight; a vision'.

Note that after labials verbs in -it have forms in -ení (not -ění): compare umět – umění and překvapit – překvapení.

Some verbs in -it form verbal nouns with consonant changes d→z, t→c, s→š and z→ž before -ení, e.g. probudit – probuzení 'awakening', obohatit – obohacení 'enriching, enrichment', opustit – opuštění 'abandoning, abandonment, desolation', vymyslet – vymyšlení 'inventing', zpozdit se – zpoždění 'delaying, delay'. It is useful to remember that imperfective verbs derived from perfectives will have the same consonant changes, i.e. probudit<probouzet, obohatit<obohacovat, opustit<opouštět, vymyslet<vymýšlet, zpozdit<zpožďovat se. However, the consonant changes are not always applied, e.g. cítit – cítění 'feeling' (cf. derived pocítit<pociťovat 'to feel, sense', close in meaning to cítit>po-/u- 'to feel').

Most Class 2 verbs have verbal nouns ending in -nutí, but some have forms in -ení, sometimes with special meanings, e.g. tisknout – tištění 'printing'.

Monosyllabic verbs form verbal nouns on broadly the same lines as above, but Class 3 verbs especially have some further forms in -tí. Verbs in -st, -zt, -ci have forms in -ení. Examples: přát – přání 'wishing; a wish', ptát se – ptaní 'asking' (á→a here), snít – snění 'dreaming', **pít – pití** 'drinking, drink', **mýt – mytí** 'washing', **nést – nesení** 'carrying', **péci – pečení** 'baking'.

The Reflexive Passive

Often a reflexive verb is used in Czech where in English we would simply have a plain verb used intransitively (i.e. without an object):

Myje se. He washes. He gets washed. (He washes himself.)

Brambory se vaří. The potatoes are cooking ('cooking themselves').

The second example can however be seen equally as an example of the Czech reflexive passive:

Brambory se vaří. The potatoes are being cooked.

This form of passive is very common in speech, but it can only be in the third person, and the agent is not expressed:

Ryba se jí v pátek. Fish is eaten on Friday.

(The fish does not of course actually 'eat itself'! The reflexive passive construction is extended to cases where the literal interpretation no longer works.)

Often such constructions in Czech may also be translated as 'one does', 'you do' or 'people do', e.g. 'You eat fish on a Friday', 'People eat fish on a Friday'. Similarly:

V hospodě se pije pivo. Beer is drunk in a pub. You drink beer in a pub.

If the subject (*here* **pivo**) is removed we obtain a closely related impersonal type of construction:

V hospodě se pije. 'In a pub it is drunk (drinking is done).' You drink in a pub. People drink in a pub.

Finally, even intransitive verbs which never have an object can form this particular type of impersonal construction:

Tady se hezky sedí. 'Here it is nicely sat.' This is a nice place to sit. It is nice to sit here.

Jde se domů. 'It is being gone home.' One is going home. i.e. We are going home.

Similarly:

Čeká se jenom na vás. 'It is only being waited for you.' We're only waiting for you.

Exercises

1. Form verbal nouns from these infinitives:
   hledat, bolet, myslet, cítit, překvapit, kouřit, přát, milovat,
   vařit, půjčit, chápat.

2. Identify the infinitives associated with these verbal nouns:
   trápení, překládání, umění, mluvení, vyřizování, shánění,
   cestování, pití, zbláznění, bydlení, přesvědčení.

3. Translate into Czech using reflexive passive constructions:
   (a) Smoking is not allowed here. (*use* **smět** to be allowed)
   (b) A place will be found.
   (c) That is not done.
   (d) Things like that get lost easily.
   (e) The restaurant is closed (closes) at half past nine.
   (f) We're going home.

4. Translate into Czech:
   (a) I am washing (myself).
   (b) I am washing my hair.
   (c) Beer is drunk here.
   (d) We call each other **ty** (we are on familiar terms).
   (e) I have to write a seminar paper for tomorrow.
   (f) Do you know anything about the National Revival?
   (g) I hope he will come tomorrow.
   (h) The potatoes are ready.
   (i) The meat is in the oven.
   (j) Láďa is in bed.
   (k) Our teacher has invited us for lunch.
   (l) His room is on the second floor (**patro** floor, storey).
   (m) Don't you want me to help you?
   (n) Leave me alone!
   (o) I'm feeling ill.
   (p) Have you finished that piece of Czech homework yet?

Osmnáctá Lekce – Eighteenth Lesson

■ DIALOGUE: POZVÁNÍ NA OBĚD II

PETR: Navíc ten román je napsaný tak strašně komplikovaným stylem. Je to hrůza.

ZINA: Co tam děláte?! Přestaňte s tím už! Rozhodněte se laskavě: přijdete nebo ne?

IVAN: To víš, že jo. Počkej na nás dole. Přijdeme hned.

PETR: Přečti si kousek a posuď to sám. Například: 'Unavena a sklíčena nemilosrdným chováním světa a společnosti, Anna byla dnes už konečně rozhodnuta a pevně přesvědčena, že její láska musí být projevována jiným způsobem – ne marným běháním za cizími, lhostejnými lidmi a obtěžováním přátel, nýbrž konkrétními činy: tak, a ne jinak, by mohla být poskytnuta jejímu příteli opravdová a účinná pomoc.' A tak dále a tak dále.

IVAN: To je hrozné. A ten román napsal nějaký známý spisovatel?

PETR: Hele, pojďme dolů. Máme zpoždění. Zina na nás čeká. A já mám hlad, i když ty snad ne. Na literaturu máme času dost.

ZINA: No, to bylo čekání. Oholení nejste, samozřejmě, umytí taky ne, ale což, pojďme. Brambory budou rozvařené, sekaná bude studená nebo připálená. Nedá se nic dělat. Už máte všechno zařízeno?

IVAN: Proč jsi tak rozčilená? Nejsi uražená, viď? Vždyť se nic nestalo! Přece jsme tady!

ZINA: Já nejsem rozčilená, jsem jenom trochu naštvaná, že jste zapomněli na ten oběd. To je s vámi trápení. Koupili jste aspoň víno?

navíc what's more	awful
komplikovaný complicated	**přestat** – **přestane** –
styl style	**přestal**<**přestávat** stop, cease
hrůza: horror; **je to hrůza** it's	**laskavě** kindly

dole down(stairs)
kousek -sku bit, piece
posuď! *imp. of* **posoudit<posuzovat** judge
unavený, *short form* **unaven** tired
sklíčený, *short form* **sklíčen** depressed (**sklíčit<skličovat** depress)
nemilosrdný cruel, merciless
chování behaviour
společnost society
rozhodnutý, *short form* **rozhodnut** decided, determined
přesvědčený, *short form* **přesvědčen** convinced (**přesvědčit<přesvědčovat** convince)
pevný firm
projevovaný, *short form* **projevován** shown (**projevit<projevovat** show, display)
způsob way, method
marný vain, futile
běhání running
za +*ins.* after, behind
cizí foreign, alien
lhostejný indifferent
obtěžování troubling (**obtěžovat** trouble, pester)
přátelé – přátel *m pl.* friends (*pl. of* **přítel**)
nýbrž but (*after negative clause*)
konkrétní concrete
čin action, act
jinak otherwise, in another way
poskytnutý, *short form* **poskytnut** provided (**poskytnout<poskytovat** provide)
opravdový real, genuine
účinný effective
a tak dále and so on, etc. (*abbreviated to* **atd.**)
známý well-known, familiar; *noun* friend, acquaintance
spisovatel *m*, **-ka** *f* writer
dolů down(stairs) (*motion*)
zpoždění delay
mít zpoždění be delayed
času dost 'of time enough', plenty time
to bylo čekání 'that was a waiting', that was some wait
oholený shaved
umytý washed
což what of it, never mind
rozvařený cooked till disintegrated, mushy
studený cold
připálený burnt (**připálit<připalovat** burn, scorch)
zařízený, *short form* **zařízen** sorted out, fixed, arranged (**zařídit<zařizovat** sort out, fix, arrange)
rozčilený upset, excited, annoyed (**rozčilit se<rozčilovat se** get upset, excited, annoyed)
uražený offended, insulted (**urazit<urážet** insult)
naštvaný cross, annoyed (**štvát – štve – štval>naštvat** annoy)
to je s vámi trápení what a bother you are, 'that is a bother with you'

GRAMMAR

The Past Participle Passive

The past participle passive is like English participles (or verbal adjectives) ending in '-ed' etc. It is formed in a manner similar to verbal nouns and may be either imperfective or perfective:

5	dělat: dělaný	done, made
4	překvapit: překvapený vidět: viděný	surprised seen
3	kupovat: kupovaný	bought, purchased
2	tisknout: tisknutý	pressed, squeezed
1	chápat: chápaný	understood, grasped

The variations in formation are the same as for verbal nouns, e.g. **probudit** – **probuzený** 'awoken', **tisknout** – **tištěný** 'printed' (similarly **táhnout** – **tažený** 'drawn'), **mýt** – **mytý** 'washed', **nést** – **nesený** 'carried', **péci** – **pečený** 'baked'.

Short-Form Past Participle Passive

The short forms of the past participle passive drop the final **-ý**. The ending **-aný** shortens to **-án**. Thus we obtain forms like **dělán**, **překvapen**, **viděn**, **kupován**, **tisknut** and **chápán**. They decline in the nominative like **rád**:

překvapený: překvapen, překvapeno, překvapena
            překvapeni, překvapeny, překvapena (*ma, mi/f, n*)

Accusatives are also found sometimes. They are the same as the nominative forms except for *sg. f* **-u**, *ma* **-a** (usually long form **-ého**) and *pl. ma* **-y**. Examples follow below.
Short forms are used

(a) after **být**:   **Okno   je   (bylo)**   The window is (was)
                otevřeno.   open.

(b) in phrases linked closely with a verb, adverbially:
                Okno zůstalo otevřeno.   The window stayed
                                open.

Nechal okno zavřeno (*acc.*).	He left the window shut.
Vrátil knihu neotevřenu (*acc.*).	He returned the book unopened.
Unaven cestou, hned usnul.	Tired by the journey (i.e. because he was tired by the journey), he fell asleep straightaway. (**usnout**<**usínat** fall asleep)

(c) in passive constructions using **být**:

Okno bylo otevřeno neviditelnou rukou.	The window was opened by an invisible hand.
Dveře budou zavřeny v šest hodin.	The door will be closed at six o'clock.
Dveře jsou zavírány v šest hodin.	The door is closed at six o'clock.

As you can see this compound passive is formed on the same lines as the English passive. However, some Czech verbs take objects in cases other than the accusative: to make such verbs passive the object of the action stays in the same case (e.g. genitive) instead of becoming the subject in the nominative, and the verb is given an impersonal neuter sg. form, e.g. **Použili různých metod** (They used various methods) becomes in the passive **Bylo jimi použito různých metod** (Various methods were used, *lit.* 'It was used by them of various methods').

Ordinary speech mostly avoids compound passives, preferring active constructions or the reflexive passive.

Ordinary speech often replaces short forms by long forms, except in set phrases and more formal or abstract expressions such as **jsem přesvědčen** 'I am convinced'.

However, the neuter sg. form in **-o** is commonly used to denote a state resulting from an action, following the verbs **být** and **mít**:

Je tady otevřeno.	It is open here, i.e. They are open.

Mají zavřeno.	'They have (it) shut.' They are shut.
Máme (Je) uvařeno.	'We have it cooked.' 'It is cooked'. The cooking is done. We have got the cooking done.

Short-Form Adjectives

Some adjectives also have short forms, used in the same contexts as the short-form participles, after **být** and adverbially. They are formed in basically the same way:

hotový: hotov, hotovo, hotova 'ready'

zdravý: zdráv, zdrávo, zdráva 'well, healthy' (monosyllabic a→á)

šťastný: šťasten, šťastno, šťastna 'happy' (inserted -e-, *m sg.*)

Further examples in current use include **jistý – jist** 'certain', **nemocný – nemocen, nemocna** 'ill', **živý – živ** 'alive', **mrtvý – mrtev, mrtva** 'dead', **schopný – schopen, schopna** 'capable' (+*gen.*), **vědomý – vědom** 'aware', **zvědavý – zvědav** 'curious', **laskavý – laskav** 'kind', **spokojený – spokojen** 'contented, satisfied', **bosý – bos** 'barefoot', and, of course, **rád** 'glad'.

Examples of usage:

Nejsem si jist.	I am not certain.
Jste hotovi?	Are you ready?
Je šťastna.	She is happy.
Není toho schopen.	He is not capable of that.
Nebyl si toho vědom.	He was not aware of that.
Buďte tak laskav a řekněte mu, aby přišel zítra.	Be so good as to tell him to come tomorrow.
Jsem zvědav, co řekne.	I am curious (I wonder) what he will say.
Je s ním spokojen.	He is contented/pleased with him.
Buď zdráv!	'Be well!' So long! Goodbye! Take care!

Vrátil se domů živ a zdráv.	He returned home alive and well.
Byl na místě mrtev.	He was dead on the spot.
Běhá bos.	He runs about barefoot.

Short forms sometimes differ in meaning from long forms in the same position, indicating temporary, as opposed to permanent or inherent, characteristics:

Je zdráv.	He is well (in good health).
Je zdravý.	He is healthy.

The long form **samý** means 'nothing but, only' or 'the very' (and is used in **ten samý** 'the same'), but the short form **sám**, **samo**, **sami** means '-self, alone, by -self':

Kolem byl samý les.	Nothing but forest was around.
Bydlí na samém kraji lesa.	He lives at the very edge of the forest.
Udělám to sám.	I'll do it myself.
Bydlí sám.	He lives by himself.
Odpovídá sám za sebe.	He answers for himself. He is responsible for himself (*lit.* 'himself for himself').

Quasi-passive Word Order

In Czech, sentences often begin with the object followed by the verb and end with the subject. Often an English passive is the best way to translate such a sentence (since the object of an active verb becomes the subject of a passive verb):

Okno otevřela neviditelná ruka.

(cf. **Okno bylo otevřeno neviditelnou rukou.**)

The window was opened by an invisible hand.

An invisible hand opened the window.

Exercises

1. Form passive past participles from:
   zavřít, napsat, dokončit, smažit, ztratit (*t→c*), zapomenout, vyřídit (*d→z*).

2. Identify the infinitives corresponding to these participles: přeložený, vypnutý, oholený, zaplacený, rozhodnutý, zpožděný, milovaný, vybíraný, mluvený, umytý.

3. Respond as suggested:
   (a) Máte otevřeno? (No, we are closed.)
   (b) Co jste měli(-y) k obědu? (We had schnitzel with potato salad.)
   (c) A co jste měli(-y) k pití? (To drink we had beer and wine.)
   (d) Kolik minut má vlak zpoždění? (The train is half an hour late.)
   (e) Jste už hotovi? (No, not yet. We are waiting for Jana.)
   (f) Co dělá? (She is washing her hair.)
   (g) Bude tam dlouho? (I don't know. Probably yes.)
   (h) Víš, že jdeme k Jitce na večeři? (Goodness me, I'd completely forgotten!)

4. Translate into Czech using participles:
   (a) I am invited to David's for dinner.
   (b) I have a flat promised.
   (c) We left the door open.
   (d) This book has been translated into Czech.
   (e) We were convinced that we were right.
   (f) Everywhere there were unwashed plates and cups and remains of food. (*talíř* plate, *zbytky m pl.* remains).

5. Translate into Czech:
   (a) His dirty socks were lying on the floor in front of the bed.
   (b) It was awful.
   (c) This novel is unreadable.
   (d) The train is delayed.
   (e) Do you want anything else? (*něco jiného* something else)
   (f) Have you any further wish?
   (g) That was a surprise!
   (h) Do you know anything about translations from Czech literature?

Devatenáctá Lekce – Nineteenth Lesson

■ DIALOGUE: ROZLOUČENÍ I

Jsme na pražském letišti v Ruzyni. Stojíme v letištní dvoraně. Všude jsou lidé, sedí, stojí, čtou noviny, zívají, kouří, hovoří mezi sebou, drží kufry nebo je mají položené před sebou na zemi. Před pasovou kontrolou a celnicí cestující čekají v řadě, ustaraně hledají pasy, víza a jiné dokumenty. Uprostřed dvorany stojí dva muži, Petr a Ivan. Jejich kamarádka Jana si právě kupuje něco v kiosku. Petr ji tajně miluje ale nechce to přiznat, ani jí ani sobě. Hledá ji všude a nemůže ji najít. Rozčiluje ho to. Ptá se Ivana, kde je Jana.

PETR: Kam šla Jana? Někam zmizela. Kde jsou Janiny kufry? (*Položí svůj kufr na zem a hledá očima mezi cestujícími.*)

IVAN: Stojí tamhle u toho kiosku, co je před ním ta dlouhá fronta. Vidíš ji? Kupuje si bonbóny nebo čokoládu nebo co, aby před odletem utratila všechny svoje peníze. Kufry má u sebe. Oba. Proč se ptáš? Nerozčiluj se! Uklidni se proboha!

PETR: Mám tam jeden dárek pro tatínka, víš. Dárek pro maminku mám tady u nohou v téhle tašce, ale dárek pro otce se mi nikam nevešel. Tak jsem ho musel dát do Janina kufru. Nechci, aby mi ho ztratila.

IVAN: Čí je tamten kufr? Je váš?

PETR: Který myslíš? Tamhleten, co leží tamhle na sedadle? Ano, to je taky náš kufr. Máme toho moc, že jo. (*Potí se a vzdychá. Utírá si kapesníkem vlhké čelo.*)

IVAN: Jak se vám líbilo v Praze, na Karlově univerzitě a vůbec?

PETR: To víš, že se nám líbilo. Oběma se nám tu strašně líbilo. Bylo to všechno báječné. Je nám hrozně líto, že teď musíme domů. (*Náhle si na něco vzpomene.*) Ach, bože, kdepak mám svoje vízum? Janino mám tady, v kapse svého kabátu, poprosila mě, abych jí ho hlídal. Ale kampak jsem dal svoje? (*Jana se vrátí, koupila celou bonboniéru, dvoje noviny, jedny tmavé brejle a kelímek limonády.*) Jano, kde mám svoje vízum? Krucifix! Někam jsem ho zřejmě založil a teď ho nemůžu najít. To je k vzteku, že musím zbývajících několik minut trávit hledáním víza a úředních papírů! Kam jsem to jen mohl dát? Nedal jsem ho náhodou do tvé tašky?

rozloučení *vb. noun* leave-taking, saying goodbye (**loučit se**>**roz-** take leave, say goodbye)

letiště *n* airport

letištní airport *adj.*

dvorana concourse, hall

noviny *f pl.* newspaper

zívat>**zívnout** yawn

hovořit>**po-** talk, chat

kufr suitcase

klást – klade – kladl>**položit** put, lay, day down

zem -ě *f* ground (*also* **země -ě**)

pas passport

pasový passport *adj.*

kontrola control, check, inspection

celnice customs

cestující traveller, passenger

řada row, line

ustaraný worried

vízum – víza *n* visa (*drop* **-um** *before endings*)

dokument document

uprostřed +*gen.* in the middle of

kiosk kiosk

tajný secret

přiznat<**přiznávat** admit

rozčilit<**rozčilovat** excite, annoy

mizet>**z-** disappear

oči eyes, *pl. of* **oko**

co před ním 'what in front of it', in front of which

bonbón a sweet, a chocolate

čokoláda chocolate

nebo co 'or what', or something

odlet departure of flight

utratit<**utrácet** spend (*money*)

proboha for God's sake

tatínek -nka Dad, Daddy

vejít se *pf.* fit in, go in

tamhleten, tamhleto, tamhleta that, that over there (*emphatic form of* **tamten**)

sedadlo seat

máme toho moc we've got too much stuff (*lit.* 'of it')

potit se>**z-** sweat, perspire

vzdychat>**vzdychnout** sigh

utřít – utře – utřel<**utírat** wipe, rub

kapesník handkerchief

vlhký moist, damp

čelo brow, forehead

jak se vám líbilo? how did you like it?

Karlova univerzita Charles University or Caroline University of Prague (founded 1348)
báječný fabulous, marvellous
je nám líto 'it is sorry to us', we are sorry
náhle suddenly
vzpomenout<vzpomínat si na +*acc.* remember
bože! God! (*voc. of* **bůh**)
kdepak where, where on earth? (**-pak** *adds emphasis*)
kapsa pocket
prosit>po- ask, request (*someone to do something*)
hlídat>o- watch, guard, look after
kampak where then? (*motion*)
bonboniéra box of sweets/chocolates

dvoje two (*with pl. nouns sg. in meaning*, eg **noviny** newspaper)
jedny one (*with pl. nouns sg. in meaning*)
tmavý dark
brejle -í *f pl.* spectacles, glasses
kelímek -nku paper cup, beaker
limonáda lemonade
založit *pf.* put away, tuck away, slip (*somewhere*)
vztek anger
k vzteku 'to anger', annoying, infuriating
zbývající the remaining (**zbýt** – **zbude** – **zbyl<zbývat** be left, remain)
úřední official
papír paper

Words and Phrases

LIKING (*with* **líbit se**):

Jak se vám tady líbilo?	How did you like it here? *lit.* 'How did it please to you here?'
Jak se vám líbí Praha?	How do you like Prague?
Ten člověk se mi nelíbí.	I don't like that person.
Nemám toho člověka rád.	I don't like that person. (*stronger*)
To se mi nelíbí.	I don't like it. I don't like the look of it.

The phrase **mít rád** is used for a stronger degree of liking, more permanent, less impressionistic, not based on a single impression or referring to a single occasion. If you want to ask how someone likes something using **jak**, then you say **jak se vám/ti líbí** 'how do you like' followed by the noun in the nominative.

GRAMMAR

The Present Participle Active and Adjectives in -cí

The present participle active is like the English verbal adjective in '-ing'. Form by adding **-cí** to the 3rd pers. pl. present tense of imperfective verbs (this gives either **-ící** or **-oucí**) and decline as a soft adjective:

dělají: dělající 'doing'; **sedí: sedící** 'sitting'; **přicházejí: přicházející** 'arriving'; **kupují: kupující** 'buying'; **tisknou: tisknoucí** 'pressing'; **vedou: vedoucí** 'leading'.

These behave like adjectives: **vařící voda** 'boiling water', **vedoucí úloha strany** 'the leading role of the party', **zbývající lidé** 'the remaining people', **překvapující dárek** 'a surprising gift'. Some have become adjectival nouns: **cestující** 'a traveller, passenger', **vedoucí** 'manager'.

Try not to confuse them with similar adjectives in **-cí** derived from infinitives. These denote function: **holicí strojek** 'shaver, shaving appliance', derived from the infinitive **holit** 'to shave', but **holící se muž** 'a man shaving himself'; similarly **psací stroj** 'a typewriter', i.e. a machine for writing, but **píšící muž** 'a writing man, a man who is writing'; also **plnicí pero** 'a fountain pen', i.e. a pen for filling.

Possessive Adjectives

Singular animate nouns form possessive adjectives ending in **-ův**, **-ovo**, **-ova** (masculine nouns) and **-in**, **-ino**, **-ina** (feminine nouns). Before **-in** consonant changes occur: g/h→ž, ch→š, k→č, r→ř. Examples: **bratr: bratrův** 'brother's'; **syn: synův** 'son's'; **Karel: Karlův** 'Charles''; **Eva: Evin** 'Eva's'; **matka: matčin** 'mother's'; **sestra: sestřin** 'sister's'; **snacha: snašin** 'daughter-in-law's'; **Olga: Olžin** (or **Olgin**) 'Olga's'.

These adjectives are common in names of streets, etc.:
Jiráskovo náměstí 'Jirásek Square', **Karlův most** 'the Charles Bridge', **Smetanovo muzeum** 'the Smetana Museum', **Karlova univerzita** 'the Charles University', **Libušina ulice** 'Libuše Street' (note that Czech uses fewer capital letters than English).

They cannot be formed from adjectival nouns: the genitive is used instead, e.g. **Univerzita Palackého** 'Palacký University'. Similarly they cannot be formed from nouns qualified by adjectives or from indefinite nouns, e.g. **bratr jejího otce** 'her father's brother', **strýc je bratr otce nebo matky** 'an uncle is a father's or mother's brother'.

Animals may form generic adjectives ending in -í: **čáp: čapí** 'a stork's'; **pták: ptačí** 'a bird's'; similarly **dívka: dívčí** 'a girl's'.

Note carefully the rather odd declension of possessive adjectives ending in -ův or -in. Many of the endings are like those of nouns: all sg. endings (except the instrumental) and nominative/accusative pl.

sg. nom./	**bratrův syn**	**bratrova kniha**
	bratrovo auto	
acc.	= nom./gen.	**bratrovu knihu**
gen.	**bratrova syna** etc.	**bratrovy knihy**
dat.	**bratrovu synovi**	**bratrově knize**
loc.	o **bratrově synovi**	o **bratrově knize**
ins.	**bratrovým synem**	**bratrovou knihou**
pl. nom./	**bratrovi synové**	
acc.	**bratrovy syny, kufry, knihy**	
	bratrova auta	
gen.	**bratrových synů** etc.	
dat.	**bratrovým synům**	
loc.	o **bratrových synech**	
ins.	**bratrovými syny**	

Numerals

Numerals in Oblique Cases

Outside nom./acc. positions, i.e. in oblique cases, cardinal numerals below **milión** behave like adjectives: both numeral and noun are in the same case (only **sto** and **tisíc** may be followed by the genitive plural, like **milión** and higher numerals).

Note the odd declensions of 'two', 'both', 'three' and 'four':

nom./ *acc.*	**dva** *m*, **dvě** *n/f*	**oba** *m*, **obě** *n/f*	**tři**	**čtyři**
gen.	dvou	obou	tří	čtyř
dat.	dvěma	oběma	třem	čtyřem
loc.	dvou	obou	třech	čtyřech
ins.	dvěma	oběma	třemi	čtyřmi

The higher numerals are simpler: **pět** up to **devadesát** (90) have all oblique cases in **-i** (note **devět – devíti, deset – desíti** or **deseti, dvacet – dvacíti** or **dvaceti**, similarly **třicet, čtyřicet**).

Sto is usually invariable in the singular when qualifying a noun, but declines normally in the plural, while **tisíc** usually has the form **tisíci** for all oblique cases singular and plural.

Some indefinite quantitatives have oblique cases in **-a**, e.g. **kolik – kolika** 'how many', **tolik – tolika** 'so many', **několik – několika** 'several', **mnoho – mnoha** 'many'. Others are invariable: **pár** 'a couple of', **půl** 'half a', **málo** 'few' (but gen. **mála**).

Examples:

Před dvěma lety.	Two years ago.
Před pěti lety.	Five years ago.
Před sto lety.	A hundred years ago.
Před dvěma sty lety.	Two hundred years ago.
Před tisíci lety.	A thousand years ago.
Před několika tisíci lety.	Several thousand years ago.
Před půl rokem.	Half a year ago. Six months ago.
Před čtvrt rokem.	A quarter of a year ago. Three months ago.
Děti do dvou let.	Children up to two years of age, up to two.
Po třech letech.	After three years.
Po pár dnech.	After a couple of days.
Po mnoha letech.	After many years.

Miscellaneous Numerals

Nouns which are plural in form but singular in meaning (like 'trousers') have special accompanying numerals (only the lower ones are at all common):

1 **jedny**, 2 **dvoje**, 3 **troje**, 4 **čtvery**, 5 **patery**, 6 **šestery**, 7 **sedmery**, 8 **osmery**, 9 **devatery**, 10 **desatery**, . . . (add **-ery** to the stem of the ordinal numeral, shortening **át** to **at**).

The corresponding long-form adjectives **dvojí**, **trojí**, **čtverý**, **paterý**, etc., mean 'twofold, of two kinds . . .'. **Jedny** declines in oblique cases like **ty**: **jedněch**, **jedněm**, **jedněch**, **jedněmi**.

Má dvoje brýle.	He has two (pairs of) glasses.
Koupil si jedny noviny.	He bought one newspaper.
Má troje kalhoty.	He has three (pairs of) trousers.
Má trojí kalhoty.	He has three kinds of trousers.

Another, very common series of number words consists of those for numbered objects or entities such as trams and buses, marks, rooms, etc. They are all nouns in **-ka**:

jednička No. 1, **dvojka** No. 2, **trojka** No. 3, **čtyřka** No. 4, **pětka** No. 5, **šestka** No. 6, **sedmička** No. 7, **osmička** No. 8, **devítka** No. 9, **desítka** No. 10, **jedenáctka** No. 11, *etc.*, **dvacítka** No. 20, **jednadvacítka** No. 21, *etc.*, **třicítka** No. 30, **čtyřicítka** No. 40, **padesátka** No. 50, *etc.*, **stovka** No. 100 (a hundred-crown note), **sto dvacítka** No. 120, **sto pětadvacítka** No. 125, *etc.*

Exercises

1. Form possessive adjectives from the nouns indicated and put them in the appropriate form to fill the blanks:
    (a) Znáte — univerzitu? (Karel)
    (b) Bydlí na — náměstí. (Karel)
    (c) Nemám ráda — kočku. (sestra)
    (d) Kde je — překlad? (Markéta)
    (e) To jsou — knihy. (bratr)
    (f) Přečetl jsem — dopisy. (maminka)
    (g) Stojí tamhle před — divadlem. (Tyl)

2. Form present participles from:
překvapovat, zpívat, vařit, sedět, přecházet, nést, jet.

3. Identify the infinitives corresponding to:
chodící, spící, pijící, ležící, běžící, beroucí, stárnoucí.

4. Fill in the blanks with appropriate forms of the words indicated:
   (a) Byl tu před — lety. (10)
   (b) Vrátil se domů po — letech. (3)
   (c) Odešel před — rokem. (½)
   (d) Ivan stojí tamhle mezi těmi — pány. (2)
   (e) Mluvíme o — dívkách. (both)
   (f) Koupil si — noviny. (1)
   (g) Má — brejle. (2)

5. Translate into Czech:
   (a) Where are Pavel's suitcases?
   (b) They are over there in front of the kiosk.
   (c) What is Jiří doing?
   (d) He is looking for his passport.
   (e) How did you like it in London?
   (f) We both liked it a lot.
   (g) The passport is in the pocket of your coat.
   (h) He asked me to watch his suitcase.
   (i) The present for Dad is in that bag at your feet.
   (j) I had to put mother's present into my sister's suitcase.
   (k) Buy me two boxes of chocolates, a bottle of wine (*láhev -hve f* bottle) and three newspapers.
   (l) Pavel has disappeared.
   (m) Where is that boy?
   (n) Calm down for God's sake.

Dvacátá Lekce – Twentieth Lesson

■ **DIALOGUE: ROZLOUČENÍ II**

JANA: Ivane, prosím tě, koukni se do jeho igelitové tašky, co tam všechno má, jestli ho nedal náhodou do ní. Sám toho není schopen. V takových situacích bývá strašně nervózní. Mívá takové záchvaty bezradnosti a zoufalosti, že úplně ztrácí rovnováhu. Petře, nebuď tak nervózní! Uklidni se!

IVAN: (*hledá reptaje v tašce se suvenýry*) Olomoucké syrečky, několik gramofonových desek Supraphon, karlovarské oplatky, krásné broušené sklo, pohlednice Karlova mostu, Hradčan a chrámu svatého Víta, Prašné brány, Národního muzea, pražského metra, Staroměstské radnice a Husova pomníku. Kubánský popelník. Holicí strojek. Plnicí pero. A už jsem to našel! Výjezdní vízum. Máš štěstí.

PETR: (*vezme vízum a dá si ho do kapsy*) Já se z toho všeho asi zblázním. Jsou tam sklenice pro maminku? A ta brožurka o Tylově divadle a program Smetanovy Prodané nevěsty? Jano, kde máš tu vyřezávanou dřevěnou kazetu ze Špindlerova Mlýna pro otce? A becherovku a slivovici mám kde?

IVAN: (*má už toho dost*) Uklidni se, Petře! Teď musíte projít pasovou kontrolou. Už je čas, abyste šli. Přeju vám šťastnou cestu! Mějte se oba moc a moc hezky a ozvěte se, napište nám! Buďte zdrávi!

JANA: Na shledanou, Ivane, to víš, že napíšeme. Pamatuješ se, Petře, na ten krásný výlet do jižních Čech, do Budějovic, před dvěma měsíci? To ti byla nádhera – ty zámky, vesnice, na střechách venkovských chalup čapí hnízda. Nebo jak jsme chodívali spolu na Petřín, a jak jsme se koupali v rybnících . . .

PETR: Pojď, Jano! Nebo zmeškáme letadlo! Hele, ponesu ti kufr. (*Petr vezme Janě menší a lehčí kufr a kráčí vpřed.*)

JANA: (*vyndávajíc veliký bílý kapesník, dává se do pláče*) Už pláču. Nevím proč. Nechce se mi domů. To loučení bývá tak strašně smutné . . .

PETR: (*klada jí ruku na rameno, vede ji pomalu pryč*) Vrátíme se možná příští rok, starší, moudřejší, zdokonalit svoje znalosti češtiny . . .

JANA: Ty se svými překvapujícími odbornými znalostmi češtiny určitě jo, ale já . . .

PETR: Ty se vdáš za toho kluka, že jo, a budeš šťastná.

JANA: Za koho? Vždyť mi ten kluk už ani nepíše. Netěšíš se domů?

PETR: Upřímně řečeno, moc ne.

JANA: (*už nepláče*) Já teda jo. (*Usmívá se.*) Já vždycky domů ráda.

PETR: Proč jsi tedy plakala?

JANA: No to je složité. Já jsem najednou nevěděla, jestli chci nebo nechci domů. Chápeš? A já už nepláču.

Jana, spolknuvši své slzy a nesouc druhý, těžší kufr, kráčí vpřed. Ivan na ně mává. Směje se. Říká jim 'Na shledanou', ale oni ho už neslyší, jdouce za přepážku pasové kontroly. Ivan se obrátí a jde pomalu pryč.

Konec.

---

kouknout se<**koukat se** look, peep (*coll.*)

igelitový polythene *adj.*

koukni . . ., co tam všechno má look and see what all he's got there

jestli if, whether, in case

schopný, *short form* **schopen**, **schopna** capable

bývat *frequentative of* **být** be (*sometimes*)

situace situation

mívat *frequentative of* **mít** have (*sometimes*)

záchvat fit

bezradnost helplessness

zoufalost despair

rovnováha balance

reptat>**za-** complain, grumble

suvenýr souvenir

olomoucký Olomouc *adj.*

syreček -čku small curd cheese

gramofonový gramophone *adj.*

deska record

karlovarský Karlovy Vary *adj.*, Carlsbad *adj.* (*spa town*)

oplatka wafer

broušený cut-, ground

sklo glass

pohlednice (*or* **pohled**) picture

postcard
most -u bridge
Karlův most Charles Bridge (dates from the 14th century)
Prašná brána Powder Tower, *lit.* 'Powder Gate'
muzeum -zea *n* museum (*drop* **-um** *before endings*)
metro metro, underground
Hus Jan Hus, John Huss, Czech reformer burnt at the stake in 1415
pomník memorial, monument
kubánský Cuban (**Kuba** Cuba)
popelník ashtray
plnicí fountain- *adj.*
pero pen; feather
výjezdní exit *adj.*
brožurka brochure
Tyl Josef Kajetán Tyl, 19C Czech writer and dramatist
Tylovo divadlo Tyl Theatre (1781–3), where Mozart's Don Giovanni received its premiere in 1787
program programme
Smetana Bedřich Smetana, 19C composer
Prodaná nevěsta Smetana's best-known opera The Bartered Bride, lit. 'The Sold Bride' (**prodat – prodá – prodal<prodávat** sell)
vyřezávaný carved
dřevěný wooden
kazeta casket, case, box (*decorated*)
Špindlerův Mlýn 'Špindler's Mill', holiday resort in the

Giant Mountains (*Krkonoše, Riesengebirge*)
becherovka a liqueur made in Karlovy Vary
slivovice slivovitz, plum brandy
má toho dost has had enough
projít<procházet go through
šťastný happy, fortunate, lucky
cesta journey, path, road, way
mějte se hezky keep well, *lit.* 'have yourselves nicely'
moc a moc very very
ozvat se – ozve se – ozval se<o-zývat se get in touch
buď zdráv! keep well! goodbye! *lit.* 'be well!'
výlet trip, outing, excursion
jižní southern
Čechy – Čech *f pl.* Bohemia
Budějovice -ic *f pl.* **České Budějovice**, Budweis, town in S. Bohemia, famous for its Budvar brewery
nádhera magnificence
to ti byla nádhera 'that to you was magnificence', it was absolutely magnificent
zámek -mku castle, chateau, Schloss, country mansion
vesnice village
střecha roof
venkovský village *adj.*
chalupa cottage
čáp stork
čapí stork's *adj.*
hnízdo nest
chodívat *frequentative of* **chodit** go (*sometimes*), used to go
Petřín -a park overlooking the

Malá Strana
rybník -a pond
zmeškat *pf.* miss (*fail to catch*)
letadlo plane, aeroplane
ponesu I'll carry (*future of* **nést**)
kráčet, *3rd pers. pl.* **-ejí** step,
   walk
vpřed forward
vyndat<vyndávat take out
veliký = **velký** big
bílý white
pláč crying, weeping, tears
dát se<dávat se do +*gen.* start,
   set about
dát se do pláče burst into tears
plakat – pláče – plakal>za- cry
loučení *vb. noun* leave-taking
   (*impf., as opposed to pf. vb.*
   noun **rozloučení**)
klada putting, laying, *from* **klást**
   – klade – kladl lay
možná perhaps, maybe
příští next
moudrý wise
zdokonalit<zdokonalovat
   .perfect, improve

překvapit<překvapovat sur-
   prise
překvapující surprising
odborný expert *adj.*, specialised
vdát se – vdá se – vdal
   se<vdávat se za +*acc.* marry
   (*woman marrying a man*)
já teda jo 'I then yes', well I am,
   well I do
moc ne not much
upřímně řečeno 'frankly said', to
   tell the truth, frankly
řečený *p.p.p. of* **říci** said
usmát se – usměje se – usmál
   se<usmívat se smile
smát se – směje se – smál se>za-
   laugh
já vždycky domů ráda I always
   like going home
složitý complicated
spolknout<spolykat swallow
slza tear
přepážka barrier, screen
obrátit se<obracet se turn
konec -nce end

Words and Phrases

REMEMBERING

Pamatuju si cestu.

Pamatuju si adresu.

**Pamatuju se na kamarády z
Prahy.**

also: **Vzpomínám si na kama-
rády z Prahy.**

I remember the way. (*a fact*)

I remember the address. (**pama-
tovat si** +*acc. – used for facts*)

I remember my friends from
Prague. (**pamatovat se na**
+*acc. – used for events*)

I remember (*think of*) my
friends from Prague.
(**vzpomínat si na** +*acc.*)

In the past tense:

Vzpomněl si na kamarády.	He remembered his friends. (**vzpomenout – vzpomene – vzpomněl si na** +*acc. pf.*)
Zapamatoval si adresu.	He remembered the address. (**zapamatovat si** +*acc. pf.*)

FORGETTING

Zapomněl adresu.	He forgot the address. (**zapomenout – zapomene – zapomněl<zapomínat** +*acc.*)
Zapomněl na kamarády.	He forgot (*did not think about*) his friends (**zapomenout<zapomínat na** +*acc.*)

MARRYING

Vdala se za Miroslava Černého.	She married Miroslav Černý. (**vdát se<vdávat se za** +*acc.* of a woman marrying a man)
Miroslav Černý se oženil s Marcelou.	Miroslav Černý married Marcela. (**ženit se>o- s** +*ins.* of a man marrying a woman)
Oni se vzali.	They got married, *lit.* 'took each other'.

(**svatba** wedding; **manželství** marriage)

GRAMMAR

Frequentatives

The suffix **-vat** (esp. **-ávat**, **-ívat**), as well as being used to derive imperfectives from perfectives (e.g. **vydělávat** from **vydělat** 'to earn') can also be used to derive so-called frequentatives from imperfective verbs, e.g.:

dělat: dělávat; prosit: prosívat; bolet: bolívat (i/e/ě→í)

In the past tense these frequentatives give the sense of the English tense with 'used to'. In other tenses they give the idea of 'sometimes, intermittently, frequently, usually'. Especially common are **bývat** 'to be (sometimes, *etc*.)' and **mívat** 'to have (sometimes *etc*.)':

Býval mrzutý.	He used to be grumpy.
Bývá mrzutý.	He is sometimes grumpy. He tends to be grumpy at times.
Míval chřipky.	He used to have flu intermittently. He used to get flu from time to time.
Mívá chřipky.	He gets flu from time to time, often.

Frequentatives are not formed from verbs in **-nout**, **-st**, **-zt**, **-ci**.

Occasionally even double frequentatives are found, for example in songs: **Když jsem já k vám chodívával, pejsek na mě štěkávával.** 'When I used to go and see you the doggie used to bark at me.' It gives a sense of greater distance in time, or greater intermittency.

The Past Participle Active and Adjectives in -lý

The past participle active is a literary form corresponding to 'who did, has/had done' *etc*. Form by substituting **-vší** (**-ší** after a consonant, always **-nuvší** in Class 2) for the perfective past tense **-l**, and decline as a soft adjective:

udělavší 'who did', **poprosivší** 'who asked', **stisknuvší** 'who pressed', **přivedší** 'who brought', **přišedší** (*irreg*.) 'who arrived'.

Examples:

Muž stisknuvší jeho ruku byl jeho otec.	The man who (had) pressed his hand was his father.
Mluvil se studenty vrátivšími se z Československa.	He spoke with the students who had returned from Czechoslovakia.

Much commoner than these are some adjectives ending in **-lý** derived directly from the past tense form in **-l**. They are formed from intransitive verbs and denote a completed state:

minulý týden 'last week' (from **minout** *pf*. 'to pass, miss'); **zastaralé slovo** 'an old-fashioned word' (from **zastarat** *pf*. 'to grow old-fashioned'); **zestárlý muž** 'an aged man, a man who has aged' (from **zestárnout** *pf.* 'to age, grow old'); **zlidovělá píseň** 'a popularised song, one which has become a folk song' (from **zlidovět** *pf.* 'to become popular, of the people').

The Transgressive (*Přechodník*)

Both active participles have nominative short forms known as the transgressive or **přechodník**. They are used adverbially, in sentences like 'Sitting by the window he read a book'. If the action is simultaneous with the action in the main verb the present (imperfective) form is used:

Sedě u okna, četl knihu. Sitting by the window, he read a book.

If the action precedes the action in the main verb the past (perfective) form is used:

Položiv jí ruku na rameno, vedl ji pryč. Having laid his hand on her shoulder, he led her away. (In English we may also use the '-ing' form here: Laying his hand on her shoulder . . .)

Form as follows:

-ící	*gives sg. m*	-e/-ě	*sg. n/f*	-íc	*pl.*	-íce
-oucí	*gives sg. m*	-a	*sg. n/f*	-ouc	*pl.*	-ouce
-(v)ší	*gives sg. m*	-(v)	*sg. n/f*	-(v)ši	*pl.*	-(v)še

For example:

dělající: dělaje, dělajíc(e) '(while) doing'; **sedící: sedě, sedíc(e)** '(while) sitting'; **tisknoucí: tiskna, tisknouc(e)** '(while) pressing'; **vedoucí: veda, vedouc(e)** '(while) leading'; **udělavší: udělav-ši/-še** 'having done'; **poprosivší: poprosiv-ši/-še** 'having asked'; **přišedší: přišed-ši/-še** 'having arrived'.

These forms are used only sparingly as a rule in present-day writing. They are not used in ordinary speech. Some have become fixed adverbs or prepositions (ignoring gender/number agreement): **takřka** 'so to say, as it were'; **počítaje/-ajíc** 'including'; **vyjma/ vyjímaje/-ajíc** 'excepting'; **začínaje/-ajíc** +*ins.* 'beginning with'; **konče/končíc** +*ins.* 'ending with'.

Relative Pronouns

In colloquial Czech **co** 'what' is often used instead of **který** 'who, which' or other relatives such as **kde** 'where':

To je ten muž, co chodí (který chodí) každou neděli do parku.	That is the man 'what' (who) goes every Sunday to the park.
To je ten les, co jsme tam byli vloni.	That is the wood where we were last year ('what we were there last year').

If the relative pronoun is not in the nominative or accusative, or has a preposition before it, **co** remains unchanged at the head of the clause and the third person pronoun is added in the appropriate case (after the preposition if there is one):

To je ten muž, co jsme o něm mluvili. That is the man we were speaking about ('what we were speaking about him') (in less relaxed style: **o kterém jsme mluvili**)

Where the antecedent of the relative pronoun is not a noun **který** is replaced (in written and spoken Czech) by **kdo** for 'who' and **co** for 'which' (**to, co** . . . for 'what'):

To je ten, o kom jsme mluvili.	That is the one we were talking about.
To je to, o čem jsme mluvili.	That is what we were talking about.

When 'when' is preceded by a time expression **když** is replaced by **kdy** (otherwise used for questions):

V té době, kdy jsme byli v Londýně . . . At the time when we were in London . . .

The relative pronoun 'whose' consists of 'his/its', 'her' or 'their' with **-ž** tacked on, according to the gender and number of the antecedent:

Muž, jehož jméno neznáte.	A man whose name you don't know.
Žena, jejíž jméno neznáte.	A woman whose name you don't know.

Lidé, jejichž jméno neznáte. People whose name you don't know.

The interrogative 'whose?' is the soft adjective **čí**:
Čí je to kniha? Whose book is that?

In formal written Czech the relative pronoun **který** may be replaced by **jenž**. Most cases of **jenž** 'who, which' consist of the third person pronoun (emphatic forms) with **-ž** tacked on. Note its declension for recognition purposes:

sg. nom./	**jenž** m, **jež** n	**jež** f
acc.	**jejž** ma/mi, **jehož** ma, **jež** n	**již**
gen.	**jehož**	**jíž**
dat.	**jemuž**	**jíž**
loc.	o **němž**	o **níž**
ins.	**jímž**	**jíž**

pl. nom./	**již** ma. nom.	
acc.	**jež** ma acc. and rest nom./acc.	
gen.	**jichž**	
dat.	**jimž**	
loc.	o **nichž**	
ins.	**jimiž**	

Of course, **j-** becomes **ň-** after prepositions:
od něhož, k němuž, s nímž, etc.

Šla do pokoje, v němž (ve kterém) nikdo tak dlouho nebydlel. She went into the room in which no-one had been living for so long.

Je to problém, jenž (který) nás všechny velice zajímá. It is a problem which interests us all greatly.

Muž, do něhož (do kterého) se zamilovala, byl její otec. The man with whom she fell in love was her father.

Lidé, o nichž (o kterých) tu píšeme, jsou velice nepříjemní a divní. The people about whom we are writing here are very unpleasant and strange.

Exercises

1. Form frequentatives from:
   být, mít, chodit, jezdit, říkat, plakat, kupovat, psát, nosit.

2. Form present transgressives from:
ležet, sedět, zpívat, vzdychat, mít, být, procházet, nést.

3. Form active past participles and past transgressives from:
překvapit, zazpívat, odpovědět, ztratit, projít.

4. Respond as suggested:
   (a) Čí je to kufr? (That is Ivan's suitcase.)
   (b) Proč ho tady nechal? (He's gone to buy some chocolate.)
   (c) Co hledáš? (I'm looking for my money.)
   (d) Jak se vám líbila opera? (I didn't like it. I don't like Smetana's operas.)
   (e) Byl(a) jsi někdy v jižních Čechách? (Yes, I have.)
   (f) Líbilo se ti tam? (Yes, I liked it very much.)
   (g) Těšíš se domů? (Yes, I'm looking forward to going home very much.)
   (h) Umíš česky? (Only a little. I still know only a few words.)
   (i) Musíš pořád číst a poslouchat rádio. (Yes, you are right, but I have little time.)

5. Translate into Czech:
   (a) Do you like Dvořák's operas?
   (b) I bought a postcard of the Old Town Square.
   (c) I've lost my passport.
   (d) Where are my tickets?
   (e) Have a good journey!
   (f) It's time for us to go.
   (g) My girlfriend doesn't write to me any more.
   (h) Have you been in Southern Bohemia?
   (i) Have you ever been in České Budějovice?
   (j) I have missed the train.
   (k) Pass me my bag.
   (l) Write to us when you get home.
   (m) How did you like London?
   (n) Was she looking forward to going home?
   (o) I need a new visa.
   (p) Did you buy any plum brandy?
   (q) No, I prefer drinking beer.
   (r) I've spent all my money.

(s) I have too many suitcases.
(t) My things are in those bags and suitcases over there.
(u) It needs boiling water.
(v) I have a headache.
(w) This lesson is too long.
(x) We will have to revise everything.
(y) I will go mad.

Colloquial Czech

The language of the texts in this course is basically that of standard Czech as it is written and used in broadcasting, but colloquial in style and vocabulary. In practice, however, even careful educated everyday speech tends to incorporate variant colloquial features.

The following are a number of colloquial pronunciation features typical of the everyday speech of Prague and Bohemia in general. You should study them carefully as you are bound to come across them when you try to have conversations with people and they are often found in the representation of live speech in novels, stories and plays. Non-standard forms are asterisked.

(1) ý – *ej: **týden** – ***tejden** 'week', **být** – ***bejt** 'to be', **mýt** – ***mejt** 'to wash' (**myje** – ***meje**, but **myl** only).

(2) é – *í/ý: **mléko** – ***mlíko** 'milk', **nést** – ***nýst** 'to carry' (the spelling **ý** shows that the preceding consonant is not softened), **polévka** – **polívka** soup (both acceptable in standard Czech).

These two features have a striking effect on hard adjectives: **dobrý** – ***dobrej**, **dobré** – ***dobrý**, **dobrého** – ***dobrýho**, **dobrému** – ***dobrýmu**, **o dobrém** – **o** ***dobrým**, but ins. sg. **dobrým** unaltered; in the plural the nominative and accusative have one form only for all genders: ***dobrý** (***ty dobrý kluci**), then ***dobrejch**, ***dobrejm**, ***dobrejch** and ins. ***dobrejma** (also ***těma prvníma**).

Sometimes **í** becomes ***ej** after **c, l, s, z**: **zítra** – ***zejtra** 'tomorrow', **cítit** – ***cejtit** 'to feel', **lít** – ***lejt** 'to pour'.

(3) initial **o-** – ***vo-**: **on** – ***von**, **oni** – ***voni** 'they', **okno** – ***vokno** 'window', **od** – ***vod** 'from'.

(4) In addition initial **ú-** was once ***ou-**, but this feature is now obsolete, except for a few words, eg **úřad** – ***ouřad** 'government office' (colloquial form here derogatory), **úzko** – ***ouzko** 'anxious'.

(5) Less obvious is some shortening of vowels in final syllables, especially before final consonants in endings, eg **vím** – ***vim** 'I know'.

You should learn to recognise these features, but only use them with caution. In practice you will often hear a mixture of standard and non-standard forms. People tend to use more standard forms in public and official contexts. More abstract, formal and technical vocabulary tends to be less affected, so that the subject of conversation also has an influence on the level of language employed.

A few very common words have divergent forms which you ought to note:
ještě – ***eště** 'still, yet'; **který** – ***kerej** or ***kterej** 'who, which'; **jsi** – ***seš** 'you are' (negative ***nejseš**; but always **jsi** in the past tense); **vezme** – ***veme** 'will take'; **bychom** – ***bysme** 'we would'; **pořád** – ***porád** 'constantly' (also ***furt**, from German); **nějaký** – ***ňákej** 'some'; **jet** – ***ject** 'to go, ride'; **večer** – ***večír** 'evening'; **ote-/za-vřeno** – ***vote-/za-vříno** (but ***votevřenej** etc.) 'open/shut'.

Lastly you should note the following widely used colloquial endings for the instrumental plural:

1st:	**ženami** – ***ženama**
2nd:	**pány** – ***pánama**
3rd:	**klíči** – ***klíčema**
	lekcemi – ***lekcema**
4th:	**radostmi** – ***radostma**
5th:	**náměstími** – ***náměstíma**

Adjectives have parallel forms in **-ma** instead of **-mi**:
***těma prvníma dobrejma**, **našima**, *etc.*

■ COLLOQUIAL DIALOGUE: ČEŠTINA JAK SE MLUVÍ

IVAN: Ahoj, Janičko, co tu děláš? Kdy jsi se vrátila? Já jsem myslel, že seš u svý sestry v Brně.

JANA: Ale já jsem už celej tejden doma. Vrátila jsem se minulej pátek. Několikrát jsem ti volala, ale nikdo to nebral.

IVAN: Tak, jaký to bylo? Jak se ti tam líbilo?

JANA: Bylo to prostě báječný. Sluníčko, voda, pár hezkejch chlapů, moc pěkná zábava. Hele, nemáš chuť na pivo? Co kdybysme šli do tý hospody, co jsme tam byli loni na podzim? Pivo tam mají dobrý. Co myslíš?

IVAN: Ale já nevím. Mám strašně moc práce. Zejtra mám ňákou schůzi. Musím si to důkladně připravit. A teď zrovna někam spěchám. Musím zajít k jednomu svýmu známýmu, kerej tu bydlí někde blízko. Potřebuju s ním vo něčem mluvit.

JANA: Je to tak důležitý, že nemáš na mě ani chvíli čas?

IVAN: No není. Nebuď taková. Ale já tam musím hned, von za chvíli někam vodejde.

JANA: No tak, co kdybysme tam šli voba. Potom ho můžeme pozvat s náma na to pivo, a ty s ním můžeš mluvit vo tý hrozně důležitý věci. Co říkáš?

IVAN: Ale no tak pojďme. Já ho stejně nejspíš zmeškám, když jdu tak pozdě.

(*V hospodě.*)

JANA: Ivane, prosím tě, buď tak hodnej a votevři vokno. Je tu strašný vedro. Proč mají zavřený vokna, když je takovej pařák? Fuj! Tady je lidí.

IVAN: To víš, v létě tu bejvá strašně moc lidí, většinou německejch turistů. Voni jsou tu celý hodiny, pijou, a vobyčejnej Čech si ani nesedne. Já ti mám strašnou žízeň! Už by nám měli přinýst to pivo, že jo!

JANA: Sedíme tu už čtvrt hodiny a eště jsem neviděla číšníka. Hele, pudem, ne? Já už nebudu čekat dýl. Bolí mě z toho hlava.

IVAN: Jak chceš, ale kam bysme šli?

JANA: Já už asi pudu na tramvaj. Mám bejt v devět doma. Táta na mě čeká. Chce se mnou vo něčem mluvit.

IVAN: Vo čem, jestli se smím ptát?

JANA: Vo tobě. Prej chodíme spolu už řadu let, měli bysme se už konečně vzít.

IVAN: Proboha, proč? Máme se rádi. Chodíme spolu a jsme šťastný. Proč bysme se měli brát? Hele, dej mi pusu.

JANA: Ale di. Vopravdu to chceš vědět?

IVAN: To se ví, že jo.

JANA: Jak ti to mám říct? Chtěla jsem ti to říct už dřív, ale ty jsi mě vůbec neposlouchal. Totiž, já čekám dítě.

IVAN: Šmarjájózef! Proč jsi mi to neřekla dřív? Vždyť je to taky moje, ne? Nebo ne?

JANA: Právě že nevím.

IVAN: 'Cifix! Tak to je konec!

JANA: Copak ty si myslíš, že seš lepší než já? A s kým jsem tě to včera viděla? S Mařenkou. Vy jste se s Mařenkou tadyhle na ulici včera večer líbali. Tadyhle za těmadle stromama. Nejseš vo nic lepší. Ale neboj se. S tím dítětem to nebude tak zlý. Já jsem si to totiž vymyslela. Chtěla jsem tě prostě naštvat. Tak, a už toho mám dost. Pusť mě! Du domů.

(*Běží pryč.*)

---

seš = jsi
tejden = **týden**
chlap lad, bloke, guy
zábava amusement, entertainment, fun
na podzim in the autumn
pivo tam mají dobrý the beer is good there
zejtra = **zítra**
ňákej = **nějaký**
důkladně thoroughly
teď zrovna just now
kerej = **který**
vo = **o**
von = **on**
vodejde = **odejde**
kdybysme = **kdybychom**
voba = **oba**
náma = **námi**
buď tak hodnej a be so good as to
votevři = **otevři**
vokno = **okno**
vedro heat, terrible heat

pařák *lit.* 'steamer', a steaming heat
fuj! ugh!
tady je lidí there are so many people here, *lit.* 'here is of people'
bejvat = **bývat**
pijou = **pijí**
vobyčejnej = **obyčejný**
sednout si<**sedat si** sit down, get a seat
já ti mám strašnou žízeň! I have a terrible thirst (**ti** 'to you' *adds emphasis*)
přinýst = **přinést**
eště = **ještě**
pudem = **půjdem**
dýl = **déle** longer
bysme = **bychom**
pudu = **půjdu**
bejt = **být**
prej = **prý** *here* 'he says'
řadu let for some years, for a number of years

pusa a kiss
di = **jdi** come off it! get away!
vopravdu = **opravdu**
to se ví, že jo 'it is known that yes', of course I do
čekat dítě to be expecting a child (*be pregnant*)
šmarjájózef! *short for* **ježíšmar-jájozef!** *lit.* 'Jesus Mary Joseph!', Christ Almighty!
právě že nevím thing is, I don't know
'cifix! = **krucifix!**
copak ty si myslíš so you think . . .
a s kým jsem tě to . . . viděla and who then (**to** = then, *emphasising*) was it I saw you with . . .?

Mařenka = familiar form of **Marie** Mary
tadyhle here (*emphatic form*)
těmadle = **těmihle**, **těmito**
stromama = **stromy** *ins. pl. of* **strom** tree
vo nic lepší any better, *lit.* 'by nothing better'
bát se – bojí se – bál se be afraid
zlý bad
s tím dítětem to nebude tak zlý 'it won't be so bad with that child', it won't be so bad about the child, you needn't worry
vymyslet<vymýšlet make up, think up, invent
pustit<pouštět let go
du = **jdu**

More Words and Phrases

THE HOTEL

hotel hotel
jednolůžkový pokoj single-bedded room
dvoulůžkový pokoj twin-bedded room
koupelna bathroom
sprcha shower
pokoj s koupelnou/se sprchou room with bath/with shower
recepce reception

restaurace restaurant
jídelna dining room
bar bar
recepční receptionist
průvodce *m* (**průvodkyně** *f*) guide
vrátný, **vrátná** porter
pokojská chambermaid
výtah lift, elevator
klíč key

číslo **pokoje** room number
záchod WC
postel bed

ručník towel
mýdlo soap
telefon telephone

Máte volný pokoj?
Do you have a free room?

Bohužel, máme všechno obsazeno/zadané.
Unfortunately, we have everything occupied/booked up.

Kolik stojí jednolůžkový pokoj na den?
How much does a single room cost per day?

Chci rezervovat/zamluvit dvoulůžkový pokoj.
I want to reserve/book a double room.

Na jak dlouho?
For how long?

Na pět dní.
For five days.

Na dva dni.
For two days.

Pas a vízum, prosím.
Passport and visa, please,

FINDING YOUR WAY, *etc.*

Promiňte, kde je hotel Olympik?
Excuse me, where is the hotel Olympik?

Jak se dostanu na Václavské náměstí?
How do I get to Wenceslas Square?

Jak se dostaneme na hrad?
How do we get to the castle?

Jak se jde na nádraží?
How do you go/get to the station?

Kudy máme jít?
Which way should we go?

Která/jaká je tohle ulice?
Which/what street is this?

Ztratil jsem se/zabloudil jsem.
I've lost my way.

Nemohl byste mi ukázat cestu?
Could(n't) you show me the way?

– Kam chcete jít?
Where do you want to go?

K chrámu svatého Mikuláše.
To St. Nicholas' Cathedral.

Do Nerudovy ulice.
To Neruda Street.

– Jdete špatně.
You're going the wrong way ('badly').

– Musíte se vrátit.
You have to go back (the way you came).

– Ukážu vám to na mapě/na plánu.	I'll show you on the map, on the plan.
– Půjdu s vámi.	I'll go with you.
– Jdu tam také.	I'm going there too.
– Jděte/půjdete pořád rovně.	Go, keep/you go, you keep straight on (ahead).
– Jeďte až na křižovatku.	Drive up to the crossroads.
– Zpátky až ke křižovatce.	Back to the crossroads.
– První ulicí doprava.	Along the first street to the right.
– Doleva.	To the left.
– Zahněte/zahnete doleva.	Turn/you turn to the left.
– Přejděte most.	Cross the bridge.
– Je to kousek.	It's not far. *lit.* 'It is a little piece.'
– Je to blízko.	It's near(by).
– Je to daleko.	It's far, a long way.
– Jeďte radši tramvají nebo metrem.	You'd better go by tram or by metro.
Jsem cizinec/cizinka.	I'm a foreigner.
Neznám to tady.	I don't know the place.
Máte sirky/zápalky (*f pl.*)?	Do you have any matches?
Máte oheň?	Do you have a light? (**oheň – ohně** fire)
Smím si připálit?	Can I have a light, light mine from yours?

CLOTHES *etc.*

kabát coat	**texasky** *f. pl.* jeans
plášť raincoat, light coat	**trenýrky**, *coll.* **trenky** *f. pl.* 'training' shorts, boxer shorts
bunda anorak *etc.*	
sako man's jacket	**šortky** *f. pl.* shorts
kabátek -tku lady's jacket	**sukně** skirt
kožich fur coat	**šaty** *m. pl.* a dress (*or* clothes in general)
oblek man's suit	
kostým lady's suit	
kalhoty *f. pl.* trousers	**svetr, svetřík** sweater, jersey *etc.*
džín(s)y *m. pl.* jeans (**v džínách**)	**košile** shirt

blůza, halenka blouse
tričko T-shirt, vest
ponožky *f. pl.* socks
boty *f. pl.* shoes
střevíce *m. pl.* light shoes
sandály *m. pl.* sandals
trepky *f. pl.*, pantofle *m. pl.*
  slippers
tenisky *f. pl.*, plátěnky *f. pl.*
  tennis shoes, canvas shoes
klobouk hat
čepice cap
šátek -tku headscarf
šála scarf
kravata tie
kapesník handkerchief
knoflík button
límec -mce collar
rukáv sleeve
rukavice glove
pásek -sku belt
zip(s) zip
kapsa pocket

manžeta cuff
kabelka handbag
peněženka purse
plavky *f. pl.* swimsuit (*lady's*),
  swimming trunks (*man's*)
pyžamo pyjamas
noční košile nightie
župan dressing gown
prádlo   underwear   (*also*
  bedlinen, washing)
spodní prádlo underwear
punčochy *f pl.* stockings
punčocháče *m pl.* tights
podprsenka bra
kalhotky *f pl.* panties
spodky   *m   pl.*   underpants
  (*usually long*)
trenýrky/trenky *f pl* 'training
  shorts' are often worn as
  underpants (boxer shorts)
velikost size
číslo number, size

obléknout<oblékat (si)	put on (*clothes*)
obléknout se<oblékat se	get dressed
svléknout<svlékat (si)	take off (*clothes*)
svléknout se<svlékat se	get undressed

(these two verbs also have colloquial forms **oblíknout<oblíkat**,
svlíknout<svlíkat and alternative pf. forms **obléci – obleče – oblekl**,
svléci – svleče – svlekl)

obout – obuje – obul<obouvat (si, se)	put on (*shoes*)
zout – zuje – zul<zouvat (si, se)	take off (*shoes*)
vzít<brát na sebe	put on (= **obléknout<oblékat si**)
odložit (si) *pf*	take off (*coat*)
nosit *iter.*	wear (*habitually*)
mít na sobě	wear, be wearing, have on

prát – pere – pral<vyprat wash (*clothes*)
zkusit<zkoušet si try (on)

TOILETRIES
ručník towel
mýdlo soap
šampon shampoo
kartáč (na vlasy) (hair) brush
hřeben -e/u comb
toaletní papír toilet paper
houba sponge
žínka facecloth, flannel
kartáček -čku na zuby
  toothbrush

zubní pasta toothpaste
holicí strojek shaver, safety
  razor
žiletka razor blade
štětka na holení shaving brush
krém cream (**holicí krém**
  shaving cream; **krém na boty**
  shoe cream; **pleťový krém**
  skin cream)

HOUSING AND THE HOME

dům – domu house, home
rodinný domek small house,
  family house
byt flat, apartment
  družstevní byt cooperative
  flat
  třípokojový byt three-roomed
  flat (*not counting kitchen,
  bathroom*)
  dvoupokojový byt two-
  roomed flat

vila, vilka villa, detached house
garsoniéra, garsonka bedsit flat,
  bachelor apartment
chata country chalet, cottage
chalupa cottage
panelák prefabricated block of
  flats, apartment block

ROOMS
pokoj room, living room (*not
  kitchen, etc.*), hotel room
místnost room (*in general*)
obývací pokoj, *coll.* **obývák**
  living room, lounge
jídelna dining room
ložnice bedroom

dětský pokoj child's room
pracovna study
předsíň f, **hala** (*if bigger*) hall
kuchyně/kuchyň f kitchen
koupelna bathroom
záchod WC, toilet

THE BUILDING AND AROUND IT

zeď – zdi wall (*outside and in general*)
stěna wall (*inside*)
podlaha floor
strop ceiling
střecha roof
komín -a chimney
dvůr – dvora yard
zahrada garden
branka gate
dveře -í *f pl.* door
chodba corridor

patro, poschodí floor, storey
přízemí, v přízemí ground floor, on the ground floor
v prvním patře/poschodí on the first floor (*above ground level*)
sklep cellar
půda loft
garáž *f* garage
schody -ů stairs
výtah lift, elevator
okno window
balkón balcony

FURNITURE *etc.*

nábytek -tku furniture
stůl – stolu table
židle chair
křeslo armchair
pohovka sofa, couch
gauč divan, couch (*also for sleeping on*)
psací stůl desk, writing table
skříň *f* cupboard, closet, wardrobe
knihovna bookcase

příborník sideboard
kredenc *f* kitchen dresser
kuchyňská linka kitchen units
postel *f* bed
koberec -rce carpet
zásuvka, šuple -ete *n*, **šuplík** drawer
záclona curtain
roleta blind
police shelf

OTHER EQUIPMENT AND APPLIANCES

dřez, výlevka sink
sporák cooker (*e.g. gas, electric*)
vařič hotplate, gas-ring, cooker (*without oven*)
trouba oven
lednička, chladnička fridge
mrazák freezer
pračka washing machine
vysavač, *coll.* **lux** vacuum-cleaner, hoover
vana bath

sprcha shower
umyvadlo washbasin
kamna – kamen *n pl.* stove
na uhlí coal-fired, solid-fuel *adj.*
plynový gas *adj.* (**plyn** gas)
elektrický electric (**elektřina** electricity)
naftový oil *adj.* (**nafta** oil)
krb fireplace
ústřední topení central heating
televizor television set

televize television, TV (*set or medium*)
rádio radio (*set or medium*)
rozhlas (the) radio (*medium*)
gramofon gramophone, record-player
magnetofon tape-recorder
kazetový magnetofon, *coll.* **kazeťák** cassette recorder
deska record, disc
pásek -sku tape

kazeta cassette
fotoaparát camera
vypínač switch
světlo, lampa light, lamp
žárovka (light-)bulb
baterka torch
baterie battery
zástrčka plug
zásuvka socket
šňůra flex, cable

BEDDING

ložní prádlo bedlinen
prostěradlo sheet
deka blanket
polštář pillow (cushion)

peřina duvet
peřiny duvet/quilt and pillows
povlak (pillow/duvet) cover, slip

OTHER

hodiny -in *f pl.* clock
hodinky -nek *f pl.* watch
obraz picture
květina flower
váza vase
tapety *f pl.* wallpaper
barva colour, paint (*in general*)

latex, latexová barva emulsion paint
lak glass, varnish
dlaždice, dlaždička tile
linoleum, lino linoleum, lino
klika door-handle
zámek -mku lock

EATING

PLACES

restaurace restaurant
bufet buffet, snackbar
hospoda, hostinec -nce (*more formal word*) pub, inn, public house
pivnice pub (*specialising in beer*)
vinárna wine bar

automat self-service restaurant, snackbar
cukrárna patisserie
kavárna café
občerstvení refreshments
menza student refectory

INSIDE

šatna cloakroom

šatnář(-ka) cloakroom attendant

číšník (číšnice) waiter (waitress)

servírka waitress

pan/paní vrchní head waiter/waitress

stůl table

příbor place setting (*knife, fork and spoon*)

lžíce spoon

lžička teaspoon

nůž – nože knife

vidlička fork

ubrus tablecloth

ubrousek -sku napkin, serviette

talíř plate

talířek -řku saucer

sklenice, sklenka, sklenička glass

šálek -lku cup

hrnek -nku mug

účet -čtu bill

spropitné *n, coll.* **diškrece/diško** tip

Dej mu nějaké spropitné/diško.   Give him some tip.

Kolik mu mám dát?   How much (tip) should I give him?

Mám mu dát nějaké spropitné/diško?   Should I give him a tip?

MEALS

snídaně breakfast

oběd lunch, midday meal

večeře dinner, evening meal

svačina snack

MENU

jídelní lístek menu

vinný lístek wine list

předkrm starter, appetiser

hotová jídla ready-to-serve dishes

jídla na objednávku, minutky dishes prepared quickly to order

bezmasá jídla meatless dishes

příkrmy *m pl*, **přílohy** *f pl.* vegetables (*lit.* side-dishes, supplements)

zákusek, dezert dessert

moučník pudding, sweet

nápoje *m pl.* drinks, beverages

BREAKFAST

chléb – chleba bread

houska roll

rohlík crescent roll

máslo butter

džem jam
vejce *n*, **vajíčko** egg
míchaná vejce scrambled eggs
vejce na tvrdo hard-boiled egg
vejce na měkko soft-boiled egg

šunka ham
čaj tea
káva, *coll*. **kafe** *n* coffee
kakao cocoa, hot chocolate
mléko milk

SNACKS
chlebíček -čka/čku, **obložený**
  chlebíček open sandwich
sendvič English-style sandwich
topinky *f pl*. (fried) toast, fried
  bread
salám salami
párek -rku frankfurter
klobása sausage
vuřt small thick sausage

tlačenka brawn
olejovky *f pl*., **sardinky** *f pl*.
  sardines
zmrzlina ice-cream
jogurt yoghurt
sýr -a cheese
bramborák potato pancake
omeleta, **amoleta** omelette

STARTERS
pražská šunka Prague ham
uherský salám Hungarian
  salami

ruské vejce 'Russian egg', egg
  mayonnaise

SOUP
polévka, polívka soup
hovězí vývar beer consommé
dršťková polévka tripe soup

gulášová polévka goulash soup
bramborová polévka potato
  soup

FISH
ryba fish
filé *n indecl*. fillet

kapr carp
pstruh trout

POULTRY
drůbež *f* poultry
kuře *n* chicken

husa goose
kachna duck

MEAT
maso meat
hovězí (maso) beef
telecí veal
vepřové pork

skopové mutton
jehněčí lamb
srnčí venison
smažený fried

pečený roasted, baked
vařený boiled
dušený braised, stewed
řízek -zku schnitzel (**přírodní** 'natural', unbreaded)
pečeně roast meat, joint
svíčková sirloin roast, cut of beef in a special sour sauce
kýta leg (*normally pork, unless otherwise stated*)
plátek -tku a slice (*of meat*)
kotleta cutlet, chop
žebírko rib-chop
biftek steak
roštěná entrecote
bůček -čku belly pork (**uzený** smoked)
uzené *n* bacon (*joint, cut*)

špek, slanina bacon fat (**anglická slanina** streaky bacon)
sekaná meat loaf
mleté maso mince
karbanátek -tku burger
játra *n pl.* liver
ledvinky *f pl.* kidneys
mozeček -čku brains
jelito blood pudding, black pudding
jitrnice white pudding, white sausage
guláš goulash
moravské vrabce 'Moravian sparrows', roast pieces of pork
čevapčiči meatballs
tatarský biftek steak tartare

POTATOES *etc*
brambor, brambory *f pl.* potatoes
opékané brambory roast potatoes
bramborový salát potato salad
bramborová kaše mashed/ creamed potato

hranolky *m pl.* chips
rýže rice
knedlík bread dumpling
bramborový knedlík potato dumpling
nudle *f pl.* noodles
špagety -ů spaghetti

VEGETABLES
zelí cabbage
kyselé zelí sauerkraut
květák cauliflower
paprika red peppers
žampióny *m pl.* mushrooms (**houba** wild mushroom)

čočka lentils
mrkev -kve *f* carrots
hrášek -šku peas
špenát spinach

CONDIMENTS

sůl – soli salt
pepř pepper
cukr sugar

hořčice mustard
omáčka sauce, gravy
kečup ketchup

SALAD

hlávkový salát lettuce
rajče -ete *n*, **rajské jablíčko** tomato
rajský salát tomato salad
okurka cucumber

okurkový salát cucumber salad
nakládaná okurka pickled cucumber, gherkin
cibule onion

FRUIT

ovoce *n* fruit
jablko apple
hruška pear
švestka plum
meruňka apricot
broskev -kve *f* peach
třešně *f pl.* cherries
pomeranč orange
citrón lemon

banán banana
jahoda strawberry
malina raspberry
angrešt gooseberries
ostružiny *f pl.* blackberries
rybíz redcurrants
hrozny *m pl.* grapes
hrozen vína a bunch of grapes
hrozinky *f pl.* raisins, currants

DESSERTS, PUDDINGS

kompot fruit salad (in syrup), stewed fruit
palačinky *f pl.* pancakes
švestkové knedlíky plum dumplings
meruňkové knedlíky apricot dumplings

tvaroh curd cheese (*hard variety grated over fruit dumplings*)
mák poppy (seeds)
dort gateau, cake
smetana cream
šlehačka whipped cream

DRINKS

(*see also breakfast*)
pivo beer
plzeňské *n*, **plzeň -zně** *f* Pilsner
víno wine
červené víno red wine

bílé víno white wine
láhev -hve *f, coll.* **flaška** bottle
minerálka mineral water
džin gin

tonik tonic water
whisky *indecl. f, coll.* **viska**
   whisky
koňak cognac, brandy
slivovice slivovitz, plum brandy

becherovka a Czech liqueur
džus, ovocná šťáva juice, fruit
   juice
limonáda lemonade
koka-kola coca-cola

BREAD, CAKES, BISCUITS
(see also breakfast)
koláč tart, round cake
závin, štrúdl strudel
bábovka gugelhupf, a madeira-
   type cake
veka long white loaf (for
   chlebíčky open sandwiches)

kobliha doughnut
buchta bun
pečivo general word for rolls,
   etc.
trvanlivé pečivo biscuits
sušenka, keks a biscuit

SHOPPING

Typical shop signs are in block capitals.
obchod, prodejna, *coll.* **krám** shop
obchodní dům department store
samoobsluha self-service, supermarket
POTRAVINY *f pl.* food, groceries; foodshop
CHLÉB-PEČIVO bread – rolls/cakes/biscuits
pekař baker
pekařství baker's shop
OVOCE *n* – **ZELENINA** fruit – vegetables
obchod se zeleninou (a ovocem) greengrocer's shop
MASO-UZENINY *f pl.* meat – smoked meats (*salami, sausages,*
   etc.)
řezník butcher
řeznictví butcher's shop
LAHŮDKY *f pl.* delicatessen
lahůdkářství delicatessen (*shop*)
MLÉČNÉ VÝROBKY milk/dairy products (*sg.* **výrobek -bku**)
MLÉKÁRNA dairy
ODĚVY clothes (*sg.* **oděv**)
dámské ladies'
pánské men's
OBUV -i footwear, shoes

GALANTERIE haberdashery, fashion accessories
DROGÉRIE chemist's (*toiletries, etc.*)
LÉKÁRNA dispensing chemist's, pharmacy
PAPÍRNICTVÍ stationer's
KNIHY books (*sg.* **kniha**)
ANTIKVARIÁT secondhand, antiquarian bookshop
knihkupectví bookshop
KVĚTINY flowers (*sg.* **květina**)
květinářství florist's
NOVINY *f pl.* – **ČASOPISY** newspapers (*sg. = pl.*) – magazines
   (*sg.* **časopis**)
TABÁK tobacco
trafika tobacconist's/newsagent's
stánek -nku stall, newsstand, kiosk
kiosk kiosk
HOLIČSTVÍ barber's, men's hairdresser's
holič barber
KADEŘNICTVÍ ladies' hairdresser's
kadeřník ladies' hairdresser
ČISTÍRNA dry cleaner's
PRÁDELNA laundry
TUZEX Tuzex shop, selling imported, luxury and other goods for
   foreign (Western) currency
pošta post-office
cestovní kancelář *f* travel agency
ČEDOK the main Czechoslovak travel agency
banka bank
spořitelna savings bank
prodavač(-ka) shop assistant
kupující customer
pokladna till, cash desk

koupit<kupovat buy
prodat<prodávat sell

Hledám . . .	I am looking for . . .
Potřebuji . . .	I need . . .
Chci si koupit . . .	I want to buy . . .
Rád bych si koupil . . .	I would like to buy . . .

Nevíte, kde bych dostal . . .?	Do you know where I could get . . .?
Je tu někde (pošta)?	Is there a (post-office) somewhere here?
Přejete si?	Can I help you? *lit.* 'You wish?'
Ne, děkuji, jen se dívám.	No, thank-you, I'm just looking.
Máte . . .?	Do you have . . .?
Ukažte mi . . .	Show me . . .
Dejte mi . . .	Give me . . .
To se mi líbí.	I like this/that.
Vezmu si tohle.	I'll take this.
Zabalit?	Do you want it wrapped? *lit.* 'To wrap?'
To je všechno.	That is all.
Platí se u pokladny.	You pay at the till.
Tam také dostanete zboží.	You will get your goods there too.
Kolik to stojí?	How much does it cost?

QUANTITIES:

Půl kila sýra.	Half a kilo of cheese.
Čtvrt kila másla.	A quarter of a kilo of butter.
Osminku másla, prosím.	An eighth of a kilo of butter, plcase.
Dvacet deka salámu.	Twenty deka of salami.
Deset deka salámu.	Ten deka of salami.
Půl litru mléka.	Half a litre of milk.
Půlku chleba, prosím.	A half loaf of bread please.
Čtvrtku chleba.	A quarter loaf of bread.
bochník chleba	a loaf of bread
kilo	kilo(gram)
deka *indecl. n*	dekagram (= *10 grams*)
litr	litre
metr	metre
centimetr	centimetre

MORE SIGNS AND NOTICES

ZAVŘENO closed
OTEVŘENO open
VCHOD entrance
VÝCHOD exit
VSTUPNÉ entrance fee
MUŽI, PÁNI men, gentlemen
ŽENY, DÁMY women, ladies
VEŘEJNÉ ZÁCHODKY public conveniences, toilets
PARKOVIŠTĚ parking lot, car park, layby
ODPADKY litter
NEMOCNICE hospital
VSTUP ZAKÁZÁN no entrance, no admittance
VJEZD ZAKÁZÁN no entry (*vehicle*)
PRŮJEZD ZAKÁZÁN no thoroughfare, no throughway
NEPOVOLANÝM VSTUP ZAKÁZÁN 'to the unauthorised entrance forbidden', no admittance except on business
ZNEUŽITÍ SE TRESTÁ 'Misuse is punished'
KUŘÁCI smokers
NEKUŘÁCI non-smokers
KOUŘENÍ ZAKÁZÁNO smoking forbidden
NEKOUŘIT! no smoking!
At each metro station you will hear the announcement:
UKONČETE VÝSTUP A NÁSTUP, DVEŘE SE ZAVÍRAJÍ!
'Complete alighting and boarding, the doors are closing!'

MONEY

peníze money
mince coin
koruna crown
haléř, halíř heller (*100 to the crown*)
bankovka banknote
cestovní šek traveller's cheque
drobné *f pl.* change, small change
banka bank

spořitelna savings bank
směnárna exchange bureau
dolar dollar
libra pound
valuty *f pl*, **devizy** *f pl.* foreign (exchangeable) currency
stokoruna, stovka a hundred crown note
padesátikoruna, padesátka a fifty crown note

Kde si mohu vyměnit dolary/ libry za koruny?	Where can I change dollars/ pounds for crowns?
Chci měnit dolary/libry.	I want to change dollars/ pounds.
Jaký je kurs dolaru/libry?	What is the rate of exchange of the dollar/the pound?
Kolik dáváte za libru?	How much do you give for the pound?
To je turistický kurs?	Is that the tourist exchange rate?
Dejte mi nějaké stokoruny, padesátikoruny.	Give me some hundred crown notes, fifty crown notes.
Dejte mi nějaké drobné.	Give me some small change.
Chtěl bych si vybrat peníze na tento šek.	I would like to take out money on (*cash*) this cheque.
Můžete mi proplatit tyto cestovní šcky?	Can you cash me these traveller's cheques?
Můžete mi proměnit stokorunu?	Can you change me a hundred crown note?

POST

dopis letter	**obálka** envelope
pohlednice, pohled, lístek -tku postcard	**balicí papír** wrapping paper
balík parcel	**provázek -zku** string
známka stamp	**listonoš(-ka),** *coll.* **pošťák (pošťačka)** postman (-woman)
dopisní papír letter paper	

Kde je tady pošta?	Where is there a post-office?
Kde je hlavní pošta?	Where is the head post-office?
Kde se podávají doporučené dopisy (telegramy, balíky)?	Where do you hand in registered letters (telegrams, parcels)?
– U okénka (přepážky) číslo — .	At window (counter) number — .
Prosil bych známky na dopis do Anglie (do Ameriky).	I'd like stamps for a letter to England (to America).

Prosil bych známky za čtyři koruny.	I'd like stamps for four crowns (*four crowns' worth of stamps*).
– Do které/jaké země?	To what country?
Do Anglie, do Spojených států.	To England, to the United States.
Chtěl bych poslat tento dopis letecky (doporučeně).	I'd like to send this letter airmail (registered).
Tento dopis bych prosil doporučeně.	This letter registered please.
A kolik letecky do Spojených států?	And how much by air to the United States?
Chci poslat tento dopis expres.	I want to send this letter express.
Kde je tady nejbližší schránka (na dopisy)?	Where is the nearest letter-box?
Přišla mi pošta?	Has any post come for me?
Kde se mám podepsat?	Where should I sign?

LETTER-WRITING

(a) TO A PERSON ADDRESSED AS **Vy** (the pronoun 'you' is capitalised, openings are punctuated by an exclamation mark or comma)

Vážený pane! Vážená paní!	Dear Sir/Madam,
Vážený pane Naughtone,	Dear Mr Naughton,
Milý pane Naughtone,	Dear Mr Naughton, (*less formal*)
Milý Karle!	Dear Karel,
Děkuji Vám za milý pozdrav a za krásný pohled.	Thank you for the kind greeting and for the beautiful post-card.
Právě jsem dostal Váš milý dopis, který mě velmi potěšil.	I have just received your kind letter, which pleased me greatly.
Jsem rád, že Vám můj dopis došel v pořádku.	I am glad that my letter reached you in order.
Děkuji za knížku, kterou jste mi poslal.	Thank you for the book which you sent me.

Byl jsem velmi potěšen Vaším dopisem.	I was very pleased by your letter.
Nejdřív bych se chtěl omluvit, že teprve nyní odpovídám na Váš dopis.	Firstly I would like to apologise for only now answering your letter.
Dovoluji si obrátit se na Vás v této záležitosti.	I venture to approach you in the following matter.
Chci Vám oznámit, že ve dnech 1. až 8. srpna budu na služební cestě/na návštěvě v Praze.	I want to inform you that from the 1st to 8th August I will be on a business trip/on a visit to Prague.
Rád bych Vás viděl.	I would be glad to see you.
Doufám, že jste se dostal dobře domů.	I hope that you got home all right.
Vyřiďte pozdrav Vaší manželce.	Give a greeting (i.e. my best wishes, my regards) to your wife.
Žena I děti Vás moc pozdravují.	My wife and children send you their best greetings.
Těším se na Vaše zprávy/na Vaši odpověď/na naše setkání.	I look forward to your news/to your reply/to our meeting.
Doufám, že Vás brzy uvidím.	I hope to see you soon.
S přátelským pozdravem . . .	Yours sincerely . . . *lit*. With a friendly greeting . . .
Se srdečným pozdravem . . .	Yours sincerely . . ., *lit*. With a sincere/cordial greeting . . .
Váš . . .	Yours . . .

(b) TO A PERSON ADDRESSED AS **Ty**

Milý Karle!	Dear Karel,
Ahoj, Karle!	'Hi, Charles'
Děkuji Ti za pozdrav/pohled.	Thank you for the greeting/ postcard.
Právě jsem dostal Tvůj dopis, který mně udělal hroznou radost.	I've just got your letter, which gave me enormous pleasure/ pleased me a lot.

Jsem rád, že Ti můj dopis došel v pořádku.	I'm glad my letter reached you all right.
Díky za knížku, kterou jsi mi poslal.	Thank you for the book you sent me.
Tvůj dopis mě hrozně potěšil.	Your letter pleased me a lot.
Tvůj dopis mi udělal velkou radost.	Your letter made me very happy.
Nejdřív bych se chtěl omluvit, že až teď odpovídám na Tvůj dopis.	First of all I'd like to apologise for not answering your letter till now.
Chtěl bych ti říct/sdělit, že 1. až 8. srpna budu na návštěvě v Praze.	I'd like to tell you that I'll be on a visit to Prague from the 1st to 8th August.
Rád bych Tě viděl.	I'd like to see you.
Doufám, že ses dostal dobře domů.	I hope you got home OK.
Pozdravuj Věru (svoji ženu).	Give Věra (your wife) my best wishes.
Mary i děti Tě moc pozdravují.	Mary and the children send you their best wishes/regards.
Těším se na Tvoji odpověď.	I'm looking forward to your reply.
Ozvi se.	Reply (soon).
Doufám, že Tě brzy uvidím.	I hope to see you soon.
Měj se hezky.	Keep well.
Tvůj . . .	Yours . . .
Ahoj, Jitka.	Love, Jitka.

(c) MISCELLANEOUS

Srdečný pozdrav z Prahy.	Sincere greetings from Prague.
Veselé vánoce a šťastný nový rok!	A merry Christmas and a happy New Year!
Hezké prožití vánočních svátků a hodně úspěchů v novém roce Vám všem přeje John Smith.	'Fine enjoyment of the Christmas holiday and many successes in the New Year to you all wishes John Smith.'

TELEPHONE

Kde je tady nejbližší (telefonní) budka?	Where is the nearest (telephone) kiosk/phone booth?
Máte telefon?	Do you have a telephone?
Dá se odtud telefonovat/volat?	Can one phone from here?
Mohu si od vás zatelefonovat/ zavolat?	Can I make a phone call from here (your place)? Can I use your phone?
Jaké máte telefonní číslo?	What is your telephone number?
Zavolejte mi zítra.	Call/phone me tomorrow.
Haló! Kdo volá?	Hello! Who's calling?
To je pan Novák?	Is that Mr Novák?
– U telefonu.	– Speaking.
– Okamžik. Spojím.	– A moment. I'll connect you.
Chtěl bych mluvit s panem ředitelem.	I'd like to speak to the manager.
– Bohužel, tady momentálně není.	– Sorry, he's not here at the moment.
– Mám mu něco vyřídit?	– Shall I give him a message?
Zavolám znovu později.	I'll call again later.
Haló, centrála?	Hello, switchboard (exchange)?
Slečno, dala jste mi špatnou linku.	You've given me the wrong extension, miss.
– Jaké číslo si přejete?	– What number do you want?
– Koho si přejete?	– Who do you want?
– S kým chcete mluvit?	– Who do you want to talk to?
– Počkejte. Nezavěšujte.	– Wait. Don't hang up.
– Nezavěšujte, jste v pořadí.	– 'Don't hang up, you are in line.' (*answering machine*)
– Přepojím.	– I'll transfer you.
– Je obsazeno.	– It's engaged.
– Nikdo to tam nebere.	– No-one's answering (*taking it*).
– Nikdo se nehlásí.	– No-one's answering (*responding*).
To jsem zase já.	It's me again.

Byli jsme přerušeni.	We were cut off.
Mluvte víc nahlas.	Speak louder.
Není dobře slyšet.	I can't hear very well.
Máme špatnou linku.	The line is bad (we have a bad line).
Už je to lepší?	Is that better now?
Prosím, meziměsto.	Trunk call, please.
Kolik stojí tříminutový hovor?	How much is a three minute call?
– Tři minuty. Budete/chcete mluvit dál?	– Three minutes. Will you go on talking/do you want to go on talking?
Ne, už jsme skončili.	No, we've finished now.
Nepřerušujte nás.	Don't cut us off.

telefonní seznam telephone directory

CZECHOSLOVAKIA

The lists below are in the order: country/town *etc.*, adjective, person (feminine **-ka** unless otherwise stated, *m* **-ák** gives *f* **-ačka**), language and language adverb (as appropriate).

Československo, československý, Čechoslovák (-vačka, rare) Czechoslovakia *etc.*

Československá socialistická republika (ČSSR) The Czechoslovak Socialist Republic

A federation of two national republics:

Česká socialistická republika (ČSR) The Czech Socialist Republic

Slovenská socialistická republika (SSR) The Slovak Socialist Republic

Čechy – Čech *f pl* **(v Čechách), český, Čech (Češka), čeština, česky** Bohemia, Czech *etc.*

Morava (na Moravě), moravský, Moravan/coll. **Moravák** Moravia *etc.*

Slovensko (na Slovensku), slovenský, Slovák (Slovenka), slovenština, slovensky Slovakia *etc.*

The Czech republic includes both Bohemia and Moravia. The word **republika** 'republic' may be used to refer to Czechoslovakia as a whole (**v republice, do republiky** 'in, to the republic'), and the term **Česko (v Česku)** is also used to refer to the Czech lands.

The capital of Czechoslovakia (and the Czech republic) is Prague:
Praha, pražský, Pražan/*coll*. **Pražák**
The unofficial capital of Moravia is Brno:
Brno, brněnský, Brňan/*coll*. **Brňák**
The capital of Slovakia is Bratislava:
Bratislava, bratislavský, Bratislavan/*coll*. **-vák**
Other big towns:
Košice -ic *f pl*, **Olomouc** *f*, **Ostrava, Plzeň -zně** *f* (= Pilsen).
Also mentioned in this course:
Karlovy Vary *m pl* (= Karlsbad), **České Budějovice** *f pl* (=
Budweis).

Large rivers:
Dunaj (= Danube), **Labe** *n* (= Elbe), **Vltava** (= Moldau)

Mountains:
Krkonoše -noš *m pl* (= Giant Mountains, das Riesengebirge), **Tatry
– Tater** *f pl* (– Tatras)

Another way of saying where a person is from is to use **z** 'from'
and the place name (often this sounds more natural), e.g.:
Ten člověk je z Prahy.   That person is from Prague.
Já jsem z Bratislavy.   I'm from Bratislava.
Já jsem z Anglie.   I'm from England.

OTHER COUNTRIES

Here are some European and English-speaking country names.

Amerika, americký, Američan	America
Anglie, anglický, Angličan, angličtina, anglicky	England
Austrálie, australský, Australan	Australia
Bulharsko, bulharský, Bulhar, bulharština, bulharsky	Bulgaria
Francie, francouzský, Francouz, francouzština, francouzsky	France
Irsko, irský, Ir, irština, irsky	Ireland
Itálie, italský, Ital, italština, italsky	Italy

Jugoslávie, jugoslavský, Jugoslávec (Jugoslávka) (srbochorvatština, srbochorvatsky Serbo-Croat)	Yugoslavia
Kanada, kanadský, Kanaďan	Canada
Maďarsko, maďarský, Maďar, maďarština, maďarsky	Hungary
Německo, německý, Němec (Němka), němčina, německy	Germany
Východní Německo	East Germany
Západní Německo	West Germany
Německá demokratická republika (NDR)	German Democratic Republic
Německá spolková republika (NSR)	German Federal Republic
Polsko, polský, Polák (Polka), polština, polsky	Poland
Rakousko, rakouský, Rakušan	Austria
Rumunsko, rumunský, Rumun, rumunština, rumunsky	Romania
Rusko, ruský, Rus, ruština, rusky	Russia
Řecko, řecký, Řek (Řekyně), řečtina, řecky	Greece
Skotsko, skotský, Skot	Scotland
Sovětský svaz, sovětský	Soviet Union
Spojené státy (americké), americký	United States
Španělsko, španělský, Španěl, španělština, španělsky	Spain
Švýcarsko, švýcarský, Švýcar	Switzerland
Velká Británie, britský, Brit	Great Britain
Spojené království Velké Británie a Severního Irska	The United Kingdom of Great Britain and Northern Ireland
Wales -u [vels – velzu], **waleský/velšský, Walesan/Velšan, waleština/velština, velšsky**	Wales
Evropa, evropský, Evropan	Europe

Some cities:
Berlín -a Berlin; **Bělehrad** Belgrade; **Budapešť -i** Budapest; **Bukurešť** Bucharest; **Londýn -a** London; **Mnichov -a** Munich; **Moskva** Moscow; **New York (v New Yorku)** New York; **Paříž** *f* Paris; **Řím -a** Rome; **Varšava** Warsaw; **Vídeň -dně** *f* Vienna; **Washington** [vošinkton] Washington.

PRAGUE

Here are some names of well-known sights (**památky** *f pl*) *and landmarks of Prague*:

Staré Město Old Town
Staroměstské náměstí Old Town Square
Staroměstská radnice s orlojem Old Town Hall with its astronomical clock
Týnský chrám Týn Church
Prašná brána Powder Tower (*lit.* gate)
Tylovo divadlo Tyl Theatre
Karolinum Carolinum, oldest building of **Karlova univerzita** Charles University
Betlémská kaple Bethlehem Chapel
Starý židovský hřbitov Old Jewish Cemetery
Staronová synagóga Old-New Synagogue
Karlův most Charles Bridge

Malá Strana Lesser Town, Kleinseite, *lit.* little side
chrám sv. (svatého) Mikuláše Church of St. Nicholas
Valdštejnský palác Waldstein Palace

Hradčany -an *m pl.* (**na Hradčanech**) Hradschin, the Castle district
Pražský hrad Prague Castle
chrám/katedrála sv. Víta St. Vitus' Cathedral
bazilika sv. Jiří St. George's Basilica
Zlatá ulička Golden Lane
Královský letohrádek, Belveder Royal Summer Palace, Belvedere
Loreta the Loretto
Strahovský klášter Strahov Monastery, containing **Památník**

národního písemnictví Museum of Czech Literature, *lit.* monument of national literature
Petřín -a park and gardens

Nové Město New Town
Národní muzeum National Museum
Václavské náměstí Wenceslas Square
Národní divadlo National Theatre
Hlavní nádraží Main Railway Station

letiště Praha – Ruzyně, ruzyňské letiště Ruzyně Airport
Vyšehrad former hill fortress over Vltava with important cemetery and legendary pagan associations
Bílá hora White Mountain, battle site on outskirts of Prague
Karlštejn Karlštejn Castle

TOWN

město town
čtvrť -i district, quarter
sídliště *n* housing estate
předměstí suburbs
na předměstí in the suburbs
ulice street, road
ulička lane
třída avenue, boulevard
náměstí square
nábřeží embankment, quay
most -u bridge
silnice road (*trunk, country*)
dálnice motorway
budova building
hrad castle (*fortified*)
zámek -mku castle, mansion, schloss, country house (*large*)
palác palace
radnice town hall

muzeum -zea *n* museum
kostel -a church
chrám large church, cathedral
katedrála cathedral
kaple chapel
klášter -a monastery
brána gate(way)
věž *f* tower
schody -ů steps
park park
sady -ů gardens, park (**sad** orchard)
hřbitov -a cemetery, graveyard
průmysl industry
továrna, fabrika factory
dělník, dělnice worker
lavice bench
tráva grass
trávník lawn

COUNTRY

venkov -a the country
na venkově in the country
vesnice village
státní statek state farm
JZD, [jézédé] **jednotné zemědělské družstvo, družstvo** cooperative farm ('united agricultural cooperative')
zemědělství agriculture
rolník (rolnice) peasant, farm worker, agricultural worker
sedlák (selka) peasant
pole *n* field
louka meadow
les -a forest, wood
plot fence (**živý plot** 'living fence', hedge)
řeka river
potok -a stream
hora mountain, hill
kopec -pce hill (**do kopce** uphill; **z kopce** downhill)
údolí valley
chlév -a, *coll.* **chlív -a** cowshed
stáj *f* stable
stodola barn
kůlna shed
kráva cow
tele -ete *n* calf
býk bull
ovce sheep
koza goat
prase -ete *n* pig
pes – psa dog
slepice hen
kohout cock

kůň – koně horse
kočka cat
myš -i mouse
seno hay
pšenice wheat
žito rye
řepa beet
chmel -u/e hops
vinná réva vine
vinice vineyard
obilí corn, grain
traktor tractor
kombajn combine harvester
pluh plough
kosa scythe
srp sickle
rýč spade
hnůj – hnoje dung
hnojivo manure, fertiliser
semeno -a/e seed
plevel -e/u weeds
žně -í *f pl.* harvest (*time*)
sklizeň -zně *f* harvest, harvesting
úroda crop(s)
zabijačka pig-slaughtering feast
orat – orá/oře – oral>z- plough
sít – seje – sel/sil>za-, na-, vy- sow
sázet, *3rd pers. pl.* **-ejí>za-, na-, vy-** plant
plít – pleje – plel>vy- weed
žnout – žne – žal>po- reap, mow
sekat>po- cut, reap, mow
kosit>po- cut, reap, mow, scythe
sklidit<sklízet to harvest

PERSONAL NAMES

Non-obvious English equivalents are shown where relevant, and a sample of familiar forms has been added in brackets. Names with the element **Miro-/-mír** may have familiar forms **Mirek, Míra, Mirka**, *etc.*; Names with **Milo-/-mil** may have **Milek, Míla, Milka**; names with **Bohu-** may have **Bohuš, Boža**; names with **-slav** may have **Slávek, Sláva, Slávka**.

MALE: **Alexandr (Sáša), Antonín (Tonda, Toník), Bohumil, Bohumír, Bohuslav, Břetislav (Břeťa), Čeněk** Vincent, **Dalibor (Borek, Libor), Eduard (Eda), Emil, Ferdinand (Ferda), František** Francis, Franz **(Franta, Fráňa, Fanda), Hynek** Ignatius, **Ivan, Jakub** James **(Kuba), Jan** John **(Jeník, Honza, Honzík, Jenda), Jaromír (Jarda, Jára), Jaroslav (Jarda, Jára), Jindřich** Henry **(Jindra), Jiří** George **(Jirka), Josef (Pepa, Pepík), Karel** Charles **(Karlík), Ladislav (Láďa), Libor/Lubor (Borek), Lubomír (Luba), Ludvík** Lewis **(Luděk), Lukáš** Luke, **Marek** Mark, **Martin, Matěj** Matthew, **Michal (Míša), Milan, Miloslav, Miloš, Miroslav, Mojmír, Oldřich** Ulrich **(Olda), Ondřej** Andrew **(Ondra), Otakar (Ota), Pavel** Paul **(Pavlík), Petr (Péťa, Petřík), Přemysl, Radomír (Radek), Rostislav (Rosťa), Řehoř** Gregory, **Stanislav (Stáňa, Standa), Svatopluk (Sváťa, Svatek), Šimon (Šimek), Štěpán** Stephen, **Tomáš** Thomas, **Václav (Váša, Vašek, Vaněk), Vilém** William **(Vilda), Vítězslav (Víťa, Vítek), Vladimír (Vláďa), Vladislav (Vláďa), Vlastimil (Vlasta), Vlastislav (Vlasta), Vojtěch** Adalbert **(Vojta), Vratislav (Vráťa), Zbyněk, Zdeněk (Zdena)**.

FEMALE: **Alena (Alenka, Lenka), Alžběta** Elizabeth **(Eliška, Líza, Běta), Anna (Anička, Andulka, Anka, Anča), Barbora (Bára, Barka, Baruška), Blanka, Bohdana, Bohumila, Božena (Božka, Boženka), Daniela (Dana), Drahomíra, Elena, Eva (Evička, Evinka, Evka), Hana, Irena, Ivana, Jana, Jarmila, Jiřina, Jitka** Judith, **Julie, Karolina, Kateřina (Katka, Káťa, Káča), Klára, Lidmila/Ludmila (Lída), Lucie (Lucka, Lucinka), Magdalena (Magda, Madla, Madlena, Léna, Lenka), Marcela, Marie (Máňa, Mařenka, Maruška, Máša), Milada, Milena, Naděžda (Naďa), Olga (Olinka), Petra (Petruška), Renata, Růžena** Rose, **Soňa, Sylvie, Šárka, Taťána (Táňa), Tereza, Vendula (Vendulka), Věra, Vlasta, Zdeňka/Zdenka, Zuzana** Susan(na) **(Zuzka), Žofie** Sophia **(Žofka)**.

Reference Section

VERBS

Forms given in the order: infinitive, present tense, present participle active, imperative, past tense, past participle passive and verbal noun.

5 dělat:	dělám děláš dělá děláme děláte dělají, dělající, dělej!, dělal, dělán(í)
4 trpět	trpím trpíš trpí trpíme trpíte trpí, trpící, trp!, trpěl, trpěn(í)
přicházet:	přicházím . . . přicházejí, přicházející, přicházej!, přicházel, přicházení
prosit:	prosím prosíš prosí prosíme prosíte prosí, prosící, pros!, prosil, prošen(í)
3 kupovat:	kupuji(-u) kupuješ kupuje kupujeme kupujete kupují(-ou), kupující, kupuj!,kupoval, kupován(í)
2 tisknout:	tisknu tiskneš tiskne tiskneme tisknete tisknou, tisknoucí, tiskni!, tiskl, tisknut(í)/-tištěn(í)
plynout:	plynu . . ., plynoucí, plyň!, plynul, plynutí
1 chápat:	chápu chápeš chápe chápeme chápete chápou, chápající, chápej!, chápal, chápán(í)

Infinitive:

In older writing **-ti** is found (e.g. **dělati**, **trpěti**, *etc.*).

Present Tense:

In colloquial speech 1st pers. pl. forms in **-em** are found instead of **-eme** (e.g. **kupujem**) and all Class 4 verbs may have 3rd pers. pl. **-ejí/ějí**, often spelt and pronounced **-ej/ěj** (e.g. **prosej**, **trpěj**).

In formal style, Class 1 verbs ending in **-at** sometimes have 1st pers. sg. **-i** and 3rd pers. pl. **-í** after a soft consonant (e.g. **ukáži/ukážu**, **ukáží/ukážou**, similarly **píši/píšu**, **píší/píšou**).

Past Tense:

Verbs like **tisknout** sometimes have m sg. forms in **-nul**, either for ease of pronunciation, or as colloquial variants (e.g. **blbnul**). A final **-l** may be dropped colloquially after a consonant (e.g. **tisk** for **tiskl**, but **tiskla** *etc.*).

Present Participle:

Note that Class 1 verbs ending in **-at** often form this participle in the manner of Class 5 verbs (e.g. **chápající**, as in the table).

Imperative:

Similarly, Class 1 verbs ending in **-at** often form imperatives in the manner of Class 5 verbs (e.g. **chápej!**, as in the table).

Some verbs with a long vowel may have the ending **-i** without vowel shortening (e.g. **prohloubit**: **prohlub!** or **prohloubi!** 'deepen!').

Emphatic imperatives with **-ž** added are now obsolete, except for **budiž** 'so be it, all right, OK'.

Monosyllabic Verbs

Forms are given in the same order as in the previous table, without the present participle active and imperative unless irregular. Only the 3rd pers. sg. present tense is given in most cases.

Note that after syllabic prefixes **-át** shortens to **-at** (unless the past tense is in **-ál**, eg Class 3) and verbal nouns in **-aní** lengthen to **-ání**. Thus **ptát se** and **ptaní** give pf. **zeptat se** and **zeptání**.

-át:	5	počkat: počká, počkal, počkání	wait (*pf.*)
		dát: dá, dal, dán(í)	give (*pf.*)
		ptát se: ptá, ptal, ptaní	ask
		potkat: potká, potkal, potkán(í)	meet (*pf.*)
		zdát se: zdá, zdál (NB), zdání	seem
		znát: zná, znal, znán(í)	know
	4	spát: spí, spal, spaní	sleep
		bát se: bojí, bál, bání	fear
		stát: stojí, stál, stání	stand, cost
		(NB *see also* 2 **stát se**)	
	3	hrát: hraje, hrál, hrán, hraní	play
		přát: přeje, přál, přán(í)	wish
		smát se: směje, smál, smání	laugh
	2	stát se: stane, stal	happen, become (*pf.*)
		dostat: dostane, dostal, dostání	get (*pf.*)
		(and **zůstat** stay *pf.*, **přestat** stop, cease *pf.*)	
	1	brát: bere, bral, brán, braní	take
		hnát: žene (NB), hnal, hnán, hnaní	chase, drive
		lhát: lže, lhal, lhaní	lie, tell lies
		psát: píše, psal, psán, psaní	write
		řvát: řve, řval, řvaní	roar
		poslat: pošle, poslal, poslán(í)	send (*pf.*)
		zvát: zve, zval, zván, zvaní	invite, call
-et:	4	smět: smí (*3rd pers. pl.* smějí), směl	be allowed, may
	3	chvět se: chvěje, chvěl, chvění	tremble
	1	jet: jede, jel, jetí	ride, go
-ít:	5	mít: má, měj!, měl, k mání	have
	4	snít: sní, snil, snění	dream
		znít: zní, zněl, znění	sound
	3	bít: bije, bil, bit(í)	beat, hit
		dít se: děje, děl, dění	happen, go on

		lít: lije/leje, lil, lit(í)	pour
		pít: pije, pil, pit(í)	drink
		žít: žije, žil, žit(í)	live
	2	začít: začne, začal, začat, začetí	begin (*pf.*)
		vzít: vezme/*veme, vzal, vzat, vzetí	take (*pf.*)
	1	jít: jde, šel/šla, jití	go, walk
		mlít: mele, mlel, mlet(í)	grind
		-řít:	
		zavřít: zavře, zavři! zavř(e)te!, zavřel, zavřen(í)	close (*pf.*)
-out:	3	plout: pluje, plul, plutí	float, sail
	2	přijmout: přijme, přijal, přijat, přijetí	receive (*pf.*)
		-nout:	
		hnout: hne, hnul, hnut(í)	move (*pf.*)
		dotknout se: dotkne, dotkl, dotknut(í)/dotčen(í)	touch (*pf.*)
		zapnout: zapne, zapnul/zapjal, zapnut/zapjat, zapnutí/zapětí	switch on, fasten (*pf.*)
-ýt:	3	krýt: kryje, kryl, kryt(í)	cover
		mýt: myje, myl, myt(í)	wash
-st:	1	číst: čte, četl/čtla/četla, čten(í)	read
		klást: klade, kladl, kladen(í)	put, lay
		nést: nese, nesl, nesen(í)	carry
		plést: plete, pletl, pleten(í)	knit, confuse
		růst: roste, rostl, *for vb. noun use* růst-u	grow
		třást: třese, třásl, třesen(í)	shake
		vést: vede, vedl, veden(í)	lead
-zt:	2	nalézt: nalezne, nalezl, nalezen(í) (*but see* lézt *below*)	find (*pf.*)
	1	lézt: leze, lezl, lezení	creep, climb
		vézt: veze, vezl, vezen(í)	convey

-ci:	(*colloquially* **-ct**)	
2	**říci: řekne, řekl, řečen**	say (*pf.*)
1	**moci: mohu/můžu můžeš . . .**	can, be able
	mohou/můžou, mohl; po-moz!,	
	po-moženo (help-ed)	
	péci: peče, pekoucí (*from old 1st*	bake
	pers. sg. **peku,** *3rd pers. pl.*	
	pekou), **pekl, pečen(í)**	
	téci: teče, tekoucí (*old* **teku, tekou**),	flow
	tekl, tečení	
	vléci: vleče, vlekoucí (*old* **vleku,**	pull, drag
	vlekou), **vlekl, vlečen(í)**	

The following have irregular present tenses:

být:	**jsem jsi/*jseš je** (*neg.* **není**)	
	jsme jste jsou, jsoucí, buď!, byl, bytí	
	future: **budu budeš bude**	
	budeme budete budou	be
	compounds eg:	
	zbýt: zbude/*zbyde, zbyl, zbytí	be left
chtít:	**chci chceš chce**	
	chceme chcete chtějí, chtějící, chtěj!, chtěl,	
	chtěn(í)	want
jíst:	**jím jíš jí**	
	jíme jíte jedí, jedoucí, jez!, jedl, jeden(í)	eat
	pf. **sníst: sní, snědl,** *etc.*	
vědět:	**vím víš ví**	
	víme víte vědí, vědoucí, věz!, věděl, vědění	know
NB also:		
vidět:	**vidí, vidoucí, viz!** (*usually* **podívej se!**), **viděl,**	
	viděn(í)	see

The above lists include verbs introduced in the texts (in basic forms or compounds) along with a few more to illustrate the range of types encountered.

NOUNS

Singular Nouns

Standard types are shown in block capitals. Only nouns ending in **-a** or a consonant have a vocative different from the nominative.

	Nom.; Acc.	Gen.	Dat.; Loc.	Ins.	Voc.
1st: *f* *ma*	ŽENA; -u táta; -u	-y	-ě *ma* -ovi	-ou	-o!
2nd: *ma* *mi* *n*	PÁN;-a HRAD MĚSTO	-a -u -a	-ovi] -u; -ě/u	-em	pan-e!
3rd: *ma* *mi* *n* *f*	MUŽ;-e soudce KLÍČ moře LEKCE; -i skříň	-e	-i	-em *f* -í	-i!
4th: *f*	RADOST	-i	-i	-í	-i!
5th: *n*	NÁMĚSTÍ	-í	-í	-ím	
mixed n	kotě	-ěte	-ěti	-ětem	

Variants:

gen.: **les – lesa** (*some mi*), **Láďa – Ládi** (*soft cons.*).

dat./loc.: **Janu Novákovi** (*phrases*), **muži/mužovi, Benešovi** (*names*); cons. changes **g/h→z, ch→š, k→c** and **r→ř** before *dat./loc.* **-e,** e.g. **Praha – Praze.**

voc.: **Petr – Petře!** (**r→ř** after cons.), **kluk – kluku!** (after **g/h, ch, k**), **chlapec – chlapče!** (**-ec**).

Plural Nouns

Standard types in block capitals. Vocative = nominative.

1st: *f*	*Nom.*; *Acc.* ŽENY	*Gen.* žen	*Dat.*; *Loc.* -ám; -ách	*Ins.* -ami
2nd: *ma*	PÁNI; -y tátové; -y	] -ů	-ům; -ech	-y
mi	HRADY			
n	MĚSTA	měst		
3rd: *ma*	MUŽI; -e soudci; -e	] -ů	-ům; -ích	-i
mi	KLÍČE			
n	moře	] í	-ím; -ích	
f	LEKCE skříně			*f* -emi
4th: *f*	RADOSTI	-í	-em; -ech	-mi
5th: *n*	NÁMĚSTÍ	-í	-ím; -ích	-ími
mixed n	koťata	koťat	-atům; -atech	-aty

Variants:

nom.:	some *ma* -ové, -é (páni/pánové, učitelé); cons. changes h→z, ch→š, k→c and r→ř before *ma* -i, e.g. kluk – kluci.
gen.:	ulice – ulic, přítelkyně – přítelkyň, letiště – letišť (-ice, -yně, -iště).
loc.:	*m* -ích after g/h→z, ch→š, k→c, e.g. o klucích; *n* -ách after g/h, ch, k, e.g. vajíčkách (*coll. m* *klukách).
ins.:	*coll.* *ženama, *pánama *etc.* (1st/2nd), *klíčema *etc.* (3rd), *radostma, *náměstíma, *koťatama.
dat./loc./ins.:	some 4th like 3rd if not in -ost (noc – nocím, nocích, nocemi).

ADJECTIVES

The numbers alongside the cases refer to the standard Czech names for the cases, e.g. **první pád** 'first case' = nominative, **druhý pád** 'second case' = genitive, etc.

sg.	m/n	f
1 *nom.*	ten první dobrý pán to první dobré auto	ta první dobrá žena
4 *acc.*	= *nom./gen.*	tu první dobrou ženu
2 *gen.*	toho prvního dobrého pána	té první dobré ženy
3 *dat.*	tomu prvnímu dobrému pánovi	té první dobré ženě
6 *loc.*	o tom prvním dobrém pánovi	o té první dobré ženě
7 *ins.*	tím prvním dobrým pánem	tou první dobrou ženou

pl.		
1 *nom./* 4 *acc.*	ti první dobří páni ty první dobré pány, hrady, ženy ta první dobrá auta	
2 *gen.*	těch prvních dobrých pánů, *etc.*	
3 *dat.*	těm prvním dobrým pánům	
6 *loc.*	o těch prvních dobrých pánech	
7 *ins.*	těmi prvními dobrými púny	

(5 *voc. sg./pl.* = *nom. sg./pl.*)

Remember the consonant changes in the *ma nom. pl.* (**dobří, čeští, angličtí,** *etc.*): **g/h→z, ch→š, k→c, r→ř, ck→čť, sk→šť.**

Jeden, jedno, jedna 'one' declines like **ten**, as does **onen, ono, ona** 'that, the said' (**onoho, onomu,** *etc.*)

For colloquial endings of hard adjectives and instrumental plural see Colloquial Czech section.

PREPOSITIONS

Here are some basic meanings of the most common prepositions. For the full range you will need to consult a dictionary.

+*acc.*: **pro**   'for'   Uděláš to pro mě?
                   'to fetch, for'   Šel pro mléko.
         přes 'across'   Šel přes ulici.
                   'more than'   Je mu přes padesát.
                   'in spite of'   Přes to ještě kouří.
(some others take the accusative in certain senses, esp. for motion,
   see below)

+*gen.*: **bez** 'without'   Pije čaj bez mléka.
         do   'into, to'   Jde do pokoje.
                   'until, up to'   Jsem tu do ledna.
         od   'from, away from'   Jde od řeky.
                                            Ten dárek je od vás?
         u   'at, near, by'   Sedí u okna.
                   'at -'s (house)'   Bydlí u matky.
         z   'out of'   Vychází z pokoje.
                   'off, down from'   Kniha spadla ze/se stolu.
                   (also **s** +*gen.* in this
                      sense)
+*dat.*: **k**   'to, towards'   Jde k řece.
                                            Došli k řece.
                   'to -'s (house)'   Jde k matce.
         proti 'against'   Nejsem proti televizi.
                   'opposite'   Bydlí proti mně.

+*loc.*: **v**   'in'   Sedí v kavárně.
                   +*acc.*: abstract sense of   Zákon   vstupuje   v
                      'into'   platnost.
                                            but: Ivan vstupuje do
                                               pokoje.
         na   'on'   Ivan leží na podlaze.
                   +*acc.*: motion 'on to' Kniha   spadla   na
                                               podlahu.
                   +*acc.*: 'for' (purpose, Sklenice na víno.
                      intended time)   Je tady jenom na týden.
         o   'about' (subject)   Mluví o Praze.
                   +*acc.*: difference 'by' Je o dva roky starší.
                   +*acc.*: lean 'against', on' Opírá se o stůl.
         po   'after'   Po večeři jde spát.

	'along, over, about'	**Jde po ulici, po ulicích.**
		Cestuje po Evropě.
	+*acc*.: 'up to'	**Voda je mu po kolena.**
při	'at, beside'	**Sedí při okně** (= **hned u okna**).

+*ins*.:	**mezi**	'between'	**Stojí mezi oknem a stolem.**
		'among'	**Stojí mezi nimi.**
		+*acc*.: motion	**Spadl mezi židle.**
	nad	'above, over'	**Bydlí nad námi.**
		+*acc*.: motion	**Nad stůl dal fotografii otce.**
	pod	'under, below'	**Bydlí pod námi.**
		+*acc*.: motion	**Spadl pod stůl.**
	před	'before'	**Bydlel tu před válkou.**
		'. . . ago'	**Přijel před pěti lety.**
		'in front of'	**Čeká před domem.**
		+*acc*.: motion	**Vychází před dům**
	za	'behind, beyond'	**Sedí za stromem.**
		+*acc*.: motion	**Běží za strom.**
		+*acc*.: 'for' (payment, exchange)	**Koupil to za pět korun.**
		+*acc*.: 'in' (at the end of a certain time)	**Přijde za hodinu.**
		+*gen*.: 'during'	**Za války byl v Anglii.**
	s	'with, along with'	**Jde s Janou do kina.**
		+*gen*.: see **z** above	
		+*acc*.: phrase **s to** 'up to'	**Nejsem s to dokončit tu práci.** I am not up to finishing this work.

Prepositions **k, s, v, z** become **ke, se, ve, ze** before the same consonant or its voiced/voiceless pair, e.g.:
ke koruně, se sestrou, se Zinou, ve vodě, ze sebe.
They do the same before **mě, mně, mne, mnou** 'me' and many consonant groups (making for greater ease of pronunciation):
ke mně, se mnou, ve mně, ze mě, ve středu, ve čtvrtek, ze školy (**k** also has the occasional form **ku**, e.g. **ku Praze**).

Other prepositions above ending in a consonant may sometimes add **-e**, e.g.:
beze mě, nade mnou, ode mě, přede mnou, beze slova (but **před školou**, *etc.*).

Verb prefixes add **-e** in the same way (and before **-jít**):
zeptat se, sehnat, vejít, sejít, odejít.

Pronouns **něj** 'him, it' and **co** 'what' may contract to **-ň** and **-č** after these prepositions:
na – naň/nač, o – oň/oč, v – veň/več, za – zaň/zač, pro – proň/proč, do – doň/doč.

The prepositions listed above are basic, but there are a good number of others, amongst which you should especially note:

+*acc.*: **mimo** 'past, outside, except', **ob** 'every other', **skrz** 'through'

+*gen.*: **během** 'during, in the course of', **blízko/poblíž** 'near', **daleko od** 'far from', **nedaleko** 'not far from', **kolem/okolo** 'around, past', **kromě** 'except', **místo** 'instead of', **na rozdíl od** 'unlike, as distinct from', **podél/podle** 'along, alongside', **podle/dle** 'according to', **pomocí** 'by means of, with the help/aid of', **uprostřed** 'in the middle of', **vedle** 'beside(s), next to'

+*dat.*: **kvůli** 'for the sake of', **vzhledem k** 'in view of', **díky** 'thanks to', **oproti/proti** 'compared with', **navzdory** 'in spite of', **vůči** 'vis-à-vis, towards'

INTERROGATIVES AND RELATIVES

Interrogatives and relatives are given in one list, as they are often the same words.

co	what?	**Co je to? Víš, co to je?**
	that, what, which	**Říkej všechno, co umíš.**
		(no noun antecedent)
	who, which, that	**To je ten kluk, co tu byl včera.**
		(colloquial for **který**)
což	which	**Nerad pracuje, což mě nepřekvapuje.**
		(refers to whole clause)

čí	whose?	Čí je to kabát? Víš, čí je to kabát.
	(he) whose	Čí chleba jíš, toho píseň zpívej.
		(saying)
		(no noun antecedent)
jak	how? how!	Jak se to dělá? Nevím, jak se to dělá.
		Jak dlouho tu budeš? Jak ten čas letí!
	as	Jak řekli, tak udělali.
	who etc.	Ten člověk, jak jsem ti o něm vyprávěl.
		(colloquial)
jaký	what kind/sort of? what a!	Jaké máš auto? Jaké překvapení!
	the like of which	To je přítel, jakých je málo.
jehož, jejíž, jejichž	whose (relat.)	To je člověk, jehož mínění si vážím.
jenž	who, which (relat., = který)	To je problém, jenž musí být řešen. Situace, v níž jsme se octli, byla nebezpečná.
kam	where to?	Kam jdeš?
	where to (relat.)	Chodím si, kam chci.
kde	where?	Kde jsi byl? Nevím, kde je.
	where (relat.)	To je dům, kde jsem se narodil.
kdo	who?	Kdo je to? Nevím, kdo to je.
	(he) who	Může přijít, kdo chce. (no noun antecedent)
kdy	when?	Kdy ses narodil?
	when (relat. after time word)	Nastal okamžik, kdy se musíme rozhodnout.
	whenever	Přijde, kdy se mu to hodí.
NB když	when (conj.)	Když přišel, ostatní už odešli.
kolik	how many?	Kolik tam bylo lidí?
	how much?	Kolik to stojí?
	as (after tolik 'as much')	Nemá tolik peněz, kolik by chtěl.
kterak	= jak (formal)	Kterak to mám vědět?
který	which?	Kterou knihu si mám vybrat?

	who, which, that (relat.)	**Čtu knihu, která se mi nelíbí. To je ten člověk, o kterém jsem ti vyprávěl.**
kudy	which way?	**Kudy mám jít?**
	by which	**Hledali cestu, kudy šli.**
načež	whereupon	**Šel ven, načež začalo pršet.**
oč	= o co	**Oč (O co) jde?** What's this about? What's the matter?
odkud	from where?	**Odkud jsi?**
	from whence	**Vrátil se, odkud přišel.**
proč	why?	**Proč to děláš?**
	why	**To je příčina, proč to udělal.**
zda,	emphatic or	**Zdalipak se na mě pamatuješ?**
zdali,	explicit	
zdalipak	question	

Some of the interrogatives may be used with the idea of 'some', 'any-' without adding **ně-**, where this usage is not ambiguous:

Má co jíst.	He has something (*enough*) to eat.
Vezmi si kabát, máš-li jaký.	Put on your coat, if you have any ('any such kind of thing').
Nemá kam jít.	He has nowhere to go (*not anywhere*).
Nečekal jsem, že tam kdy pojedu.	I did not expect I would ever (*at some, any time*) go there.

The main prefixes and suffixes used to form other words from interrogatives are:

ně-	'some-'	**něco** 'something', **někdo** 'someone', *etc.*
ni-	'no-'	**nic** 'nothing', **nikdo** 'no-one', **nikdy** 'never'
bůhví-	'God knows'	**bůhvíco** 'God knows what'
kde-	'any old, any . . . whatever'	**kdekdo** 'any old person'
kdoví-	'who knows'	**Kdovíproč to udělal.**
lec-	'various'	**leckde** 'here and there, in various

leda-		places'
		leccos/ledacos 'this and that, various things'
-pak	emphatic	**Kdopak to byl?** Just who was it?
-si	some, a certain	**Cosi** 'something, some particular thing'
		kdysi 'once, at one time'
sotva-	scarcely	**sotvakdo** 'scarcely anyone'
zřídka-	rarely, scarcely	**zřídkakdo** 'hardly anyone'
málo-	few	**málokdo** 'few people'
-koli(v)	any, any you like	**cokoli(v)** 'anything'
		kdykoli(v) 'any time'

CONJUNCTIONS

a	and	**Petr a Ivan. Jedli a pili.**
aby	in order to	**Šel domů, aby se umyl.**
	to	**Řekl mu, aby šel domů.**
ač(koli)	although	**Šel ven, ač(koli) pršelo.**
ale	but	**Petr je tady, ale Jarmila je doma.**
anebo	or	**Chceš kávu, anebo čaj?**
ani	nor	**Nejedl ani nepil.**
ani . . . ani	neither . . . nor	**Nemám ani čas ani chuť.**
aniž	without, although . . . not	**Šel tam, aniž byl pozván.**
ať	to (= aby, after verbs of telling: indirect imperative)	**Řekni mu, ať mi zavolá** (= aby mi zavolal).
ať . . . ať	whether . . . or	**Ať mladí ať staří, všichni se smáli.**
avšak	however, but	**Šel, avšak nedošel.**
až	until	**Počkám, až přijdeš.**
	when	**Až přijde, půjdeme ven.**
buď . . . anebo	either . . . or	**Buď mu zavolej, anebo napiš.**
co	(ever) since	**Co ho znám, je stále stejný.**
	bookish = **jako** 'as'	**Vrátil se domů co (jako) vítěz.**

od té doby, co	since	Od té doby, co se stal učitelem, je stále smutný.
po celou dobu, co	all the time	Po celou dobu, co psal, venku pršelo.
či	or	Půjdeme ven, či (anebo) zůstaneme doma?
čili	or (in other words)	Kvasnice čili (neboli) droždí. 'Yeast or barm'
dokud	while (still)	Rozhodni se, dokud je čas.
dokud . . . ne	as long as . . . not, until	Dokud nezavoláš, nepřijdu.
i	and, and also	Smál se i plakal.
i . . . i	both . . . and	Dovedli se i učit i bavit.
i když	even if, although	Přijdu, i když nemám čas.
i kdyby	even if	Přišel bych, i kdybych neměl čas.
jak	how	Vyprávěla, jak zmeškala vlak.
	as soon as, when	Přijdu, jak budu hotov.
	if (coll.)	Jak budeš zlobit, nepůjdeš nikam.
jak . . . tak	both . . . and	Vynikal jak nadáním, tak houževnatostí.
jakmile	as soon as	Jakmile zavoláš, přijdu.
jako	as	Je asi tak velký jako já.
	like	Vypadá jako starý kůň.
jako by	as if	Chová se, jako by tu byl doma.
jakoby	as if (not introducing a clause)	Choval se jakoby lhostejně.
jednak . . . jednak	for one thing . . . for another	Jednak nemám čas, jednak nemám peníze.
jelikož	since, because	Jelikož byl nemocen, nemohl přijít.
jen co	as soon as (future)	Přijdu, jen co to napíšu.
jenže, jenomže	only	Je to hezké, jenomže pro nás moc drahé.
jestli(že)	if	Jestli(že) máš čas, přijď.
jestli	if, whether	Ptal se, jestli s nimi půjdu.
jinak	otherwise	Udělej to, jinak se budu zlobit.
kdežto	whereas	Ráda plavala, kdežto on se

vždycky bál.

kdyby	if	Přišel bych, kdybych měl čas.
kdykoli(v)	whenever	Kdykoli přijel do Prahy, vždycky šel do Národního divadla.
když	when	Když se vrátil, všichni už odešli.
	if	Přijdu, když budu mít čas.
-li	if, whether	Ptal se, půjdu-li s nimi.
	if	Máš-li čas, přijď.
mezitímco	while	Mezitímco psala dopis, uvařil jí čaj.
nebo	or	Chceš kávu, nebo čaj?
		Řekni to tatínkovi nebo mamince.
		Četli jsme nebo poslouchali rádio.
neboli	or (*in other words*)	Droždí neboli kvasnice.
neboť	for	Nevycházel, neboť se necítil zdráv.
než	than	Petr je větší než já.
	except, but	Nezbývá mu než se vrátit.
		To nemají nikde jinde než v Brně.
	before	Než přijela sanitka, byl mrtev.
	until	Zůstal na nástupišti, než odjel vlak (dokud neodjel vlak).
pokud	as long as	Pokud měl peníze, utrácel.
	as far as	Pokud vím, není tady.
poněvadž	because, since	Vrátil se, poněvadž zmeškal vlak.
proto	so	Nemám čas, (a) proto nepřijdu.
protože	because	Chce pít, protože má žízeň.
přestože	in spite of the fact that, although	Bylo zima, přestože svítilo slunce.
. . . sice . . . ale/ avšak	although . . . but, albeit . . . however	Přišel sice, ale pozdě.
sice	otherwise	Přijď, sice (jinak) se budu zlobit.
a sice	that is to say, more precisely	Odjede až večer, a sice v šest hodin.

sotva(že)	scarcely	Sotva jsme odešli, přišla návštěva.
tak, a tak	(and) so	Bál se, tak (a tak, a proto) si zpíval.
takže	so that	Pršelo, takže jsme nemohli jít ven.
tedy, a tedy	so, i.e.	Mlčí, tedy souhlasí.
třeba(že)	though, even though	Šel pěšky, třebaže ho bolely nohy.
tudíž	so, hence	Byl starý, tudíž (tedy) dobře neviděl.
. . . však	however, but	Chtěl nás navštívit, nepřijel však.
však	after all	Nediv se, však (vždyť) ho znáš.
vždyť	after all, I mean	Mluv pomalu, vždyť ti nerozumím.
zatímco	while	Zatímco jsme spali, vypukl požár.
	whereas	Ráda plavala, zatímco (kdežto) on se vždycky slunil.
zda(li)	if, whether	Víš, zda přijde?
že	that	Řekl mi, že přijde.
		Byl tak překvapen, že nemohl mluvit.
	because	Že mu nebylo dobře, zůstal doma.

VOWEL AND CONSONANT ALTERNATIONS

We have already met alternations of long and short vowels in the grammar sections of this course: dům – domu, být – byl, etc. The same alternations occur in word formation:

á↔a: láska 'love', laskavý 'kind, loving'
é↔e: jméno 'name', jmenovat 'to name'
í↔i: kniha 'book', knížka 'little book'
í↔e/ě: svítit 'to shine', světlo 'light'; dítě 'a child', děti 'children'; dívka 'girl', děvče 'girl'; hledat 'to look for', hlídat 'to watch, guard'; jezdit 'to ride, go', jízda 'a ride', jízdenka 'a travel ticket'

ou↔u: koupit 'to buy' (*pf.*), kupovat 'to buy' (*impf.*); kus 'a piece', kousek 'a little piece'

ú↔u: učesat 'to comb' (*pf.*), účes 'hairdo, hairstyle'

ů↔o: dům – domu 'house', doma 'at home'; hrozný 'terrible', hrůza 'horror'; můj – moje 'my'

ý↔y: být – byl 'to be, was', byt 'a flat', jazyk 'tongue, language', jazýček 'little tongue, tongue as a dish'

Prefixes na-, pro-, při-, u-, vy- and za- appear in some words with lengthened vowels, e.g. náhoda 'chance', průvodce 'guide', příklad 'example', účinný 'effective', výhoda 'advantage', zájem 'interest', závidět 'envy' (but not often in verbs).

The vowel -e- may be inserted: kapsa 'pocket' (*gen. pl.* kapes), kapesní 'pocket-' *adj.*, kapesník 'handkerchief', barva 'colour' (*gen. pl.* barev), barevný 'coloured'.

Sometimes colloquial forms of long vowels may be found in standard forms of individual words, e.g. okno 'window', *dim.* okénko or okýnko, kámen 'stone', *dim.* kamének or kamínek, polévka or polívka 'soup', brejle or brýle 'spectacles', ucho 'ear', *dim.* ouško.

Finally, another alternation worth noting is a/á with e/ě and í, e.g. Jan 'John' (*voc.* Jene/Jane!), Jeník 'Johnny'; úřad 'office', úřední 'official', vyřídit 'arrange' (*pf.*); pět 'five', pátý 'fifth'; devět – devíti 'nine', devátý 'ninth'.

A number of consonants also alternate in word formation. Most of the alternations will already be familiar to you from the grammar. I omit the obvious alternations of d→ď, t→ť, n→ň, and r→ř.

g/h→ž: jih 'south', jižní 'southern'; kniha 'book', knížka 'little book'; soudruh 'comrade', soudružka 'comrade' *f*; Praha 'Prague', pražský 'Prague, of Prague' *adj.*

k→č: park 'park', parčík 'little park'; ruka 'hand', ruční 'hand-' *adj.*, ručník 'towel, hand-towel'

ch→š: strach 'fear', strašný 'fearful, awful'; suchý 'dry', sušenka 'biscuit'; prach 'powder', Prašná brána 'the Powder Tower (*lit.* gate)'

c→č: ulice 'street', ulička 'little street', uliční 'street-' *adj.*; noc 'night', noční 'nocturnal'; konec 'end', konečný 'final'

d→z: narodit se 'be born', narození 'birth' *vb. noun*, narozeniny *f pl* 'birthday'; chodit 'to walk', chůze 'gait, walk(ing)'

t→c:	psát 'to write', psací 'writing-, for writing' *adj*.
s→š:	vysoký 'tall, high', výše 'height'
z→ž:	vozit 'cart, convey, carry', přivážet 'bring'
sk→šť:	český 'Czech', čeština 'Czech language'
ck→čť:	anglický 'English', angličtina 'English language'

SUFFIXES

Some knowledge of the suffixes used in word formation (as well as the prefixes) will help you in building up your vocabulary and in recognising the meaning of new words.

Here are a few important noun suffixes:

MASCULINE:

-ák: agent nouns, bearers of qualities, inhabitants, etc.
divák 'spectator, onlooker', kuřák 'smoker', otvírák 'opener', chudák 'poor fellow', Pražák 'a Praguer' (*coll. for* Pražan), Eskymák 'Eskimo', květák 'cauliflower'

-áč, -ač,

-eč, -ič: agent nouns, esp. manual jobs, tools, instruments (vowel depends on verb class)
hráč 'player', prodavač 'salesman, shop assistant', nosič 'porter', řidič 'driver', kladeč 'layer (*e.g. of floors*)', otvírač (*or* otvírák) 'tin-/bottle-opener', vařič 'cooker', počítač 'computer', vysavač 'vacuum cleaner'

-an: inhabitants of countries and cities, *etc.*
Pražan 'a Praguer', Angličan 'Englishman', Američan 'an American', Moravan 'a Moravian', Evropan 'a European'

-ář, -ař: agent nouns
pekař 'baker', rybář 'fisherman', novinář 'journalist', lékař '(medical) doctor', čtenář 'reader', lhář 'liar'

-ce: agent nouns
vůdce 'leader', průvodce 'guide', soudce 'judge'

-čí: agent nouns (*adjectival*)
krejčí 'tailor', průvodčí 'ticket inspector, conductor'

-ec: agent nouns, bearers of qualities, members of nationalities
herec 'actor', knihkupec 'bookseller, bookmerchant', stařec 'old man', slepec 'blind man', zaměstnanec 'employee', Němec 'a German', Japonec 'a Japanese'

-(n)ík: agent nouns, bearers of qualities, things
pracovník 'worker', **dělník** '(manual) worker, member of working class', **básník** 'poet', **mladík** 'young man, a youth', **rychlík** 'express', **rohlík** 'a (crescent) roll'

-tel: agent nouns, esp. non-manual
učitel 'teacher', **ředitel** 'manager', **překladatel** 'translator'

FEMININE:

-ka: feminine gender equivalents of masculine animate nouns
kuřačka 'smoker', **Pražačka/Pražanka** 'a Praguer', **Angličanka** 'Englishwoman', **prodavačka** 'salesgirl', **novinářka** 'journalist', **čtenářka** 'reader', **herečka** 'actor', **Němka** 'a German woman', **Japonka** 'a Japanese woman', **učitelka** 'teacher', **Češka** 'a Czech'

-ina: languages, activities, etc.
čeština 'Czech', **angličtina** 'English', **ruština** 'Russian', **němčina** 'German', **francouzština** 'French', **latina** 'Latin', **řečtina** 'Greek', **dřina** 'drudgery'

-na: rooms, buildings, enclosed spaces
koupelna 'bathroom', **jídelna** 'dining room', **čekárna** 'waiting room', **knihovna** 'library', **továrna** 'factory'

-ná: some sports, games (adjectival)
kopaná (= **fotbal**) 'football', **odbíjená** (= **volejbal**) 'volleyball', **házená** 'handball'; similarly **košíková** (= **basketbal**) 'basketball'

-(n)ice: feminine equivalents, esp. from **-ník**
pracovnice 'worker', **dělnice** 'worker, working-class woman', **lvice** 'lioness' (from **lev** – **lva** 'lion')

-ost: qualities, cf English suffix '-ness'
radost 'joy, gladness', **hloupost** 'silliness', **slabost** 'weakness', **trpělivost** 'patience'

-(k)yně: some feminine equivalents (but **-ka** is the commonest)
žák; žákyně 'pupil', **přítel: přítelkyně** 'friend', **průvodce: průvodkyně** 'guide'

NEUTER:

-dlo: means, instruments, tools, *etc.*
mýdlo 'soap', **sedadlo** 'seat', **divadlo** 'theatre', **pravidlo**

    'rule', **letadlo** 'plane', **umývadlo** 'washbasin', **prostěradlo**
    'sheet'

-í, -oví: collective nouns
    listí 'leaves, foliage', **kvítí** 'flowers, blossom', **dříví** 'timber,
    wood', **kamení** 'stones', **uhlí** 'coal', **stromoví** 'trees, group
    of trees', **křoví** 'shrubbery, bushes'

-isko: points
    hledisko 'point of view', **stanovisko** 'standpoint', **ohnisko**
    'focus' (**oheň** – **ohně** 'fire')

-iště: open place, site
    hřiště 'playground, playing field', **letiště** 'airport', **praco-**
    viště 'workplace', **parkoviště** 'parking lot, carpark'

-ivo: materials for a purpose, collective nouns
    topivo 'fuel (for heating)', **palivo** 'fuel (for burning)',
    pečivo 'bakery products (rolls, pastries, biscuits)'

-ní, -tí: verbal nouns and derived senses
    překvapení 'a surprise', **pití** 'drinking, (a) drink'

-ství,
-ctví: abstract qualities, professions, industries, shops, mostly
    with adjectives in **-ský, -cký**
    hrdinství 'heroism', **vlastenectví** 'patriotism', **bohatství**
    'wealth, riches', **pekařství** 'a bakery, baker's shop, the
    bakery profession' (but **pekárna** 'a bakery, bakehouse'),
    řeznictví 'the butchery trade, a butcher's shop' (**řezník**
    'butcher'), **novinářství** 'journalism', **strojírenství**
    'machine engineering' (**stroj** 'machine'), **knihkupectví**
    'bookshop', **zelinářství** 'greengrocery, a greengrocer's'
    (*or* **obchod se zeleninou**, *lit.* 'a shop with vegetables',
    zeleniny *f pl.* 'vegetables')

-stvo,
-ctvo: non-abstract collective nouns, esp. groups of people
    obyvatelstvo 'population' (**obyvatel** 'inhabitant'), **lidstvo**
    'humanity, mankind', **členstvo** 'the membership, the
    members' (**člen** 'member'), *but* **členství** 'membership,
    state of being a member' (*abstract quality*)

-tko: instrument, tool, esp. if small (dim. of **-dlo**)
    pravítko 'ruler', **razítko** '(date-) stamp, official stamp'

Adjectival suffixes include the following, some already discussed in the lessons:

-cí: function, from infinitives
  psací stroj 'a typewriter', **plnicí pero** 'a fountain pen'

-čí: from nouns in **-ce**, **-ec** (more often **-ecký**, *etc.*)
  vůdčí 'leading', often nouns, e.g. **mluvčí** 'spokesman'

-í: generic adjectives from animal words esp.
  čáp – čapí 'stork – a stork's', **pták – ptačí** 'bird – a bird's', also **dívčí** 'a girl's'

-ící,

-oucí: present participles, and derived senses
  překvapující 'surprising', **vedoucí** 'leading'

-lý: derived from past tense verb form in **-l**
  zestárlý 'aged', **zastaralý** 'antiquated', **zvadlý** 'withered'

-ní,

-ný: various
  lesní 'forest-', **literární** 'literary', **bolestný** 'painful', **silný** 'strong' (extremely common suffixes)

-ový: various, again extremely common suffix for deriving adjectives from nouns, gives sense of 'of'
  kovový 'metal, of metal, metallic' (**kov** 'metal'), **lidový** 'popular' (**lid -u** 'the people'), etc.

-ský,

-cký: also extremely common, typical nationality adjectives
  mužský 'male, masculine', **ženský** 'female, feminine' (**střední** 'middle, neuter'), **bratrský** 'fraternal', **fyzický** 'physical', **anglický** 'English', **český** 'Czech', **ruský** 'Russian', **německý** 'German', **francouzský** 'French', **americký** 'American'

-telný: '-able, -ible'
  srozumitelný 'comprehensible', **nečitelný** 'illegible', **pochopitelný** 'understandable'

-ův,

-in: possessives (see Lesson 19)

past participle passive in **-ný**, **-tý** (see Lesson 18)

Most adverbs are derived from adjectives using the suffixes **-e/ě**, **-o**, or (from **-ský**, **-cký**) **-y**: **dobře**, **inteligentně**, **jednoduše**, **hluboko**, **dlouho**, **lidsky**, **česky**, **anglicky**.

Verbs use the already familiar suffixes **-at**, **-et/ět**, **-it**, **-nout** (esp. for 'becoming'), **-ovat** (this suffix is particularly active in foreign borrowings and new formations):

červenat se 'turn red, blush', **slzet** 'weep, drop tears', **rybařit** 'be a fisherman', **blednout** 'turn pale', **organizovat** 'organise', **lyžovat** 'ski' (**lyže** *f pl.* 'skis'), *etc.*

Lastly, a good number of foreign suffixes are used in noun and adjective formation, such as **-ace** '-ation' (**agitace** 'agitation'), **-log** '-logist' (**archeolog, biolog**), **-logie** '-logy' (**archeologie, biologie**), **-ální** '-al' (**individuální**), **-ista** '-ist' (**materialista**) and **-ismus** '-ism' (**materialismus**). Most of these are easy to recognise, and you will pick them up with no difficulty.

Key to the Exercises

Lesson 1

1. (a) máte (b) děláte (c) nevidíte (d) hledáme (e) nemají (f) máme (g) jste (h) učí se (i) nejsou (j) nerozumíme.
2. mít, vidět, být, mít, učit se, čekat, vědět, snažit se.
3. hledám -áš -á -áme -áte -ají, vidím -íš -í -íme -íte -í, vím víš ví víme víte vědí, mám máš má máme máte mají, jsem jsi je jsme jste jsou, učím se -íš -í -íme -íte -í, dělám -áš -á -áme -áte -ají, prosím -íš -í -íme -íte -í, čekám -áš -á -áme -áte -ají.
4. (a) Dobře, děkuji. (b) Nevím. (c) Je tady. (d) Čeká na autobus. (e) Hledá klíč.
5. (a) Kde je Václavské náměstí? (b) Napravo. (c) Ne, nalevo. (d) Mluvíte velmi dobře česky. (e) Jsem student(ka). (f) Nejsem učitel(ka). (g) Máme auto. (h) Čekám tady půl hodiny. (i) Kde je tramvaj? (j) Máme štěstí, viď?

Lesson 2

1. (a) slovník (b) stará tužka, starou tužku (c) mladou ženu (d) pravdu (e) druhou lekci, druhá lekce (f) radost (g) staré město (h) schůzi (i) češtinu, češtinu.
2. (a) Dobře, děkuji. (b) Nevím. (c) Je tady. Nevidíš ho? (d) Hledá tužku. (e) Ano, má. (f) Ne, (já) nemám zkoušku.
3. (a) Ahoj! Dobrý den! (b) Je mladá? (c) Je Jana stará? (d) David je mladý. (e) Petr čeká. (f) Má schůzi. (g) Jak se máš? (h) Slovník tady není. (i) Mám Janu rád. (j) Lekce není hloupá. (k) Mám tužku. (l) Počasí je dobré. (m) Město je staré. (n) První lekce není těžká. (o) Jana je tady. (p) Jana tady není. (q) To je dobrá zkouška. (r) Děkuji.
4. zkouška f 1st, slovník m 2nd, čeština f 1st, schůze f 3rd, pravda f 1st, nádraží n 5th, večer m 2nd, zdraví n 5th, jméno n 2nd, čaj m 3rd, hloupost f 4th, koťátko n 2nd, tužka f 1st, země f

3rd, počasí n 5th, dopis m 2nd, ruka f 1st, kino n 2nd, restaurace f 3rd, koncert m 2nd, Praha f 1st, divadlo n 2nd, byt m 2nd, umění n 5th, galerie f 3rd (counts as -e), oběd m 2nd, pokoj m 3rd, ulice f 3rd, měsíc m 3rd.

Lesson 3

1. bydlíme – bydlet, chápeme – chápat, překvapujete – překvapovat, cítíte – cítit, píšou – psát, slyší – slyšet, umějí – umět, pláčete – plakat, smějete se – smát se, čteme – číst, jdete – jít, známe – znát, budou – být, učíme se – učit se, jmenujete se – jmenovat se, jsou – být, chtějí – chtít, můžeme – moci, tisknou – tisknout, připravují se – připravovat se, stárnou – stárnout, milují – milovat, potřebujeme – potřebovat.

2. Budu se smát, bude plakat, budeš číst, budou potřebovat, budete chtít, budeme znát, budou psát, budu bydlet, budete mluvit.

3. Jano, Evo, sestro, Davide, mladý pane, Petře, Karle, Karlíku, kluku, Miloši, slečno, chlapče, paní Novotná, pane profesore.

4. Černá, Nováková, Bílá, Kábrtová, Lorenová, Benešová, Palacká, Dvořáková, Smetanová.

5. (a) Jmenuji se John Smith. (b) Máte dopis. (c) Potřebuje pomoc. (d) Je pozdě. (e) To je překvapení! (f) Znáš Olgu? (g) Vaří čaj. (h) Připravujeme se na zkoušku. (i) Karel neposlouchá. (j) Můžeme se učit spolu. (k) Čte dál svůj dlouhý dopis. (l) Olga se zlobí. (m) Kam jdeš, Davide?

Lesson 4

1. chodí, jezdí, běháš, létáš, nosím, vodím, honí.

2. půjde, pojedete, budeme chodit, budeš jezdit, ponesou.

3. (a) do kina (b) do té nové restaurace (c) vedle divadla (d) do bytu (e) do toho malého parku (f) do kuchyně (g) od řeky (h) galerii moderního umění (i) na Annu Kábrtovou (j) bratra (k) Davida Novotného (l) toho malého českého studenta (m) otce (n) do hospody (o) bez zahrady (p) do klubu (q) chrám svatého Víta.

4. (a) malou sestru (b) malého bratra (c) ten malý klíč (d) malé kino (e) malou zahradu.
5. (a) Ne, nechci. (b) Vedle divadla. (c) Jdu domů. (d) Ano, mám. (e) Dívám se na televizi. (f) Ano, studuji češtinu. (g) Ne, nemám rád(a) matematiku.
6. (a) Kam jde? (b) Znáte tu novou anglickou restauraci? (c) Divadlo je vedle kina. (d) Evo, kde je David? (e) Nechce bratra, chce sestru. (f) Miluje toho kluka. (g) Máš ho rád(a)? (h) Dnes jedeme do Londýna. (i) Jezdíte často do Londýna? (j) Chodíš rád(a) do kina? (k) Jdu na procházku. (l) Půjdu domů. (m) Rád vaří. (n) Eva se nerada koupe. (o) Budete zítra doma? (p) Můžete jít do parku. (q) Máte bratra? (r) Ne, ale mám sestru. (s) Je hezká?
7. (a) Jana jde domů (pak jde večer do kina). (b) Ano, ale ne moc dobře. (c) Ano, koupe se ráda. (d) Vaří oběd. (e) Protože tam má dívku (přítelkyni). (f) Chce jít do toho malého parku u řeky.

Lesson 5

1. v knihovně, v Bratislavě, v Brně, v Olomouci, v pokoji, na podlaze, v kuchyni, v jiném světě, po obědě, po večeři, na Slovensku, v Olomouci, o literatuře, o Nerudovi, o Haškovi, v autobuse, v metru, po ulici, o Petrovi, o tobě, o mně.
2. (a) v Londýně (b) v Praze (c) v Brně (d) do Bratislavy (e) do Paříže (f) v Olomouci (g) na podlaze (h) na balíku (i) ve slovníku (j) o té mladé ženě (k) je na koncertě, jde na koncert (l) o té schůzi (m) na toho starého pána, toho starého pána, o tom starém pánovi.
3. (a) Je na Slovensku. (b) Bydlí v Praze. (c) Je v kuchyni. (d) Leží na podlaze. (e) Jdu do knihovny. (f) Půjdeme do divadla.
4. (a) Nechci mluvit o Haškovi. (b) Sedí v knihovně. (c) Chodí brzo spát. (d) Slyšíš mě? (e) Rád cestuje. (f) Chce se mi spát. (g) Vidím ho často chodit po ulici. (h) Co budeme dělat po večeři? (i) Jiří je už zpátky. (j) Vaří oběd. (k) Čte knihu. (l) Spí. (m) Táta nerad pracuje. (n) Anna je zpátky. (o) Medituje v kuchyni. (p) Nechci mluvit o tobě. (q) Chci mluvit o literatuře.

Lesson 6

1. ti, mi, k jídlu, mně, ke mně, tomu prvnímu slovu, své milé Aničce, k tobě, tomu anglickému studentovi, Philipu Smithovi, jeho ženě, mu, Anně, Davidovi, mi.

2. (a) mladému klukovi (b) sestře (c) bratrovi (d) Janě (e) Petrovi (f) Ivanovi (g) matce (h) k řece (i) tomu druhému slovu (j) tomu třetímu slovu (k) té dívce.

3. (a) Ano, vím. (b) Je v kuchyni. (c) Vaří oběd. (d) Nedělám nic. (e) Ne, ještě nejdu domů. (f) Ne, je dole. (g) Jdu ven.

4. (a) Pořád studuje. (b) Připravuji oběd. (c) Anna sedí v zahradě. (d) David má rýmu. (e) Eva dává Honzovi jeho slovník. (f) Ivan dává Anně slovník. (g) Chce vyprávět jeho učiteli o Praze a o Československu. (h) Chce se mu jít do kina. (i) Nemá chuť k jídlu. (j) Nerad(a) vařím. (k) Vyhýbá se mu/Ona se mu vyhýbá. (l) Musíme (jít) na poštu. (m) Vidí ho často sedět v knihovně. (n) Potřebuji nový kapesní slovník (o) Mluvíme o literatuře.

5. (a) Překládá z češtiny do angličtiny a jednomu slovu nerozumí. (b) Posílá balík. (c) Philip je anglický student z Londýna. (d) Ne – nemá ho ráda.

Lesson 7

1. (a) Hledal(a) jsem ho. (b) Viděl(a) jsi ji?/Viděl(a)s ji? (c) Byl mi sympatický. (d) Pil(a) kávu. (e) Měl(a) jsem dopis. (f) Jeli/y jsme domů. (g) Měli/y nové auto. (h) Jak dlouho jste tu čekal(-a, -i, -y)? (i) Seděli/y jsme v kuchyni. (j) Mrzlo. (k) Ona mu tiskla ruku. (l) Četl(a) jsem knihu. (m) Nevěděl(a) jsem, kde je. (n) Nevěděl(a), kde jsi. (o) Neslyšel(a) ho.

2. (a) Jde na poštu. (b) Stojí před knihovnou. (c) Hledá tě. (d) Jede do Londýna. (e) Mluví s Janou. (f) Dělají zkoušku. (g) Chceš kávu? (h) Čekají. (i) Jmenuje se Ferdinand. (j) Prší. (k) Nevím o něm nic. (l) Má rýmu. (m) Studujeme v Bratislavě.

3. (a) před Evou (b) s Františkem (c) s tou mladou sekretářkou (d) pod autobusem (e) s tím českým studentem (f) před poštou (g) za Libuší.

4. (a) Petr. (b) Stojí před poštou. (c) V ruce má balík. (d) Pracuje na fakultě. (e) Čekala tam půl hodiny.

5. (a) Viděl mě stát před domem. (b) Budu čekat za kinem. (c) Stál za Jiřinou. (d) Čekám tu půl hodiny. (e) Pamatuješ se na něj? (f) Chodil s Evou. (g) Neměl jsem ho rád(a). (h) Čteš Rudé právo?

Lesson 8

1. (a) Mám ho. (b) Vidíš ho? (c) Vidíš ji? (d) Stál před ním. (e) Sedí před ní. (f) Byla u něho. (g) Jde k němu. (h) Ptá se jí, kde je. (i) Vidíš ho? (j) Mluvil jsem s ní o něm. (k) Čeká tam za ním.
2. (a) Byl(a) jsem doma. (b) Václav je tamhle před fakultou. (c) Za tím starým pánem. (d) Špatné. Pršelo. (e) Ne, nekouřím. (f) Ne, nepiji/nepiju. (g) Ne, nemám čas.
3. (a) Mluvil(a) jsi o zkoušce. (b) Mluvil o mně. (c) Stál za tebou/ za vámi. (d) Neviděli nás. (e) Seděli jsme za vámi. (f) Chceš jít s námi? (g) Jela tam autobusem. (h) Pamatuješ se na něj/na něho? (i) Nevěděl jsem, že studuje tady na fakultě. (j) Šel na záchod. (k) Nechtěl s ní jít do divadla. (l) Chceš jít se mnou na koncert? (m) Seděl jsem doma celý den. (n) Hráli dobře.
4. (a) Pršelo. (b) Seděl v knihovně. (c) Pil kávu, kouřil a mluvil chvíli s Janou. (d) Jdou na koncert. (e) Hraje Česká filharmonie. (f) Jde někam na večeři.

Lesson 9

1. udělat, ztratit, začít, vykouřit, vypít, napsat, odejít, uvidět, vypůjčit, dát, dostat, zjistit.
2. (a) Nebude kouřit. (b) Vykouřím cigaretu. (c) Budu chodit do kina. (d) Půjdu na schůzi. (e) Pojedou do Prahy. (f) Už nebudu pít. (g) Vypije jednu černou kávu. (h) Zjistíme pravdu. (i) Budu dělat svou práci. (j) Začnu ten překlad. (k) Nikdy mu nic nebudu vypůjčovat. (l) Nikdy mu nic nedá. (m) Nikdy nic nenapíše. (n) Nebude mu psát.
3. (a) Uvidím ho zítra. (b) Napsal(a) jsi/Napsal(a)s/Napsal(a) jste ten dopis? (c) Ztratil(a) jsem klíč. (d) Zina seděla v bufetu. (e) Měla špatnou náladu. (f) Hledala Pavla. (g) Pavel ležel na podlaze. (h) Dostal peníze včera. (i) Napíšu dopis zítra. (j)

Dám mu dopis zítra. (k) Začnu ten překlad zítra. (l) Uvidíme se zítra. (m) Odjel/Odešel. (n) Jedl salám a pil pivo. (o) Dostal včera balík. (p) Nemám ani korunu. (q) Nemám ani na kávu. (r) Napsal knihu o české literatuře. (s) Chci napsat knihu o Čapkovi. (t) Jitka tu byla před chvílí.

4. ptát se, holit, kupovat, křičet, brát, vydělávat, přicházet, odvážet, přinášet, dokončovat, klást, slyšet, volat.

5. vypil, dal, začal, zjistil, napsal, odešel, ztratil.

6. budou psát, budeme kouřit, budete dávat, budu vidět, bude dostávat, bude pít.

Lesson 10

1. (a) Profesoři čtou. (b) To jsou slovníky. (c) Kde jsou cigarety? (d) Kde jsou ti kluci? (e) Hledáme své překlady. (f) Jeho učitelé jsou špatní. (g) Soudruzi nejsou doma. (h) To jsou Češi/Čechové. (i) To nejsou Angličané. (j) To jsou arabští studenti. (k) Vidíte tam ty anglické studenty? (l) Ta auta jsou dobrá. (m) Vlaky jedou pomalu. (n) Měsíce jdou rychle. (o) To jsou staří komunisté. (p) Kde jsou ty knihy? (q) Nechodíme na semináře. (r) Čekají na ty mladé pány. (s) Nejsou sympatičtí. (t) Čekají na ty hezké sekretářky. (u) To jsou tramvaje. (v) Lekce jsou těžké. (w) Kde jsou ty klíče?

2. (a) Ještě ne. Je příliš/moc těžký. (b) Ano. Tu máš. (c) Ano, mám, ale jenom čtyři koruny. (d) Ne, nedostal(a). (e) Nevím. Ztratila(s) je? (f) Minulý týden jsem byl(a) v Bratislavě. (g) Pozval mě tam kamarád/přítel/jeden známý.

3. (a) Dostal dobrý kabát. (b) Ukázala mu svůj nový slovník. (c) Dám ti svůj nový překlad. (d) Neznali jsme ty dvě písně. (e) Znali jsme ty tři kluky. (f) Nechal jsem peníze ve vlaku. (g) Jedla v autobusu salám. (h) Odešla včera/Odjela včera. (i) Nemám rád zkoušky. (j) Učitel přišel do pokoje/do místnosti. (k) Neměli rádi Angličany. (l) Viděla kluky stát před vrátnicí. (m) Půjčil jsem mu čtyři koruny a tři cigarety. (n) Udělám to zítra, když budu mít čas. (o) Kterým vlakem pojedeš? (p) Učím se česky. (l) Neumím česky. (r) Dala mi jeho klíč. (s) Dal jsem mu její klíč. (t) Dal jsem jí svůj klíč. (u) Dali jsme jim své peníze.

Lesson 11

1. (a) několik Angličanů, Angličanek, Němců, univerzit, dívek, kin, písní, děvčat, lekcí;
   (b) mnoho krásných holek, mladých číšníků, dobrých restaurací;
   (c) pět klíčů, knih, slovníků, aut, sester, bratrů, slov;
   (d) šest piv, sklenic vína;
   (e) pět knedlíků, řízků, mužů.
2. Mám deset korun, dvacet korun, patnáct korun, pět korun, čtyři koruny, sedmnáct korun, jednu korunu, čtyřicet korun, sto korun, tři sta korun, tisíc korun, dvě stě korun, pět set čtyřicet korun, sto dvacet šest korun.
3. (a) šestnáct dopisů (b) tři sestry (c) jednoho bratra (d) tři knihy (e) devět měsíců (f) dvě židle (g) tři divadla (h) mnoho divadel (i) jedenáct lekcí (j) pět cigaret.
4. (a) Mám hlad. (b) Jídelní lístek, prosím. (c) Co máte? (d) Kolik stojí telecí řízek? (e) Nemám na to dost peněz. (f) Kolik stojí smažený sýr? (g) Dám si polévku. (h) Dobrou chuť! (i) Dostanu zítra stipendium. (j) Kolik ti dávají, Pavle? (k) Dávají ti něco rodiče? (l) Ano, dávají mi osm set korun.

Lesson 12

1. (a) Je pět hodin, deset hodin. Jsou tři hodiny. Je jedna (hodina).
   (b) Je půl šesté, půl třetí, půl deváté, půl druhé, půl jedné, půl čtvrté.
2. devatenáct set šedesát, devatenáct set sedmdesát, devatenáct set osmdesát šest, devatenáct set padesát čtyři, devatenáct set čtyřicet tři, devatenáct set šedesát osm, devatenáct set sedmdesát dva, osmnáct set pět, sedmnáct set osmdesát devět, šestnáct set dvacet, čtyrnáct set třicet šest (or: tisíc devět set šedesát = 1960, etc.)
3. čtvrt na šest (pět patnáct), tři čtvrtě na šest (pět čtyřicet pět), čtvrt na tři (dvě patnáct), tři čtvrtě na tři (dvě čtyřicet pět), čtvrt na jednu (dvanáct patnáct), tři čtvrtě na jednu (dvanáct čtyřicet pět), jedna čtyřicet sedm, za pět minut čtyři (tři padesát pět), za deset minut půl páté (čtyři dvacet), za deset minut čtvrt na dvanáct (jedenáct pět), za pět minut čtvrt na dvě (třináct hodin a deset minut, jedna deset).

4. (a) Je mi dvacet (let). (b) Jeden lístek stojí osm korun. (c)
Dám si řízek. (d) Je půl šesté. Proč nespíš? (e) Půjdu pěšky.
5. (a) Kolik to stálo? (b) Měl jsi dost peněz? (c) Mají v Praze
hodně dobrých hospod? (d) Když mi bylo šest, uměl jsem číst.
(e) Začal jsem pít, když mi bylo patnáct. (f) Jsem tu na čtyři
měsíce. (g) Jsem tu už pět měsíců. (h) Koupil jsem včera dva
slovníky. (i) Koupil jsem včera pět nových knih. (j) Minulou
středu jsem vypil v hospodě dvě piva. (k) Je deset hodin pryč.
(l) Teď musím jít domů. (m) V knihovně je mnoho knih o
Praze. (n) Nerad zpívám lidové písně. (o) V tomto městě je
mnoho špatných restaurací a jenom několik dobrých. (p) Mám
rád dršťkovou polévku, co ty? (q) Znám mnoho krásných žen.
(r) V Anglii je mnoho psů.

Lesson 13

1. (a) Šel bych domů. (b) Koupila by tu knihu. (c) Chtěli by spát.
(d) Měli byste sedět doma. (e) Nedostali bychom místo. (f)
Pozval(a) bys nás na večeři? (g) Potřeboval(a) bych nový svetr.
(h) Dal(a) bys mi ten slovník? (i) Byla bych ráda. (j) Bylo by
to škoda.
2. (a) Mluvíme o ženách, o antikvariátech, o autech, o Němcích,
o učitelích.
(b) Chodí po hospodách, po ulicích, po řekách, po parcích,
po divadlech.
(c) Petr nerozumí dnešním studentům, těm knihám, jiným
lidem, těm klukům, Italům, autům.
(d) Byla tu před několika hodinami, roky, léty/lety, měsíci,
stoletími, týdny.
(e) Stojí tam před těmi židlemi, auty, domy, knihami, starými
budovami, kluky, mladými Araby.
3. (a) Ne, nemohu/nemůžu. Jdu s Petrem na koncert. (b) Hospoda
u Fleků? Je tamhle v té ulici napravo. (c) Půjdete odsud/odtud
doleva nahoru, a pak doprava. (d) Koupil(a) jsem je v antikva-
riátě. (e) Ne, byly velmi levné/laciné.
4. (a) Co máš v rukou? (b) Nese ji na ramenou. (c) Má malé ruce.
(d) Jana má velké nohy. (e) Máš krásné uši. (f) Dívala se na
mě velkýma očima. (g) Rozhodujeme se, kam bychom měli jít.
(h) Chtěl bych si koupit nové boty. (i) Chtěl bych je pozvat na

večeři. (j) Chtěli by nás vidět. (k) Jitka bydlí v této ulici. (l) Zina je má/moje spolužačka.

Lesson 14

1. (a) tvá/tvoje kniha (b) vaše auto (c) všechny dívky (d) v naší ulici (e) mé/moje ponožky (f) jeho boty (g) na mé/*coll.* mojí židli (h) tví/tvoji kamarádi (i) ve všech učebnicích (j) v mém slovníku (k) své/svoje auto (l) jejich jména.

2. (a) Řekl mu, aby přišel zítra. (b) Chci, abys na mě počkal. (c) Chtěli, abych si tu knihu koupil.

3. (a) Kdybych měl čas, napsal bych román. (b) Kdybys měl dost peněz, koupil bys mi ten svetr? (c) Kdybys přišel, uvařil bych ti kávu. (d) Kdyby pršelo, šli bychom do kina.

4. (a) Kdybych měl dost peněz, koupil bych ty knihy. (b) Chtěl bys jít se mnou do kina? (l) Počkal bys na mě? (d) Řekl mi, abych šel na poštu. (e) Měl bych mu napsat. (f) Přijel jsem do Prahy, abych se naučil česky, a ne abych mluvil anglicky. (g) Kdybyste neuměl tak dobře anglicky, mluvil bych s vámi česky. (h) Chtěl bych jít na Hradčany. (i) Ráno v tramvajích a autobusech je vždycky mnoho lidí. (j) Šel/Jel jsem tam se svými novými kamarády/přáteli. (k) Řekl mi, že chce, abych mu sehnal knihu o anglických autech (*or* že by byl rád, kdybych mu mohl sehnat knihu o anglických autech). (l) Dali jsme svým přátelům knihy s pěknými ilustracemi anglických měst. (m) Kdybych ti nepsal tak často, myslel bys, že jsem na tebe zapomněl (že jsem se na tebe vykašlal). (n) Chtěla, abychom s ní šli na koncert. (o) Mohl byste mi říci, kde je hospoda U Fleků?

Lesson 15

1. nudnější, zajímavější, milejší, sympatičtější, populárnější; smutněji, tišeji, sympatičtěji, tvrději.

2. nejhloupější, nejnovější, nejzdvořilejší, nejošklivější, nejkrásnější; nejsprávněji, nejpěkněji, nejmileji, nejpozději.

3. (a) zajímavější (b) krásnější (c) inteligentnější (d) nejchytřejší (e) pěkněji.

4. přijď, jdi, neříkej, nepij, pozvi, půjč, vykašli se na ně, běž; dej, napiš, nekuř, mluv, hledej, vyber si, neptej se; kup, nekupuj, poslouchej, mysli si.

5. (a) Ty jsi horší než Láďa. (b) Čí jsou to ponožky? (c) Jdi pryč! (d) Udělej to sám! (e) Bolí mě hlava (f) Vypni rádio! (g) Vstávej! (h) Nekřič! (i) Šel se umýt. (j) Nedělej takový rámus! (k) Otevři dveře! (l) Přelož mi toto slovo! (m) Uklidni se! (n) Máme ještě trochu másla? (o) Košile je ve skříni. (p) Dej mi ten klíč! (q) Nikomu ho nedávej! (r) Ztratil jsem ručník. (s) Kde jsou její kalhoty? (t) Nepřeháněj to! (u) Uklízečky jsou vždycky zdvořilejší než studenti.

Lesson 16

1. horší, starší, hezčí, kratší, větší, lehčí, hlubší; líp/lépe, dál, délc/coll. dýl, míň/méně, dráž(e).

2. nejlepší, nejmladší, nejmenší, nejtěžší, nejtišší, nejtvrdší, nejčistší; nejhůř(e), nejvíc, nejhloub(ěji), nejkratčeji.

3. (a) Ne. Václav je starší než Petr. (b) Jitka umí nejlíp česky. (c) Nemám tě rád(a). Jdi pryč! (d) Udělej si to sám. Jdu se umýt. (e) Vypadáš strašně, hůř než včera (f) Ne, ale máme ještě čaj (trochu čaje) a salám (nějaký salám). (g) Prosím vás, já spím! Přijďte později! (h) Přineste mi sklenici vody, prosím vás. (i) Ne, jsou strašně drahé.

4. (a) Nekupuj ty knihy. (b) Nech to tam na stole. (c) Nebuď smutný (-á). (d) Vlak jede rychleji než autobus. (e) Umí česky líp než David. (f) Toto je nejlepší a největší knihkupectví v Praze. (g) Je to ten nejšpinavější člověk, kterého znám. (h) Vypni rádio, musím se dnes učit. (i) Vstal jsem dnes ráno v pět hodin, ale bylo mi líp než včera (cítil jsem se líp než včera). (j) David vypadá mladší než Petr. (k) Běž s těmito dopisy na poštu, prosím tě. (l) Oblékni si kalhoty, proboha. (m) Přečti tento dopis! (n) Nespi už, musíme vstát. (o) Má kratší vlasy než vloni, ale je tlustší a má na sobě (*or, if habitually* nosí) starý špinavý svetr a zelené kalhoty. (p) Máme ještě trochu chleba (kus chleba)? (1) Matka mi vždycky uvaří ráno čaj. (r) Jeho budík je horší než můj, dělá strašný rámus (hluk).

Lesson 17

1. hledání, bolení, myšlení, cítění, překvapení, kouření, přání, milování, vaření, půjčení, chápání.

2. trápit, překládat, umět, mluvit, vyřizovat, shánět, cestovat, pít, zbláznit se, bydlet, přesvědčit.

3. (a) Tady se nesmí kouřit. (b) Místo se najde. (c) To se nedělá. (d) Takové věci se lehce ztrácejí. (e) Restaurace se zavírá v půl desáté. (f) Jde se domů (or, of course Jdeme domů).

4. (a) Myji/Myju se. (b) Myju si vlasy. (c) Tady se pije pivo. (d) Tykáme si. (e) Musím napsat na zítřek referát na seminář. (f) Víš něco o národním obrození? (g) Doufám, že zítra přijde. (h) Brambory jsou hotové. (i) Maso je v troubě. (j) Láďa je v posteli. (k) Profesor nás pozval na oběd. (l) Jeho pokoj je v druhém patře. (m) Nechceš, abych ti pomohl? (n) Nech mě být! (o) Je mi špatně. (p) Dokončils už tu domácí úlohu z češtiny?

Lesson 18

1. zavřený, napsaný, dokončený, smažený, ztracený, zapomenutý, vyřízený.

2. přeložit, vypnout, oholit, zaplatit, rozhodnout se, zpozdit se, milovat, vybírat, mluvit, umýt.

3. (a) Ne, máme zavřeno. (b) Měli jsme řízek a bramborový salát. (c) K pití jsme měli pivo a víno. (d) Vlak má půl hodiny zpoždění. (e) Ne, ještě ne. Čekáme na Janu. (f) Myje si vlasy. (g) Nevím. Asi jo. (h) Ježíšmarjá, já jsem na to úplně zapomněl!

4. (a) Jsem pozván k Davidovi na večeři. (b) Mám slíbený byt. (c) Nechali jsme dveře otevřeny. (d) Tato kniha byla přeložena do češtiny. (e) Byli jsme přesvědčeni, že máme pravdu. (f) Všude byly neumyté talíře a hrnky a zbytky jídel.

5. (a) Jeho špinavé ponožky ležely na podlaze před postelí. (b) Bylo to strašné. (c) Tento román se nedá číst. (d) Vlak má zpoždění. (e) Chceš něco jiného (Přejete si něco jiného/ještě něco)? (f) Máte nějaké další přání? (g) To bylo překvapení! (h) Víte něco o překladech z české literatury?

Lesson 19

1. (a) Karlovu univerzitu (b) na Karlově náměstí (c) sestřinu kočku (d) Markétin překlad (e) bratrovy knihy (f) maminčiny dopisy (g) před Tylovým divadlem.
2. překvapující, zpívající, vařící, sedící, přecházející, nesoucí, jedoucí.
3. chodit, spát, pít, ležet, běžet, brát, stárnout.
4. (a) před deseti lety (b) po třech letech (c) před půl rokem (d) mezi těmi dvěma pány (e) o obou dívkách (f) jedny noviny (g) dvoje brejle.
5. (a) Kde jsou Pavlovy kufry? (b) Jsou tamhle před kioskem. (c) Co dělá Jiří? (d) Hledá svůj pas. (e) Jak se vám líbilo v Londýně? (f) Oběma se nám tam strašně líbilo. (g) Pas je v kapse tvého kabátu. (h) Poprosil mě, abych jeho kufr hlídal. (i) Dárek pro tatínka/tátu je tam v té tašce u tvých nohou. (j) Musel jsem dát dárek pro matku do sestřina kufru. (k) Kup mi dvě bonboniéry, láhev vína a troje noviny. (l) Pavel (někam) zmizel. (m) Kde je ten kluk? (n) Uklidni se proboha.

Lesson 20

1. bývat, mívat, chodívat, jezdívat, říkávat, plakávat, kupovávat, psávat, nosívat.
2. leže – ležíc(e), sedě – sedíc(e), zpívaje – zpívajíc(e), vzdychaje – vzdychajíc(e), maje – majíc(e), jsa – jsouc(e), procházeje – procházejíc(e), nesa – nesouc(e).
3. překvapivší – překvapiv(-ši, -še), zazpívavší – zazpívav (-ši, -še), odpověděvší – odpověděv (-ši, -še), ztrativší – ztrativ (-ši, -še), prošedší – prošed (-ši, -še).
4. (a) To je Ivanův kufr. (b) Šel koupit čokoládu. (c) Hledám peníze. (d) Nelíbila se mi. Nemám rád Smetanovy opery. (e) Ano, byl(a). (f) Ano, moc se mi tam líbilo. (g) Ano, moc se těším domů. (h) Jenom trochu. Umím pořád jenom pár slov. (i) Ano, máš pravdu, ale mám málo času.
5. (a) Máte rád Dvořákovy opery? (b) Koupil jsem pohlednici (pohled) Staroměstského náměstí. (c) Ztratil jsem pas. (d) Kde

mám lístky? (e) Šťastnou cestu! (Přeju vám šťastnou cestu!) (f)
Je čas, abychom šli. (g) Moje přítelkyně mi už nepíše. (h) Byl
jste v jižních Čechách? (i) Byl jste někdy v Českých Budějo-
vicích? (j) Zmeškal jsem vlak. (k) Podej mi tašku. (l) Napiš
nám, až přijedeš domů. (m) Jak se vám líbil Londýn? (n) Těšila
se domů? (o) Potřebuji nové vízum. (p) Koupil jsi slivovici?
(q) Ne, piju radši pivo. (r) Utratil jsem všechny peníze. (s)
Mám moc (příliš mnoho) kufrů. (t) Moje věci jsou tamhle v
těch taškách a kufrech. (u) Potřebuje to vařící vodu. (v) Bolí
mě hlava. (w) Tato lekce je příliš dlouhá. (x) Budeme muset
všechno opakovat. (y) Já se zblázním.

Czech–English Glossary

Note on the Czech–English Glossary

The Czech–English glossary aims only to provide information needed for coping with this course and tracing forms of common words which may puzzle the beginner. It is not a substitute for a dictionary. Perfective and imperfective forms of verbs are cross-referenced where separated by the alphabetical order. Words used only in examples or lists are mostly not included where glossed on the spot. The section entitled More Words And Phrases contains a considerable amount of supplementary vocabulary, arranged thematically, and the Reference Section contains lists of prepositions, conjunctions, etc., with examples of usage.

a: and
aby: in order that/to, say that, to
abstraktní: abstract
aha: aha
ahoj: hello, goodbye
ach: oh
ach jo: oh well
aktovka: briefcase
ale: but
americký: American
Američan(-ka): an American
anglický: English
anglicky: in English, English
Angličan(-ka): Englishman (-woman)
angličtina: English language
Anglie: England
ani ne: not even
ani . . . ani: neither . . . nor
Anička *dim. of* Anna
Anna: = Anne
ano: yes
antikvariát: secondhand bookshop

Arab: an Arab
arabský: Arab(ic)
asi: probably, about
aspoň (že): at least
ať': let
atd.: = **a tak dále**, and so on
auto: car
autobus: bus
až: until, when, as far as, up to, only, not until, not before
báječný: fabulous
balík: parcel
barevný: coloured, colourful
barva: colour
bát se – boji – bál: be afraid
bavit se: amuse oneself
běhat *iter.*: run
během +*gen*: during
becherovka: = a Czech liqueur
ber- *see* **brát**
bez +*gen*: without
bezradnost: helplessness
běžet, *iter.* **běhat**: run
bibliofilský: bibliophile
biftek: steak
bi- *see* **bít**
bílý: white
biograf: cinema
bít – bije – bil: beat, hit
blázen -zna: madman
blbec -bce: idiot, fool
blbnout: be a fool, be idiotic
blbost: foolishness, stupid thing
blbý: foolish, stupid, silly, idiotic
blízký *comp.* **bližší**: near
blízko *comp.* **blíž(e)**: near(by)
bohužel: unfortunately
boj- *see* **bát se**
bolet: hurt, be sore
bonbón: sweet, chocolate

bonboniéra: box of sweets/chocolates
bota: shoe, boot
botanický: botanic(al)
bože!: God! goodness!
bramborový: potato *adj.*
brambory *f pl*: potatoes
brána: gate
brát – bere – bral, *pf.* **vzít – vezme – vzal**: take
Bratislava: = capital of Slovakia
bratr: brother
brejle/brýle *f pl*: spectacles, glasses
Brno: = main city of Moravia
broušený: cut, ground
brožurka: brochure
brýle = brejle
brzo: soon, early
březen -zna: March
břicho: belly
buď: be!
buď. . . buď: either . . . or
bude: will be
Budějovice *f pl*: České Budějovice, Budweis (in S. Bohemia)
budík: alarm clock
bufet: buffet, snackbar (*also pronounced* 'byfé' *n indecl.*)
bůh – boha, *voc.* **bože!**: God, god
bůhvíkolik: God knows how many
by: would (*conditional auxiliary*)
bydlet: live
bych, bys *etc. see* **by**
byl: was, were
byt: flat, apartment
být: be
bývat *freq. of* **být**: be often/sometimes, used to be
celnice: customs house, customs
celý: the whole, all the
cena: price
cesta: journey, path, road
cestou: on the way
cestovat: travel

cestující: traveller, passenger
cigareta: cigarette
cítit: feel, smell
cizí: foreign, alien
cizinec -nce, cizinka: foreigner, stranger
co – čeho: what
co nej-: as . . . as possible
což: never mind, what of it
cti *see* **čest**
cvičit>na-: practise, exercise
cynický: cynical
čaj: tea
čáp: stork
čapí: storks'
čárka: acute sign, comma
čas: time, tense
často: often
čeho *see* **co**
Čech, Češka: a Czech man (woman)
Čechy *f pl*: Bohemia
čekat>počkat – počká – počkal: wait
čelo: brow, forehead
černobílý: black and white
černý: black
čerstvý: fresh
červen -vna: June
červenec -nce: July
červený: red
česat – česá/češe>u-: comb
Československo: Czechoslovakia
československý: Czechoslovak
český: Czech, Bohemian
česky: in Czech, Czech
čest – cti: honour
Češka: Czech woman
čeština: Czech language
četl *see* **číst**
čí?: whose?
čím *see* **co**

čím dál tím: more and more

čin: action, act

Číňan(-ka): Chinese man (woman)

číst – čte – četl>pře-: read

čistý *comp.* **čistší**: clean, pure

číšník, číšnice: waiter, waitress

člověk, *voc.* **člověče!,** *pl.* **lidé**: man, person

čokoláda: chocolate

čte *see* **číst**

čtení: reading

čtvrt -i: a quarter

čtvrť -i: district

čtvrtek -tka: Thursday

čtvrtý: fourth

čtrnáct(-ý): fourteen(-th)

čtyři: four

čtyřicet, čtyřicátý: forty, fortieth

ďábel -bla: devil

dál(e): further, on

daleko *comp.* **dále**: far

daleký: far, distant

další: next

dárek -rku: present, gift

dát – dá – dal<dávat: give, put

dát se<dávat se do +*gen*: start, set about

dát se *impf.*: be possible

dát si<dávat si (k jídlu): have to eat

David: = David

dávno: long ago, for ages

dcera, *dat./loc.* **dceři**: daughter

děje se *see* **dít se**

dějiny *f pl*: history

děkovat>po-: thank (+*dat.*, **za** +*acc.* for)

děkuji(-u): thank you

dělat>u-: do, make, pretend

déle: longer

delší: longer

den – dne, *dat./loc.* **dni/dnu/ve dne,** *pl.* **dni/dny, dní/dnů, dnům, dnech, dny** *m*: day

deset, desátý: ten(-th)

deska: record, disc, board

déšť/dešť – **deště**: rain

děti -í, -em, -mi *f pl*: children, *pl. of* **dítě**

devatenáct(-ý): nineteen(-th)

devátý: ninth

děvče – **děvčete**, *pl.* **děvčata** *n*: girl

devět: nine

dík(y): thanks

diplomat: diplomat

disertace: dissertation

dít se – **děje** – **děl**: go on, happen

dítě – **dítěte** *n*: child, *sg. of* **děti**

divadlo: theatre

dívat se>po- na +*acc*: look at, watch

divit se: be surprised

dívka: girl

divný: strange, odd

divoký: wild

dlouho *comp.* **déle/dýl** *coll.*: for a long time

dlouhý *comp.* **delší**: long

dn- *see* **den** *and* **dno**

dnes(ka): today

dno: bottom

do +*gen*: into, up to, until, by/within (*time*)

doba: age, time, period; **v poslední době**: recently

dobrý *comp.* **lepší**: good

dobře *comp.* **lépe/líp**: well

docela: entirely, quite, very

dohodnout *pf*: agree, settle

dohromady: altogether

dojít<docházet: reach

dokončit<dokončovat: finish

dokument: document

dole: below, downstairs (*rest*)

doleva: to the left

dolů: down, downstairs (*motion*)

doma: at home

domácí: home, domestic

domu *see* **dům**
domů: home (*motion*)
doopravdy: really
dopis: letter
dopoledne *n*: morning, a.m.
doprava: to the right
dopředu: to the front, forward
dost: enough, quite, fairly
dostat – dostane – dostal<dostávat: get
dostat se<dostávat se: get oneself (*to a place*)
dotčený: annoyed, touched
dotknout se – dotkne – dotkl<dotýkat se: touch (+*gen.*)
dovést – dovede – dovedl *impf.*: manage, be able
dovolít<dovolovat: allow
draho *comp.* **dráž(e)**: dear
drahy *comp.* **dražší**: dear
droždí: yeast
dršťky *f pl*: tripe
dršťkový: tripe *adj.*
druhý: second, other
drzý: rude
držet: hold
dřevěný: wooden
dřevo: wood, timber
dřevoryt: woodcut
dřív(e): earlier, sooner, before
dřívější: earlier, previous, former
duben -bna: April
důkladně: thoroughly
důležitý: important
dům – domu: house
dva, dvě: two
dvaadvacet: twenty-two
dvacet, dvacátý: twenty, twentieth
dvakrát: twice, two times
dvanáct(-ý): twelve (twelfth)
dvě *see* **dva**
dveře -í, *ins.* **dveřmi** *f pl*: door
dvoje, dvojí: twofold, two, two kinds of

dvojitý: double
dvorana: hall, concourse
dýl *coll.*: longer
džbán: jug
džínsy, džíny *m pl.*, *loc.* **v džínách**: jeans
energie: energy
Eva: = Eve
Evička: *dim. of* **Eva**
Evropa: Europe
existovat: exist
fajn: fine
fakulta: faculty
fiala: violet
fialový: purple
filharmonie: Philharmonic
film: film
filmový: film *adj.*
filolog: philologist
filozofovat: philosophise
fit: fit
u Fleků: = pub in Prague
folklór: folklore
fotografie: photograph
František -ška: = Franz, Francis
fronta: queue, line
fuj!: ugh!
fungovat: work, function
galerie: gallery
u Glaubiců: = pub in Prague
gramofon: gramophone, record player
gramofonový: gramophone *adj.*
grapefruit: grapefruit
háček -čku *dim. of* **hák**: small hook, sign ˇ
hala: (large) hall
haléř, halíř: heller, 100th of koruna
haló: hello (*on telephone*)
hele: look, look here
hezky: nicely
hezký *comp.* **hezčí**: pretty, nice
hlad: hunger

hlava: head
hlavní: main, chief
hledat: search, look for
hlídat>o-: guard, watch
hloub(ěji): deeper
hloupost: silliness, silly thing
hloupý: stupid, silly, foolish
hluboko *comp*. **hloub(ěji)**: deep
hluboký *comp*. **hlubší**: deep
hnát – žene – hnal, *iter*. **honit**: chase, drive, *iter. also* hunt
hned: at once
hnědý: brown
hnízdo: nest
hnout – hne – hnul<hýbat – hýbá/hýbe: move (+*ins*.)
hnout se<hýbat se: move
hnusný: disgusting
hnutí: movement
ho: him, it, *see* **on**
hodina: hour
hodit se: be suitable
hodně +*gen*: a lot, lots of
hodnota: value, worth
hodný: nice, kind, good, worthy
hoch: boy
holicí: (for) shaving
holit (se)>o-: shave
holka: girl
honem: quickly, hurry up
honit *iter*.: drive, chase, hunt
Honza: = Johnny (*familiar form of* **Jan**)
hora: hill, mountain
horko: heat, hot
horký: hot
horší *comp*.: worse
hospoda: pub, inn
host, *pl*. **-é**: guest
hotový, hotov: ready
houba: mushroom
houby!: nonsense!

houževnatost: tenacity
hovno: shit
hovno!: rubbish!
hovořit>po-: talk, speak
hrad: castle
Hradčany – **Hradčan** *m. pl*: = Prague Castle area, *Hradschin* in
  German
hrát – **hraje** – **hrál>za-**: play
hrnek -nku: mug, cup
hrozný: awful, terrible, horrible
hrůza: horror
hubený: thin
hudba: music
hůř(e): worse
Hus, Jan: = John Huss, Czech religious reformer
hustý *comp*. **hustší**: thick, dense
hýbat *see* **hnout**
chalupa: cottage
chápat – **chápe>pochopit**: grasp, understand
chce *see* **chtít**
chce se mi: I feel like
chlap: lad, bloke, guy
chlapec -pce: (little) boy
chléb – **chleba**, *coll. nom. sg*. **chleba** *m*: bread
chlubit se>po-: boast of (+*ins*.)
chodit, *iter. of* **jít**: go, walk
chodívat *freq. of* **chodit**
chování: behaviour
chovat se>za-: behave
chrám: cathedral, temple
chřipka: flu
chtějí, chtěl *see* **chtít**
chtěl by: would like
chtít – **chci chceš . . . chtějí** – **chtěl**: want, wish
chudák: poor fellow
chuť -i: appetite, taste
chůze: gait, walk(ing)
chvět se – **chvěje** – **chvěl>za-**: tremble
chvíle: moment, while

chytrý: clever, cunning
i: and, also, even, and also
i . . . i: both . . . and
igelit: polythene
igelitový: polythene *adj.*
ilustrace: illustration
ilustrovaný: illustrated
impresionismus: impressionism
inteligentní: intelligent
Ital, Italka: Italian man, woman
Itálie: Italy
Ivan: = Ivan
já – mě: I, me
jak: how, as
jakmile: as soon as
jako: as, like
jakoby: as if
jaký: what kind of, what *adj.*, what . . . like; the like of which
Jan, *voc.* **Jene/Jane!**: = John
Jana: = Jane
jaro: spring
jazyk -a: language, tongue
jazýček -čku *dim. of* **jazyk**: tongue (*dish*)
jde: it is possible; *see* **jít**
je: is, there is; *see* **být**
je: them; *see* **oni**
jed- *see* **jet** *and* **jíst**
jed: poison
jeden jedno jedna: one
jedenáct(-ý): eleven(-th)
jednoduchý *comp.* **jednodušší**: simple
jednou: once
jeho: his, of him; *see* **on**
jehož: *m./n. sg.* whose
jej: him; *see* **on**
její: her, hers
jejíž: *f. sg.* whose
jejich: their, theirs
jejichž: *pl.* whose

jemu: to him; *see* **on**
jen(om): only
jen tak: just
Jeník *dim. of* **Jan**: = Johnny
jenž, jež: who, which, that
jestli: if, whether
jestliže: if
ještě: still, yet, again, another
ještě ne: not yet, still not
jet – jede – jel, *iter.* **jezdit**: go, ride
jez!: eat!; *see* **jíst**
jez: weir
jezdit, *iter. of* **jet**
jež *see* **jenž**
ježíšmarjá!: my goodness!, *lit.* 'Jesus Mary!'
ji: her; *see* **ona**
jí: to her *etc.*; *see* **ona**
jí: eats; *see* **jíst**
jídelní: dining *adj.*
jídelní lístek: menu
jídlo: food, dish
jih: south
jich, jim *see* **oni**
jím: I eat, *see* **jíst**; by him, it, *see* **on**, **ono**
jimi *see* **oni**
jinak: otherwise, in another way
jinam: to elsewhere
jinde: elsewhere
jiný: other, another
jíst – jím . . . jedí – jedl>sníst: eat
jistý, jist: certain, sure
jít – jde – šel, šla, *iter.* **chodit**: go, come, walk
Jitka: = Judith
jízda: ride, journey
jízdenka: travel ticket
již = už; *see* **jenž**
jíž: *see* **jenž**
jižní: southern
jméno: name

jmenovat: name, appoint
jmenovat se: be called
jo: yes *coll.*
jsem *etc. see* **být**
k +*dat*: to, towards, to – 's
kabát: coat
kabelka: handbag
kakao: cocoa
kalhoty *f. pl*: trousers
kam: where to
kamarád, kamarádka: friend
kámen – **kamene**, *pl*. **kameny** *m*: stone
kamének/kamínek -nku *dim. of* **kámen**
kampak: where to then
kapesní: pocket *adj.*
kapesník: handkerchief
kapsa: pocket
Karel -rla: = Charles
Karlík: = Charlie
karlovarský: Carlsbad *adj.*
Karlovy Vary: = Carlsbad
kašlat – **kašle**: cough
káva: coffee
kavárna: café
kazeta: box, casket
každý: each, every
kde: where
kdepak: where then, not at all, certainly not
kdežto: whereas
kdo – **koho**: who
kdy: when, ever
kdyby: if
když: when, since, if; **i když**: even if, although
ke *see* **k**
kelímek -mku: paper/plastic cup, beaker
kino: cinema
kiosk: kiosk
klást – **klade** – **kladl**>**položit**: put, lay
klášter -a: monastery

klíč: key
klid: calm
klub: club
kluk: boy
knedlík: dumpling
kniha: book
knihkupectví: bookshop
knihovna: library, bookcase
knír, knírek -rku *dim.*: moustache
knížka *dim. of* **kniha**
kočka: cat
kolej *f*: college, residence, hall, dorm; track, rails
kolem +*gen*: around, past
koleno -e/a: knee
kolik: how many/much
kolikátý: 'the how-many-eth'
kolikrát: how many times
komplikovat: complicate
komunista: Communist
koncem +*gen*: at the end of
koncert: concert
konče, končíc +*ins*: ending with
končit>u-: end, finish
koně *see* **kůň**
konec -nce: end
konečně: finally, at last
konečný: final
konkrétni: concrete
kontrola: inspection, control
koruna: crown
košile: shirt
kořátko *dim. of* **kotě**
kotě – kotěte, *pl.* **kořata** *n*: kitten
kouknout<koukat (se): look, peep
koupat – koupá/koupe (se)>vy-: bathe
koupit<kupovat: buy
kouřit>vy-: smoke
kousek -sku *dim. of* **kus**: bit, piece
kráčet *3rd pers. pl.* **-ejí**: step, march, walk

krajíc: slice
krásný: beautiful, fine
-krát: times
krátký *comp*. **kratší**: short, brief
krk: neck, throat
kromě +*gen*: except (for), besides, as well as
kroužek -žku *dim. of* **kruh**: little circle, sign° in ů
krucifix!: bother! *lit*. 'crucifix!'
kruh: circle
krýt – kryje – kryl: cover
křičet>za-, křiknout: shout, cry
který: who, which, that
Kuba, kubánský: Cuba, Cuban
kudy: which way
kufr: suitcase
kuchyně, kuchyň *f*: kitchen
kůň – koně, *pl*. **koně -í, -ím, -ích, koňmi**: horse
kup!: buy!
kupovat *impf. of* **koupit**
kuře – kuřete, *pl*. **kuřata** *n*: chicken
kus: piece
kvasnice: yeast
kvazi-: quasi-
květen -tna: May
kvůli +*dat*: for the sake of
laciný: cheap
Láďa: *familiar form of* **Ladislav**, boy's name
láska: love
laskavý: kind, loving
led: ice
leden -dna: January
lehký *comp*. **lehčí**: light, easy
lehnout si<lehat si: lie down
leje *see* **lít**
lékař: doctor
lekce: lesson
lépe: better
lepší: better
les -a: forest, wood

letadlo: aeroplane, plane
letět, *iter*. **létat**: fly
letiště *n*: airport
letištní: airport *adj*.
léto: summer
léta – **let** *n. pl*: years, summers
letos: this year
levný: cheap
levý: left
lézt – **leze** – **lezl**: climb, crawl
ležet: lie, be lying (down)
lhát – **lže** – **lhal**>**zalhat**: lie, tell lies
lhostejný: indifferent
-li: if, whether
líbat (se)>**políbit (se)**: kiss
líbit se +*dat*: please; *use for* 'like'
Libuše: = legendary Czech princess, girl's name
lid -u *mi*: the people
lidé, *acc*. **-i**, **-í**, **-em**, **-ech**, **-mi** *ma pl*: people, *pl. of* **člověk**
lidový: popular, folk, of the people
lidský: human(e)
lije, **lil** *see* **lít**
limonáda: lemonade
líný: lazy
líp: better
list: leaf, sheet, letter
lístek -tku: card, ticket; **jídelní lístek**: menu
listopad: November
literatura: literature
lít – **lije/leje** – **lil**: pour
líto: sorry
litovat: regret, be sorry, pity
litr: litre
Londýn -a: London
loni, **vloni**: last year
loučit se>**roz-**: take leave of (**s** +*ins*.)
loupat – **loupe/loupá**>**o-**: peel
lze: it is possible; **nelze**: it is impossible
lže *see* **lhát**

má *see* **mít, můj**
mačkat: squeeze, press
Malá Strana: *lit.* 'Little Side', Little Quarter, Lesser Town, Klein-
seite, part of Prague
maličký, malinký: tiny little
málo *comp.* **méně/míň**: little, few
málokdy: seldom
malostranský: of the Malá Strana
maloučký, malounký: tiny little
malý *comp.* **menší**: small, little
maminka, máma: Mum(my)
mání: k mání: to be had
manžel: husband
manželka: wife
manželství: marriage
marný: vain, futile, useless, hopeless
máslo: butter
maso: meat
matematika: mathematics
matka: mother
mávat +*ins*: wave
mazat – maže>na-: spread
mě: me; *see* **já**
med: honey
meditace: meditation
meditovat: meditate
měj!: have!; *see* **mít**
měkký: soft
měl: had, should have; *see* **mít**
měl by: ought to, should; would have
mele *see* **mlít**
méně: less
menší: smaller, lesser
měsíc: month, moon
město: town, city
metro: metro, underground
mezi +*ins.* (*motion* +*acc*): between, among
mi: to me; *see* **já**
milovat: love

milý: dear, sweet
mimo +*acc*: outside, past, besides
mimochodem: incidentally, in passing
míň: less
mínění: opinion
minulý: last, past
minuta: minute
míra: measure
místnost: room
místo: place, space/room
mít – **má** – **měl**: have
mívat *freq. of* **mít**
mizet>**z-**: disappear
mladý *comp*. **mladší**: young
mlčet: be silent, say nothing
mléko: milk
mlha: mist
mlít – **mele** – **mlel**>**u-**: grind, mill, mince
mluvit>**pro-**: speak, talk
mluvnice: grammar
mlýn -a: mill
mne *see* **já, mnout**
mně: to me; *see* **já**
mnou: with me; *see* **já, mnout**
mnout – **mne** – **mnul**: rub
moc -i: power
moc: very, too, a lot of, too much
moci/ *coll.* **moct** – **mohu**/ *coll.* **můžu, můžeš** . . . **mohou**/ *coll.* **můžou**
– **mohl**: can, be able
moderní: modern
modrý: blue
moh- *see* **moci**
mohl by: could, would be able
moje *etc. see* **můj**
mokro: the damp, wet
mokrý: damp, wet
Morava, moravský: Moravia, Moravian
moře *n*: sea
Moskva: Moscow

most -u *m*: bridge
moudrý: wise
moucha: a fly
možná (že): perhaps, maybe, possibly
možný: possible
mravní: moral
mravnost: morality
mráz – mrazu: frost
mrtvý: dead
mrznout>z-: freeze
mu: to him/it; *see* **on**
můj, moje/mé, moje/má: my, mine
muset, musit *3rd pers. pl.* **-ejí/í**: must, have to
muzeum – muzea *n*: museum
muž: man, husband
můž- *see* **moci**
my – nás: we, us
mýdlo: soap
myje, myl *see* **mýt**
myslet, myslit: think
mýt – myje – myl>u- (se): wash
na +*loc*: on, at
na +*acc*: onto, on (*motion*), to, for (*intended time*), for (*purpose*)
na!: here you are! take it!
nacvičit *see* **cvičit**
nad +*ins.* (*motion* +*acc.*): above, over
nadání: talent
nadejít<nadcházet: come (*moment*)
nádhera: magnificence
nádraží: station
náhlý: sudden
náhoda: chance
náhodou: by chance, accidentally
nahoru: up, upstairs (*motion*)
nahoře: up, upstairs (*rest*)
nacházet *see* **najít**
najednou: at once, together, suddenly
najít<nacházet: find
nakonec: in the end

nálada: mood
naléhat na +*acc*: insist, urge
nalevo: on, to the left
nalézt – **nalezne** – **nalezl** *pf*: find
nám, **námi** *see* **my**
náměstí: square
napravo: on, to the right
napřed: beforehand, in front, firstly, first of all
například: for example
napsaný: written
napsat *see* **psát**
národ -a: nation, people
narodit se *see* **rodit se**
národní: national
národnost: nationality
narození: birth
narozeniny *f. pl*: birthday
naříkat>za-: complain
nás *see* **my**
na shledanou: goodbye
nástupiště *n*: platform
náš, **naše**: our, ours
naštvaný: cross, annoyed
naštvat *see* **štvát**
naučit *see* **učit**
navíc: what's more, in addition
návštěva: visit
navštívit<navštěvovat: visit
nazdar: hi, greetings
názor: view, opinion
ne: no, not
ne-: not, non-, un- *etc*.
ně *see* **oni**
ně-: some-
nebezpečný: dangerous
nebo: or
něco: something
nedávno: not long ago, recently
neděle: Sunday, *pl. also* weeks

něho *see* **on**
nechat – **nechá** – **nechal**<**nechávat**: let, leave, keep
nej-: most
něj: him, it: *see* **on**
nějak: somehow
nějaký: some, some kind of
nejde: it is not possible
někam: to somewhere
někde: somewhere
někdo: someone, somebody
několik: some, several (+*gen.*)
některý: some
něm *see* **on**, **němý**
Němec -**mce**, **Němka**: a German man, woman
německý: German
nemilosrdný: merciless, cruel
nemocný, nemocen: Ill
nemožný: impossible
němu *see* **on**
němý, **něm**: dumb
není: is not, there is not; *see* **být**
nepořádný: untidy, disorderly
nerad: not glad; **mít nerad**: not like, dislike
nerv: nerve
nervózní: nervous, overwrought, upset, bad-tempered
nes- *see* **nést**
nesprávný: wrong, incorrect
nést – **nese** – **nesl**, *iter.* **nosit**: carry, take; *iter. also* wear
neutralita: neutrality
nevěsta: bride
neviditelný: invisible
než: than, before
ni *see* **ona**; = **ani**
ni-: no-
ní *see* **ona**
nic – **ničeho**: nothing
nich *see* **oni**
nikde: nowhere
nikdo: nobody, no-one

nikdy: never
nikam: to nowhere
nikotin: nicotine
nim *see* **oni**
ním: him, it; *see* **on**
nimi *see* **oni**
nízko *comp.* **níž(e)**: low
nízký *comp.* **nižší**: low
níž *see* **jenž**
no: well
noc -i: night
noční: night *adj.*, nocturnal
noha: leg, foot
nosit, *iter. of* **nést**: carry, take, wear
noviny *f. pl*: newspaper
nový: new
nudný: boring
nula: zero, nill
nutný: necessary
nýbrž: but (*after neg.*)
o +*loc*: about
o +*acc*: by (*difference*), on (*leaning*); *with some verbs e.g.* **zajímat se**
oba, obě: both
oběd -a: lunch, dinner
obědvat>po-: have lunch
obejít<obcházet: go round
obchod: shop
oblečený: dressed
obléknout<oblékat (si, se): dress, put on (*clothes*)
obohacení: enrichment
obohatit<obohacovat: enrich
obrátit<obracet: turn
obrodit<obrozovat: revive
obrození: revival
obtěžovat: trouble, bother, pester, annoy
obyčejný, -ě: usual, -ly
octnout se *pf*: find oneself
oči -í *f. pl*: eyes, *pl. of* **oko**

od +*gen*: from, since, by (*author*)

odborný: expert, specialised

odejít<odcházet: go away, depart, leave

odevzdat<odevzdávat: hand over, deliver

odcházet: go away, depart, leave; *see* **odejít**

odkud: from where

odlet: flight departure

odnést<odnášet: carry, take away

odpoledne *n*: afternoon, p.m.

odpověď -i: answer, reply

odpovědět – odpoví – odpověděl<odpovídat: answer, reply

odsud, odtud: from here

odtamtud: from there

odtud: from here

odvést<odvádět: lead, take away

odvézt<odvážet: cart, take away (*by vehicle*)

ohlídat *see* **hlídat**

oholit *see* **holit**

okamžik: moment

okénko *dim. of* **okno**

okno: window

oko *n.*, *pl.* **oči** *f*: eye

okýnko *dim. of* **okno**

Olomouc -e *f*: = town in Moravia

olomoucký: of Olomouc

oloupat *see* **loupat**

on-ho, **ono-ho**, **ona-jí** *etc.*: he, it, she

onen, **ono**, **ona**: that, the said

oni-jich *etc.*: they

opakovat>z-: repeat, revise

opírat *see* **opřít**

opisovat *see* **opsat**

opláchnout<oplachovat: rinse

oplatka: wafer

opravdový: real, genuine

opravdu: really

opřít – opře – opřel<opírat o +*acc*: lean, prop on, against

opsat<opisovat: copy

opustit<opouštět: leave, abandon

opuštění: abandoning
opuštěný: abandoned
oranžový: orange
organizovat>z-: organise
osm: eight
osmadvacet: twenty eight
osmdesát(-ý): eighty (eightieth)
osmnáct(-ý): eighteen(-th)
osmý: eighth
ostatní: the rest, the other(s)
ošklivý: ugly, nasty
otec – otce: father
otevřít – otevře – otevřel<ot(e)vírat: open
ouško *dim. of* **ucho**: little ear
ovšem: of course
ozvat se<ozývat se: get in touch, respond, resound
oženit se *see* **ženit se**
padesát(-ý): fifty, fiftieth
padnout<padat: fall
pak: then
-pak: then (*emphatic suffix*)
pamatovat si>za- +acc: remember (*fact*)
pamatovat se na +acc: remember (*event*)
pan: Mr
pán: gentleman, man, master
paní (*gen. pl.* **paní**) *adj. noun*: Mrs, lady, woman
papír: paper
pár: a couple
pára: steam
parčík *dim. of* **park**
pardon: sorry, excuse me
park: park
pařák: steamer, terrible heat
Paříž *f*: Paris
pas: passport
pasový: passport *adj*.
pátek -tku: Friday
patnáct(-ý): fifteen(-th)
pátý: fifth

Pavel – Pavla: = Paul
péci – peče – pekl>u-: bake, roast, cook
pečeně: roast meat
pejsek -ska: doggie
pek-: *see* **péci**
pěkný: pretty, nice
peníze – peněz, peněz -ům, -ích, -i *m. pl*: money
pero, péro: pen, feather
pes – psa: dog
pěšky: on foot
pět: five
Petr: = Peter
Petříček -čka *dim. of* **Petr**
Petřín -a: = park in Prague
pevný: firm
pije, pil *see* **pít**
píseň -sně *f;* song
písnička *dim. of* **píseň**
píše *see* **psát**
pít – pije – pil>vy-: drink
pití: drink(ing)
pivo: beer
pláč: weeping, crying, tears
plakat – pláče>za-: cry, weep
platit>za-: pay, *impf. also* be valid
platnost: validity
plavat – plave: swim
plavky *f. pl*: swimsuit, swimming trunks
plést – plete – pletl: knit, confuse
plnicí: fountain (pen), i.e. for filling
plno *+gen*: full of
plný: full
plotna: stove, cooker, top of cooker, hob
plout – pluje – plul: float, sail
plynout>u-: flow, pass (*of time*)
po *+loc*: after; along, over, about, through, up and down
po *+acc*: up to
počasí: weather
počítaje, počítajíc: including

počítat: count
počkat *see* **čekat**
pod +*ins.* (*motion* +*acc.*): under, beneath
podat<**podávat**: hand, pass
podejít *pf*: go under
poděkovat *see* **děkovat**
podiv, k podivu: surprise, surprisingly
podívat se *see* **dívat se**
podlaha: floor
podle +*gen*: according to
podobný: similar
podstata: basis, essence; **v podstatě**: basically
podzim: autumn
pohlednice: picture postcard
Pohořelec -lce: = Prague square
pohovořit *see* **hovořit**
pochlubit se *see* **chlubit se**
pochopit *see* **chápat**
pojď!: come!
pojede: will ride, go (*future of* **jet**)
pokoj: room, bedroom, peace
poledne *n*: midday
polévka, polívka: soup
políbit *see* **líbat**
politika: politics
položit *see* **klást**
pomáhat *see* **pomoci**
pomalu: slowly
pomeranč: orange
pomník: monument, memorial
pomoc -i: help, assistance; **pomoc!**: help!
pomoci, *coll*. **pomoct**<**pomáhat** +*dat*: help (*forms as for* **moci**)
pondělí: Monday
ponesu: I will carry (*future of* **nést**)
poněvadž: since, because
ponožka: sock
poobědvat *see* **obědvat**
popelník: ashtray
popisovat *see* **popsat**

poprosit *see* **prosit**
poprvé: for the first time
popsat<popisovat: write all over, describe
poradit *see* **radit**
pořád: constantly, continually, keep
pořádek -dku: order
pořádný: orderly, tidy, proper
posílat: send; *see* **poslat**
poskytnout<poskytovat: provide
poslat – pošle – poslal<posílat: send
poslední: last, final, recent
poslouchat +*acc*: listen to
poslyš!: listen!
posnídat *see* **snídat**
posoudit<posuzovat: judge, estimate
postavit *see* **stavět**
postel -e *f*; bed
posuď'! *imper. of* **posoudit**
posuzovat *see* **posoudit**
pošle *see* **poslat**
pošta: post, post-office
potěšit *see* **těšit**
potit se>z-: sweat, perspire
potíž *f*: difficulty
potkat – potká – potkal<potkávat: meet
potom: then, afterwards
potrvat *see* **trvat**
potřebovat: need
pouštět *see* **pustit**
použít<používat: use (+*gen*.)
povést se *pf*: be successful, come off
povléci – povleče – povlekl<povlékat: put, slip on
pozdě: late
pozdější: later
pozdní: late
poznat<poznávat: get to know, recognise
pozor!: careful! watch out!
pozvání: invitation
pozvaný: invited

pozvat *see* **zvát**
požádat *see* **žádat**
požár: fire
práce: work
pracovat: work
prádlo: bedlinen, underwear, washing/laundry
Praha: Prague
prach: powder
Prašná brána: 'Powder Gate', = Powder Tower, Prague
pravda: truth
právě: just, just now, just so
právo: justice, right
pravý: right
prázdno: emptiness, empty space
prázdný: empty
pražský: of Prague
prdel -e *f*: arse
pro +*acc*: for (*for sake of, on behalf of, to fetch*)
problém: problem
proboha: for God's sake
probudit<**probouzet (se)**: wake up
probuzení: awakening
probuzený: awakened, awoken
proč: why
prodaný: sold
prodat<**prodávat**: sell
profesor: professor, teacher
program: programme
prohloubit<**prohlubovat**: deepen
procházet *see* **projít**
procházka: a walk
projevit<**projevovat**: show, display
projít<**procházet**: go through
projít se<**procházet se**: go for a walk
promíjet *see* **prominout**
promiň(te): excuse me, sorry, forgive me
prominout<**promíjet**: excuse, forgive
promluvit *see* **mluvit**
prosba: request

prosím: please, you're welcome
prosinec -nce: December
prosit>po-: ask, request
prostý: simple
proti +*dat*: against, opposite, compared to
proto: so, therefore, that's why
protože: because
prs: breast
prsa *n. pl*: chest
pršet: rain
průvodce: guide (*and* guide-book)
první: first
prý: they say, he says, *etc.*, allegedly, apparently
pryč: away, gone
přát – přeje – přál: wish
přátelé *pl. of* **přítel**
přece: yet, still, surely, after all
přečíst *see* **číst**
před +*ins.* (*motion* +*acc.*): in front of, *ins. also* before
předejít<předcházet: pass, overtake, go in front of
předevčírem: the day before yesterday
předseda: chairman
představit<představovat: introduce; **-si**: imagine
předtím: before that, previously
přehnat<přehánět: exaggerate
přecházet *see* **přejít**
přechodník: transgressive, active adverbial participle
přeje *see* **přát**
přejít<přecházet: cross, go across
překlad: translation
překládat: translate; *see* **přeložit**
překvapení: surprise
překvapit<překvapovat: surprise
přeložit<překládat: translate
přepážka: barrier, screen
přes +*acc*: across, over, in spite of
přesný: exact, accurate, precise
přestat – přestane – přestal<přestávat: stop, cease
přesvědčit<přesvědčovat: convince

při +*loc*: at, beside, with (*accompanying circumstance*)
příčina: cause, reason
přídavné jméno: adjective
přicházet *see* **přijít**
příjemný: pleasant
přijet<přijíždět: arrive, come (*by vehicle, riding*)
přijít<přicházet: arrive, come
přijmout – přijme – přijal<přijímat: receive
příklad: example
přinést<přinášet: bring (*carrying*)
připálit<připalovat: burn, scorch
příprava: preparation
připravit<připravovat: prepare
připravovat: prepare; *see* **připravit**
přisednout si<přisedat si: sit down beside
přišedší: who has come, arrived
příště: in future, next time
příští: future, next
přítel -e, *pl.* **přátelé – přátel**, **-ům**, **-ích**, **-i**: friend
přítelkyně: friend (*female*)
přivést<přivádět: bring (*leading*)
přivézt<přivážet: bring (*conveying by vehicle*)
přiznat<přiznávat: admit
psa *see* **pes**
psací: writing *adj.*; **psací stroj**: typewriter
psát – píše – psal>napsat: write
ptačí: bird's, birds'
pták: bird
ptát se – ptá – ptal>zeptat se +*gen*: ask
půjčit<půjčovat: lend
půjde: will go (*future of* **jít**)
půl: half
půlnoc -i: midnight
pusa: kiss, mouth *coll.*
pustit<pouštět: let go, let
quasi-: quasi-
rád: glad; **mít rád**: like
raději, **radši** *coll.* more glad, *comp. of* **rád**
rádio: radio
radit>po-: advise (+*dat.*)

radnice: townhall
radost: joy, gladness
radši *coll. for* **raději**
rameno -e/a *n*: shoulder
rámus: racket, din
ráno: (early) morning
referát: paper, essay, report
reptat>za-: grumble
republika: republic
restaurace: restaurant
revue: revue, review
rodič, *pl.* **rodiče** -ů: parent
rodina: family
rodit se>na-: be born
roh: corner, horn
rohlík: crescent shaped roll
rok: year
román: novel
rost- *see* **růst**
roštěná: entrecote
rovnováha: balance, equipoise
rozčilit<rozčilovat: excite, annoy; **-se**: get excited, annoyed
rozejít se<rozcházet se: separate
rozhodnout se<rozhodovat se: decide
rozhodnutí: decision
rozcházet se *see* **rozejít se**
rozloučit se *see* **loučit se**
rozsekat *see* **sekat**
rozumět *3rd pers. pl.* **-ějí** +*dat*: understand
rozumný: sensible
rozvařit<rozvařovat: cook till disintegrated, overcook (*e.g. potatoes*)
rožeň – rožně: spit, skewer
ruce *pl. of* **ruka**: hands
ruční: hand *adj.*
ručník: towel, hand towel
rudý: (blood-)red
ruka, *pl.* **ruce – rukou**: hand
růst – roste – rostl: grow
růst: growth

různý: various
růže: rose
růžový: pink, rosy
ryba: fish
rybník -a: pond (*originally* fishpond)
rychlý: fast, quick; **rychlík**: express train
rýma: a cold
řada: row, line, queue
řeč -i, *often pl.* **řeči**: speech, talk
řečený: said
řeka: river
řekne, řekl *see* **říci**
řešit>vy-: solve
říci, *coll.* **říct – řekne – řekl<říkat**: say
říci se<říkat se: be called, be said
řídit: conduct, drive
říjen -jna: October
říkat *see* **říci**
řízek -zku: schnitzel
řvát – řve – řval<zařvat: roar
s +*ins*: with
s +*gen*: off, down from
sakra: Christ!, *lit.* 'sacrament'
salát: salad
sám, samo, sama: alone, -self
samozřejmý: obvious, evident
samý: nothing but; **ten samý**: the same
sanitka: ambulance
se – sebe *etc.*: oneself (*see table, lesson 8*)
se *see* **s**
sebe, sebou *see* **se**
sedadlo: seat
sedat si *see* **sednout si**
sedět: sit, be sitting
sedm: seven
sedmdesát(-ý): seventy, seventieth
sedmnáct(-ý): seventeen(-th)
sedmý: seventh
sednout si<sedat si: sit down

sehnat<shánět: *pf.* find, *impf.* try to find
sejít<scházet: go/come down
sejít se<scházet se: come together, meet
sekaná: meat loaf
sekat>roz-: chop up
sem: here (*motion*); **sem tam**: here and there, hither and thither
seminář: seminar
sestra: sister
set *gen. pl. of* **sto**
setkat se – setká – setkal<setkávat se s +ins: meet
sever(-ní): north(-ern)
shánět: try to find; *see* **sehnat**
na shledanou: goodbye
shora: from above
scházet: be missing; *also see* **sejít**
schody -ů *m. pl*: stairs, steps
schopny, schopen: capable, able
schovat<schovávat (se): hide
schovávat se: hide; *see* **schovat (se)**
schůze: meeting
schůzka: appointment
si *see* **se**
sice: albeit, *gives sense of* although
síla: strength, force
silný: strong
síň *f*: hall
situace: situation
sklenice, *dim.* **sklenička**: a glass
sklenka: a glass
sklíčit<skličovat: depress
sklo: glass
skočit *pf*: pop in, leap, jump
skříň *f*: cupboard, wardrobe, closet
slabina: weak point, side, aspect
slabý: weak
sladce *comp.* **sladčeji**: sweetly
sladký *comp.* **sladší**: sweet
slečna: Miss, young lady, girl
slíbit<slibovat: promise

slivovice: plum brandy, slivovitz
Slovák, **Slovenka**: Slovak man, woman
Slovensko: Slovakia
slovenský: Slovak
slovenština: Slovak language
slovník: dictionary
slovo: word
složitý: complicated, complex
slunce *n.*, *dim.* **sluníčko**: sun
slunit se: sun oneself, sunbathe
slyšet>**u-**: hear
slza: tear
smát se – **směje** – **smál**>**za-**: laugh
smažený: fried
směje se, **smějí se** *see* **smát se**
smějí *see* **smět**
smět – **smí**, *3rd pers. pl.* **smějí** – **směl**: be allowed, permitted, may
Smetana: = 19th century Czech composer
smetana: cream
smí *see* **smět**
smích: laughter
smrt **-i**: death
smutno: sad
smutný: sad, miserable(-looking), gloomy
snad: perhaps
snacha: daughter-in-law
snažit se>**vyna-**: try
sněd *see* **sníst**
sněz!: eat!; *see* **sníst**
sněžit: snow
sní: will eat up; *see* **sníst**
sní: dreams, dream, *see* **snít**
snídaně: breakfast
snídat>**po-**: have breakfast
sníh – **sněhu**: snow
sníst – **sním**, **sníš** . . . **snědí** – **snědl**: eat up; *pf. of* **jíst**
snít – **sní** – **snil**: dream
sobě: (to) oneself; *see* **se**
sobota: Saturday

socialistický: socialist
současný: contemporary
soudce: judge
soudruh, soudružka: comrade
souhlasit: agree
spadnout<spadat: fall down, off
spánek -nku: sleep
spát – spí – spal: sleep
spěchat: hurry
spí *see* **spát**
spisovatel, spisovatelka: writer
spisovný: literary, written
společnost: society
společný: common, shared
spolknout<spolykat: swallow
spolu: together
spolužák, spolužačka: fellow pupil/student
správný: correct
srpen -pna: August
sta *see* **sto**
stále: constantly, always, keep
stane se *see* **stát se**
Staré Město: the Old Town, Prague
stárnout>ze-: grow old, age
staroměstský: of the Old Town
starý, *comp.* **starší**: old
stát – stojí – stál: stand, cost
stát se – stane – stal<stávat se: become (+*ins.*), happen
stavět<postavit: put (*in standing position*), build, put (*water on for tea*: vodu na čaj)
stavit se *pf*: drop, call in on (**u** +*gen.*)
stejně: anyway, all the same
stejný: the same
stipendium -dia *n*: stipend, grant, scholarship
stisknout *see* **tisknout**
sto, *gen. pl.* **set**: hundred
stojí *see* **stát**
stolu *see* **stůl**
Strahov-a: = district of Prague

strahovský: of Strahov
strach: fear; **mít strach**: be afraid
strana: side, page, party
strašný: awful, terrible
strávit *see* **trávit**
stroj: machine
strojek -jku *dim. of* **stroj**; **holicí strojek**: shaver
strom: tree
strýc: uncle
střed: middle, centre
středa: Wednesday
střecha: roof
stříbrný: silver
student, studentka: student
studovat: study
stůl – stolu: table
stupeň -pně: degree
styl: style
suchý: dry
Supraphon: = record company
suvenýr: souvenir
svatba: wedding
svatý: holy, saint
svět -a: world
světlo: light
světlý: light
svetr: sweater, jersey
svítit: shine
svůj, svoje/své, svoje/svá: one's own
sympatický: likeable
syn, *pl.* **synové**: son
sýr -a: cheese
syreček -čku *dim. of* **sýr**: miniature cheese
šedesát(-ý): sixty (sixtieth)
šedivý, šedý: grey
šel *see* **jít**
šest: six
šestnáct(-ý): sixteen(-th)
šestý: sixth

široko *comp.* **šíř(e)(ji)**: far and wide, wide
široký *comp.* **širší**: wide, broad
škoda: a pity
škola: school, college, university
šla *etc. see* **jít**
špatný *comp.* **horší**: bad
špinavý: dirty
Špindlerův Mlýn: = resort in the Krkonoše Mountains, 'Špindler's Mill'
šťastný, šťasten: happy, fortunate, lucky
štěně – štěněte, *pl.* **štěňata** *n*: puppy
štěstí: happiness, luck
štěkat>za-, štěknout: bark
štvát – štve – štval>naštvat: annoy
šunka: ham
ta *see* **ten**
tady: here (*rest*)
táhnout, *iter.* **tahat**: pull
tajemný: mysterious, secret
tajný: secret
tak: so, thus, like this
také, taky: also, as well, too
takhle: like this, this way
takový: this/that kind of, a kind of, such (a)
takřka: so to say
takto: like this, this way
taky *see* **také**
takže: so that
talíř: plate
tam: there (*rest/motion*)
tamhle: over there
tamhleten, -to, -ta: that over there, that there
tamten, -to, -ta: that, that over there
tamtudy: that way
taška: bag
táta: Dad(dy)
tatínek -nka: Daddy
taxík: taxi
tažený: pulled; *see* **táhnout**

tě: you; *see* **ty**
té *see* **ten**
tebe, tebou: you; *see* **ty**
téci – teče – tekl: flow, run
teď(ka): now
tedy, teda: then, so, well then, in that case
tehdy: then, at that time
těch *see* **ten**
tek- *see* **téci**
telecí (maso): veal
televize: television
těm *see* **ten**
téměř: almost; **téměř ne**: almost not, scarcely
těmi *see* **ten**
ten, to, ta: this, that; **ten samý**: the same
tence *comp*. **tenčeji**: thinly
tenhle, tohle, tahle: this, this here
tenký *comp*. **tenčí**: thin
tento, toto, tato: this
teplo: warmth, warm
teplý: warm
teprve: only (*idea of lateness, being behindhand*)
těšit>po-: please
těšit se na +*acc*: look forward to
text: text, passage
těžko *comp*. **tíž(e)**: with difficulty
těžký *comp*. **těžší**: heavy, difficult
ti *see* **ten**
ti: to you; *see* **ty**
tichý *comp*. **tišší**: quiet
tím *see* **ten**
tisknout>s-: squeeze, press
tisknout>vy-: print
tiše *comp*. **tišeji**: quietly
tišší *see* **tichý**
tištění: printing
tištěný: printed
tíž(e) *see* **těžko**
tlumit>z-: muffle, turn down

tlustý *comp*. **tlustší**: thick, fat
tma: darkness, the dark
tmavý: dark
to: this, that, it; *see* **ten**
to: then, in that case
tobě: to you, you; *see* **ty**
toho *see* **ten**
tolik: so much, so many
tom, **tomu** *see* **ten**
totiž: that is, i.e., you see
tou *see* **ten**
tramvaj *f*: tram
trápení: bother, trouble
trápit: bother, trouble
trávit>s-: spend (*time*)
trenýrky rek *f. pl*. (training) shorts, boxer shorts, pants
trochu, *dim*. **trošku**, **trošičku**: a little, a bit
troje, **trojí**: threefold, three kinds of
trouba: oven
trpět: suffer
trvat>po-: last (*length of time*)
třást – třese – třásl: shake
třeba: perhaps, say, maybe, for instance; **je třeba**: it is necessary
třetí: third
tři: three
třicet, **třicátý**: thirty (thirtieth)
třináct(-ý): thirteen(-th)
tu: here; *and see* **ten**
tudy: this way
ťuk: clink
tunel: tunnel
turista, **turistka**: tourist
Tuzex: = foreign currency shop
tužka: pencil, (ballpoint) pen
tvář *f*: face, cheek
tvrdý *comp*. **tvrdší**: hard
tvůj, **tvoje/tvé**, **tvoje/tvá**: your, yours *sg*. (*familiar*)
ty *see* **ten**
ty – tě *etc*.: you *sg*. (*familiar*) (*see table, lesson 8*)

týče se *see* **týkat se**
týden – **týdne, týdnu, týdnem**, *pl.* **týdny -ů** *m*: week
tykat: to call 'ty'
týkat se – **týká/týče**: regard, concern; **co se týče/týká** +*gen*: as far as . . . is concerned, as regards
Tyl, Josef Kajetán: = 19th century Czech playwright
Tylovo divadlo: the Tyl Theatre
týž/tentýž, totéž, táž/tatáž: the same (*table, lesson 16*)
u +*gen*: at, near, at – 's (*house, place*)
ubohý: wretched, poor, miserable
učebnice: textbook
účes: hairdo, hairstyle
učesat *see* **česat**
účinný: effective
učit>na-: teach
učit se>na-: study, learn, e.g. **učí se česky/češtině/češtinu**: he is learning Czech (+ *adv., noun dat./acc.*)
učitel -e, učitelka: teacher
udělat *see* **dělat**
ucho *n.*, *pl* **uši -í** *f*: ear
ujít *pf.* +*dat*: avoid
ukázat – **ukáže<ukazovat**: show
uklidnit<uklidňovat: calm down
uklízečka: cleaner
úkol: task, piece of work
ukončit *see* **končit**
ulice, *dim.* **ulička**: street
úloha: task, piece of work, role
umění: art
umět, *3rd pers. pl.* **-ějí** – **uměl**: know how to, be able
umlít *see* **mlít**
umýt *see* **mýt**
umytý: washed
unavený, unaven: tired, exhausted
unavit<unavovat: tire
univerzita: university
univerzitní: university *adj.*
únor -a: February
upéci *see* **péci**

upečený: baked
úplně: entirely, completely
úplný: entire, complete
uprostřed +*gen*: in the middle of
upřímný: sincere
urazit<**urážet**: offend, insult
uražený: offended
určitě: definitely, certainly
určitý: a certain, definite
úřad: office, government department
úřední: official, government *adj.*
usmát se<**usmívat se**: smile
ustaraný: worried, anxious
uši -í *f. pl. of* **ucho**: ears
utéci – **uteče** – **utekl**<**utíkat**: run away
úterý *n*: Tuesday
utíkat: run away, run; *see* **utéci**
utírat *see* **utřít**
utratit<**utrácet**: spend (*money*)
utřít – **utře** – **utřel**<**utírat**: wipe
uvařit *see* **vařit**
uvažovat o +*loc*: consider, think about
uvěřit *see* **věřit**
uvidět *see* **vidět**
uvítat *see* **vítat**
uvnitř: inside
úzko *comp.* **úže(ji)**: narrow, anxious
úzký *comp.* **užší**: narrow
už: now, already
už ne: not any longer, no longer
úže(ji) *see* **úzko**
užší *see* **úzký**
v +*loc*: in
v +*acc*: in, into (*abstract senses*), on (*day of week*), at (*hour of day*)
Václav: = Wenceslas, Wenzel
Václavské náměstí: Wenceslas Square
vadit +*dat*: matter, bother
vajec *gen. pl. of* **vejce**

vajíčko *dim. of* **vejce**: egg
válka: war
vám, vámi *see* **vy**
Vary, Karlovy Vary: = Carlsbad; **var**: hot spring
vařič: cooker
vařit>u-: cook, boil
vás *see* **vy**
váš, vaše, vaše: your, yours (*pl.*, *sg. formal*)
vazba: binding
vážit si: respect
vážný: serious, solemn
včera: yesterday
včerejší: yesterday's
vdát se<vdávat se za +*acc*: marry (*woman marrying man*)
ve *see* **v**
věc -i: thing, matter
večer -a: evening; in the evening
večerní: evening *adj.*
večeře: dinner, evening meal
večeřet>po-: have dinner, dine
večírek -rku: party, get-together
vede *see* **vést**
vědět – vím víš . . . vědí – věděl: know (*fact*)
vedl *see* **vést**
vedle +*gen*: next to, beside(s)
vedoucí: leading; manager
vedro: heat, terrible heat
vejce *n.*, *gen. pl.* **vajec**: egg
vejít<vcházet: enter, go/come in
vejít se *pf*: fit in
velice: greatly, very
velký *comp.* **větší**, *also* **veliký**: big, large, great
velmi: very
veme *see* **vzít**
ven: out (*motion*)
venkovský: country, village *adj.*, rural
venku: out, outside (*rest*)
vepředu: in the front
vepřová (pečeně): roast pork

vepřový: pork *adj.*
věřit>**u-**: believe
veselý: cheerful, merry, gay
vesnice: village
vést – **vede** – **vedl**, *iter.* **vodit**: lead, take
větru *see* **vítr**
větší *see* **velký**
většina: majority, greater part
většinou: mostly, for the most part
věz!: know! *see* **vědět**
vezme *see* **vzít**
vézt – **veze** – **vezl**, *iter.* **vozit**: convey, cart, carry, take (*by vehicle*)
vcházet *see* **vejít**
ví *see* **vědět**
víc(e): more
viď: aren't you/we *etc.*
Vídeň -dně *f*: Vienna
vidět – **vidí** – **viděl**>**u-**: see
vinárna: wine bar
víno: wine
Vít: = Vitus
vítat>**u-**: welcome
vítěz -e: victor
vítr – **větru**: wind
viz!: see! *see* **vidět**
vízum -za *n*: visa
vlak: railway train
vlas, *esp. pl.* **vlasy**: hair (*sg.* = a hair)
vlastně: in fact, actually
vlastní: own, actual
vlevo: on/to the left
vlhký: damp, moist
vloni, **loni**: last year
voda: water
vodit *see* **vést**
vojsko: army, military forces
volat>**z-**: call, exclaim, shout
volat>**za-**: call
vousatý: bearded, bewhiskered

vousy *m. pl*: beard, whiskers
vozit *see* **vézt**
vpravo: on/to the right
vpřed: forwards (*motion*)
vpředu: in the front
vrátit<vracet: return, give back
vrátit se<vracet se: return, go/come back
vrátnice: porter's lodge, reception
vrátný, vrátná: porter
vrchní: head, chief, upper; head waiter
vroucí *comp*. **vroucnější**: fervent
vroucně: fervently
vstát – vstane – vstal<vstávat: get up, stand up
vstávat: get up, stand up; *see* **vstát**
vstoupit<vstupovat: enter, step in
vše, všechno: everything, all; *see* **všechen**
všechen, všechno/vše, všechna: all
všichni: all, *see* **všechen**
všude: everywhere
vůbec: in general, anyway
vůbec ne: not at all
vůl – vola: ox, fool
vy – vás *etc*.: you *pl./sg. formal*
vybere *see* **vybrat**
vybírat *see* **vybrat**
výborný: excellent
vybrat – vybere – vybral<vybírat: choose
vydat<vydávat: publish
vydělat<vydělávat: earn, make (*money*)
vyhnout se<vyhýbat se +*dat*: avoid
výhoda: advantage
vyhýbat se +*dat*: avoid; *see* **vyhnout se**
vycházet *see* **vyjít**
východ: exit, east
východní: eastern
vychovat<vychovávat: bring up, educate
vyjet<vyjíždět: ride, go, come out
výjezdní: exit *adj*.
vyjímaje, vyjímajíc: excepting

vyjít<vycházet: go, come out

vyjíždět *see* **vyjet**

vyjma: excepting

vykašlat se – vykašle se na +*acc. pf*: give up, walk out on

vykat: to call 'vy'

vykoupat *see* **koupat**

vykouřit *see* **kouřit**

výlet: trip, excursion, outing

výměna: exchange

vymyslet<vymýšlet: think up, invent

vymyšlený: invented

vynasnažit se *see* **snažit se**

vyndat<vyndávat: take out

vyniknout<vynikat: excel, stand out

vypadat: look (*appearance*)

vypít *see* **pít**

vypnout<vypínat: switch, turn off

vyprávět, *3rd pers. pl.* **-ějí**, *or* **vypravovat o** +*loc*: tell about

vypůjčit<vypůjčovat: borrow

vypuknout<vypukat: break out

vyřešit *see* **řešit**

vyřezat – vyřeže/vyřezá<vyřezávat: carve

vyřezávaný: carved

vyřídit<vyřizovat: transact, carry out, arrange, settle

vyřízený: settled, arranged, done

vysoko *comp.* **výš(e)**: high up

vysoký *comp.* **vyšší**: high, tall

výš(e) *see* **vysoko**

výše: height

vyšší *see* **vysoký**

vytisknout *see* **tisknout**

vyznat se v +*loc*: be familiar with, be knowledgeable about

vzácný: rare

vzadu: at the back

vzal *see* **vzít**

vzdělání: education

vzdělaný: educated

vzdělat se<vzdělávat se: educate oneself

vzdychnout<vzdychat: sigh

vzít – vezme, *veme – vzal<brát – bere – bral: take
vzít si<brát si: take for oneself, put on, marry
vzpomenout – vzpomene – vzpomněl/vzpomenul<vzpomínat na +*acc*: remember
vztek: anger; **k vzteku**: annoying, infuriating
vždy(cky): always
vždyť: after all, besides
western: a western, cowboy film
whisky *f indecl.*: whisky
z +*gen*: out of, from, down from, off
za +*ins*: behind, after (*e.g. run after*), beyond
za +*acc*: behind (*motion*), for (*in exchange for, pay for*), in (*at the end of a certain time*)
za +*gen*: during, in the reign
zábava: amusement, fun
začal *see* **začít**
začínaje, začínajíc +*ins*: beginning with
začít – začne – začal<začínat: begin, start
zadek -dku: bottom, rear end
zahrada: garden
zahrát *see* **hrát**
zacházet *see* **zajít**
záchod: WC, toilet
zachovat se *see* **chovat se**
záchvat: fit, seizure
zachvět se *see* **chvět se**
zájem -jmu: interest; **mít zájem o** +*acc*: be interested in
zajímat: interest
zajímat se o +*acc*: be interested in
zajímavý: interesting
zajít<zacházet: drop in, call in on (**k** +*dat.*), pop into (**do** +*gen.*), go down, set
zákon -a: law
zakřičet *see* **křičet**
založit *pf*: put, slip, tuck away
zámek -mku: country house, chateau, castle, lock
západ: west
západní: western
zapamatovat si *see* **pamatovat si**

zapínat *see* **zapnout**

zaplakat *see* **plakat**

zaplať pán bůh!: thank God!

zaplatit *see* **platit**

zapnout<zapínat: switch, turn on, fasten, button, zip up

zapomenout – zapomene – zapomněl/zapomenul<zapomínat: forget

září: September

zařídit<zařizovat: arrange, fix, settle

zas(e): again

zasmát se *see* **smát se**

zastaralý: old-fashioned, obsolete

zastarat<zastarávat: become old-fashioned, obsolete

zastavit se *pf*. **u** +*gen*: call, drop in on

zaštěkat *see* **štěkat**

zatím: meanwhile, in the meantime

závidět +*dat*. +*acc*: envy

zavírat *see* **zavřít**

zavolat *see* **volat**

zavřít – zavře – zavřel<zavírat: close, shut

zazpívat *see* **zpívat**

zběhnout *pf*: desert, run away

zbláznit se *pf*: go mad

zbýt – zbude, *zbyde – zbyl<zbývat: be left (over)

zbývající: remaining

zbývat *see* **zbýt**

zdát se – zdá se – zdál se: seem

zde: here

zdejší: local, here *adj*.

zdokonalit<zdokonalovat: perfect, improve

zdraví: health

zdravý, zdráv: well, healthy

zdvořilý: polite

ze *see* **z**

zelený: green

zelí: cabbage; **kyselé zelí**: sauerkraut

zem -ě *f*., **země**: earth, ground, land

zeptat se *see* **ptát se**

zestárlý: aged

zestárnout *see* **stárnout**

zima: winter, cold
Zina: = girl's name
zítra: tomorrow
zívnout<zívat: yawn
zjistit<zjišťovat: find out, ascertain
zkouška: examination, rehearsal
zlidovělý: popularised, become widely known, become a folksong
zlidovět *pf*: become popular, become a folksong
zlobit: misbehave
zlobit se: be cross, angry
zlý: bad, evil, nasty
zmeškat *pf*: miss (*fail to catch*)
zmínit se<zmiňovat se o +*loc*: mention
zmizet *see* **mizet**
zmrznout *see* **mrznout**
znalost, *often pl.* **znalosti**: knowledge
znamenat: mean, signify
známý: familiar, well-known; acquaintance, friend
znárodnit<znárodňovat: nationalise
znát -zná -znal: know, be familiar with
znít – zní – zněl: sound, resound
zopakovat *see* **opakovat**
zoufalost: despair
zpátky, zpět: back
zpívat>za-: sing
zpotit se *see* **potit se**
zpozdit se<zpožďovat se: be late, delayed
zpoždění: delay; **mít zpoždění**: be late
způsob: manner, mode, way
zrovna: just
zřejmě: evidently
zřejmý: evident
ztlumit *see* **tlumit**
ztratit<ztrácet: lose; **-se**: get lost
zůstat – zůstane – zůstal<zůstávat: stay, remain
zvát – zve – zval>pozvat: invite, summon, call
zvíře – zvířete, *pl.* **zvířata** *n*: animal, beast
zvolat *see* **volat**
zvonek -nku *dim. of* **zvon**: bell

žádat>po- o +*acc*: ask for, demand
žádný: no, not any
že: that
žena: woman, wife
žene *see* **hnát**
ženit se>o- s +*ins*: marry (*of man marrying woman*)
židle: chair
žije *see* **žít**
žirafa: giraffe
žít – žije – žil: live
žito: rye
život -a: life
živý: alive
žízeň -zně *f*: thirst
žlutý: yellow

English–Czech Glossary

a, an: *usually no equivalent, sometimes* = jeden
about: o +*loc.*
after: po +*loc.*
ago: před +*ins.*
alarm-clock: budík
all: všechen
allowed, be: smět
along: po +*loc.*
always: vždy(cky)
and: a
any: nějaký, *or omit*; **not any more**: už ne
anyone: někdo; **not anyone**: nikdo
anything: něco; **not anything**: nic; **anything else**: něco jiného
appetite: chuť (k jídlu)
aren't we?: že ano?, viď?
ask: prosit>po-, ptát se>zeptat se
asleep, be: spát
at: na +*loc.*, v +*loc.*, u +*gen.*, **at home**: doma
avoid: vyhnout se<vyhýbat se
away: pryč
awful: strašný, hrozný
back: zpátky
bad: špatný
bag: taška, kabelka
be: být
beautiful: krásný
bed: postel
beer: pivo
begin: začít<začínat
behind: za +*ins.*
beside: vedle +*gen.*
best: nejlepší, nejlíp/nejlépe
better: lepší, líp/lépe
big: velký

biscuit: sušenka
bit: kousek, kus; **a bit**: trochu
Bohemia: Čechy
boil: vařit>u-
book: kniha, knížka
bookshop: knihkupectví; **secondhand bookshop**: antikvariát
both: oba
bottle: láhev
box of chocolates: bonboniéra
boy: kluk, chlapec, hoch
brandy: koňak; **plum brandy**: slivovice
bread: chléb
bring: přinést<přinášet
brother: bratr
bus: autobus
but: ale
butter: máslo
buy: koupit<kupovat
by: *use instrumental case*; = *near*: u +*gen*., vedle +*gen*., blízko
+*gen*.
call 'ty': tykat
calm down: uklidnit se<uklidňovat se
can: moci, smět, umět
car: auto
carry: nést nosit
cat: kočka
cheap: levný, laciný
cheese: sýr
chocolate: čokoláda
chocolates, box of: bonboniéra
cigarette: cigareta
cinema: kino, biograf
cleaner: uklízečka
clock: hodiny; **alarm clock**: budík
close: zavřít<zavírat
closed: zavřený
coat: kabát
coffee: káva
cold: zima; **a cold**: rýma; *adj*.: studený

come: přijít<přicházet, přijet<přijíždět, jít chodit, jet jezdit
completely: úplně, docela
concert: koncert
contemporary: současný
convince: přesvědčit<přesvědčovat
convinced: přesvědčený
cook: vařit>u-
cost: stát
couple: pár
cross, be: zlobit se
crown: koruna
cup: hrnek, šálek
Czech: český, česky (*adv.*), čeština (*language*), Čech/Češka
　(*person*)
Czechoslovakia: Československo
Dad: táta
day: den
deal, a good deal of: hodně
decide: rozhodnout se<rozhodovat se
delay: zpoždění
delayed, be: mít zpoždění, zpozdit se<zpožďovat se
dictionary: slovník
difficult: těžký, obtížný
dinner: večeře (*evening meal*), oběd (*midday meal*)
dirty: špinavý
disappear: mizet>z-
do: dělat>u-
door: dveře
downstairs: dole, dolů
drink: pít>vy-; **something to drink**: něco k pití
each other: se
ear: ucho, *pl.* uši
early: brzo
easily: lehce
eat (up): jíst>sníst
eight: osm
eighty: osmdesát
eleven: jedenáct
else: jiný; **something/anything else**: něco jiného; **someone else**:
　někdo jiný

England: Anglie
English: anglický, anglicky (*adv*.), angličtina (*language*)
Englishman: Angličan
Englishwoman: Angličanka
enough: dost; **be enough**: stačit; **have enough** (*money*) **for**: mít na
  +*acc*.
enter: vstoupit<vstupovat, vejít<vcházet
even, not: ani
evening: večer; **this evening**: dnes večer
ever: někdy
every: každý
everything: všechno
everywhere: všude
exaggerate: přehánět
exam: zkouška
expensive: drahý
eye: oko, *pl*. oči
faculty: fakulta
fat: tlustý
feel: cítit (se), je mi (špatně *etc*.); **I feel like**: chce se mi
fellow-student: spolužák (-žačka)
few: málo; **a few**: několik
fifteen: patnáct
fifty: padesát
film: film
find: najít<nacházet, sehnat, nalézt
finish: dokončit<dokončovat
first: první
fish: ryba
five: pět
flat: byt
floor: podlaha; = *storey*: patro, poschodí
folk-song: lidová píseň
food: jídlo
foot: noha; **on foot**: pěšky
for: na +*acc*. (*purpose, intended time*), pro +*acc*. (*sake of*), za
  +*acc*. (*pay, exchange*)
forget: zapomenout<zapomínat
forty: čtyřicet
forward, **look forward to**: těšit se na +*acc*.

four: čtyři
fried: smažený
friend: přítel (přítelkyně), kamarád (-ka), známý (-á)
from: od +*gen.*, z +*gen.*
from here: odtud, odsud
front, in front of: před +*ins.*
further: další (= *next*)
gentleman: pán
get: dostat<dostávat (se); **get lost**: ztratit se<ztrácet se; **get old**: stárnout>ze-; **get up**: vstát<vstávat; **have got** = *have*: mít; **have got to** = *must*: muset
girlfriend: přítelkyně, dívka
give: dát<dávat
glad: rád
glass: sklenice, sklenka, sklenička
go: jít chodit, jet jezdit; **go away**: odejít<odcházet; **go mad**: zbláznit se; **go on**: dál (*adv.*); **go out with**: chodit s +*ins.*
God: bůh; **for God's sake**: proboha
good: dobrý; **have a good journey**: šťastnou cestu!; **a good deal of**: hodně
goodness me: ježíšmarjá
grant: stipendium
green: zelený
ground: zem, země
hair: vlasy
half: půl; **half an hour**: půl hodiny
hand: ruka, *pl.* ruce
have: mít
have to: muset, mít
he: on
headache, I have a headache: bolí mě hlava
hear: slyšet>u-
hello: ahoj, nazdar, dobrý den
help: pomoc (*noun*), pomoci<pomáhat (*verb*)
her(s): její
here: tady, tu, zde, sem; **from here**: odtud, odsud
him: ho *etc.*, *see* on
his: jeho, svůj
home: dům, domů (*adv.*); **at home**: doma

homework: domácí úkol/úloha (*or pl.*)
hope: doufat
hour: hodina
house: dům
how: jak; **how much**: kolik; **know how to**: umět
hundred: sto
hungry, be: mít hlad
I: já
if: kdyby, jestli(že), zda, -li, pokud
ill: špatně, nemocný
illustration: ilustrace
in: v +*loc.*; **in a mood**: mít náladu; **in Czech** *etc.*: česky (*adv.*), **in front of**: před +*ins.*; **in order to**: aby; **interested in**: o +*acc.*
interested in, be: zajímat se/mít zájem o +*acc.*
into: do +*gen.*
invite: zvát>pozvat
it: to; on, ona
jeans: džínsy
journey: cesta
keep, (doing): stále, pořád
key: klíč
kind: laskavý, dobrý
kiosk: kiosk
kitchen: kuchyně
know: vědět, znát, umět
large: velký
largest: největší
last: minulý, poslední
last year: loni, vloni
late: pozdě; **be late**: mít zpoždění
later: později
learn: učit se>na-
leave: odejít<odcházet, odjet<odjíždět, nechat<nechávat; **leave go**: pustit<pouštět; **leave alone**: nechat být
left: levý; **to the left**: vlevo, nalevo, doleva
leg: noha
legend: legenda
lend: půjčit<půjčovat
lesson: lekce

letter: dopis
library: knihovna
lie: ležet; **lie down**: lehnout si<lehat si; **tell lies**: lhát>zalhat
like: mít rád, líbit se; **like (do)ing**: rád; **would like**: rád by, chtěl
  by; **like that**: tak, takový
listen (to): poslouchat; **listen!**: poslyš(te)!
literature: literatura
little: malý, málo; **a little**: trochu
live: bydlet, žít
lodge, porter's: vrátnice
London: Londýn
long: dlouhý; **for a long time**: dlouho
look at: dívat se>po- na +*acc.*
look for: hledat, shánět
look forward to: těšit se na +*acc.*
look well *etc.*: vypadat dobře *etc.*
lose: ztratit<ztrácet
lot, a: velice (= *very much*); **a lot of**: mnoho, hodně
love: milovat, mít rád
lucky, be: mít štěstí
lunch: oběd
mad, go: zbláznit se
make: dělat>u-: **make tea** *etc.*: vařit>u-
man: muž, pán, člověk
many: mnoho; **too many**: příliš mnoho, moc
mathematics: matematika
me: mě *etc.*, *see* **já**
meat: maso
meditate: meditovat
menu: jídelní lístek
mine: můj
miss (*train etc.*): zmeškat
moment: chvíle
money: peníze
month: měsíc
mood: nálada; **be in a good mood**: mít dobrou náladu
more: víc; **not any more**: už ne
morning: ráno, dopoledne
mostly: většinou

mother: matka
much: mnoho; **how much**: kolik; **too much**: moc, příliš mnoho; **not much**: moc ne; **very much**: velice, moc
mug: hrnek
museum: muzeum
music: hudba
my: můj
name: jméno; **my name is**: jmenuji se
national: národní
need: potřebovat
never: nikdy
new: nový
newspaper: noviny
next to: vedle +*gen*.
nice: pěkný, hezký
nine: devět
no: ne, žádný
noise: rámus, hluk
not: ne-, ne
novel: román
now: teď(ka), už, nyní
o'clock, five: pět hodin
of: *use genitive case*
often: často
old: starý; **I am – years old**: je mi – let/roků
Old Town: Staré Město, *adj*. staroměstský
on: na +*loc*.
one: jeden, člověk; **one is not allowed to**: nesmí se
only: jen(om)
open: otevřít<ot(e)vírat, otevřený
opera: opera
order, in order to: aby
ought to: měl by
our: náš
out: venku, ven
oven: trouba
over there: tamhle
paper: papír, referát
parcel: balík

parents: rodiče
park: park
pass: podat<podávat
passport: (cestovní) pas
past: po +*loc*., pryč (*i.e. after*); mimo +*acc*., kolem/okolo +*gen*.;
  half past: půl +*gen*.
pencil: tužka
people: lidé; **the people**: lid
person: člověk, osoba
piece: kus, kousek; **piece of homework**: domácí úkol/úloha
place: místo; **at -'s place**: u +*gen*.
plate: talíř
play: hrát>za-
please: prosím (tě, vás), líbit se
plum brandy: slivovice
pocket: kapsa, kapesní (*adj*.)
polite: zdvořilý
politics: politika
porter's lodge: vrátnice
postcard: pohlednice
post-office: pošta
potato: bramborový (*adj*.)
potatoes: brambory
Prague: Praha
prefer: mít raději/radši, raději/radši
prepare: připravit<připravovat
present: dárek
pretty: hezký, pěkný
probably: asi, pravděpodobně
promise: slíbit<slibovat
pub: hospoda
put: dát<dávat; **put on** (*clothes*): obléknout<oblékat (se, si)
quarter: čtvrt; = *district*: čtvrť
quick: rychlý
racket: rámus, hluk
radio: rádio
rain: pršet, déšť
read: číst>pře-
ready: hotový

remains: zbytky
remember: pamatovat si za- +*acc.*, pamatovat se na +*acc.*, vzpo-
  menout<vzpomínat na +*acc.*
restaurant: restaurace
revise: opakovat>z-
revival: obrození
right: pravý; **on the right**: vpravo, napravo; **to the right**: vpravo,
  napravo, doprava; **to be right**: mít pravdu
room: pokoj, místnost
run: běžet běhat
sad: smutný
salad: salát
salami: salám
schnitzel: řízek
second: druhý
secondhand bookshop: antikvariát
see: vidět>u-
seminar paper: referát na seminář
serious: vážný
seven: sedm
seventeen: sedmnáct
seventy: sedmdesát
she: ona
shirt: košile
shoe: bota
short: krátký
should: měl by
shoulder: rameno
shout: křičet
show: ukázat<ukazovat
sing: zpívat>za-
sister: sestra
sit: sedět; **sit down**: sednout si<sedat si
six: šest
sixty: šedesát
sleep: spát
sleepy, feel: chce se (mi) spát
Slovakia: Slovensko; **in Slovakia**: na Slovensku
small: malý

smoke: kouřit<vy-
snackbar: bufet
so: tak, proto
sock: ponožka
some: nějaký, některý (*often omitted*)
something: něco
song: píseň
soup: polévka
southern: jižní
speak: mluvit>pro-
spend (*money*): utratit<utrácet
spend (*time*): trávit>s-
square: náměstí
stairs: schody
stand: stát
stand up: vstát<vstávat
start: začít<začínat
still: ještě
street: ulice
student: student(-ka)
study: učit se, studovat
stupid: hloupý, blbý
such a: takový
suitcase: kufr
surprise: překvapit<překvapovat, překvapení
sweater: svetr
table: stůl
talk: mluvit, vyprávět, vypravovat, povídat
tea: čaj
teacher: učitel(-ka), profesor(-ka)
television: televize
tell: říci<říkat, mluvit, vyprávět, vypravovat, povídat
ten: deset
terrible: hrozný, strašný
than: než
thank: děkovat>po-: **thank you**: děkuji (ti, vám)
thanks: dík(y)
that: to; ten, tamten, tamhleten; že, aby
the: *usually no equivalent, sometimes* = ten
theatre: divadlo

their(s): jejich
they: oni
thing: věc
think: myslet, přemýšlet
thirty: třicet
this: to(hle); ten, tento, tenhle, tady ten, tenhleten
thousand: tisíc
three: tři, troje
ticket: lístek, jízdenka (*travel*)
time: čas; **what time is it?**: kolik je hodin?
to: do +*gen.*, na +*acc.*, k +*dat.*; aby, *infinitive*
today: dnes(ka)
together: spolu
toilet: záchod
tomorrow: zítra
too: příliš, moc; **too late**: pozdě, příliš pozdě; **too many**: moc, příliš mnoho; = *also*: také, taky
towel: ručník
town: město, městský (*adj.*)
tram: tramvaj
train: vlak
translate: přeložit<překládat
translation: překlad, překládání
travel: cestovat
tripe: dršťky, dršťkový (*adj.*)
trousers: kalhoty
turn off: vypnout<vypínat
twelve: dvanáct
twenty: dvacet
two: dva
unreadable: nedá se číst, není ke čtení
unwashed: neumytý
up: nahoře, nahoru; *see* **eat, get, wake up**
upstairs: nahoře, nahoru
us: nás *etc.*, *see* **my**
veal schnitzel: telecí řízek
very: velmi, velice, moc; **very much**: moc, velice
visa: vízum
wait for: čekat>počkat na +*acc.*
wake up: probudit<probouzet (se)

walk: jít chodit, procházka; **go for a walk**: jít na procházku
want: chtít, přát si
wardrobe: skříň
wash: mýt>u- (se)
watch: dívat se na +*acc.*, hlídat
water: voda
we: my
wear: mít na sobě, (*habitually*) nosit
weather: počasí
week: týden
well: dobře, zdravý
Wenceslas Square: Václavské náměstí
what: co
what a!: jaký!
what about you?: co ty/vy?
when: kdy, když
where: kde, kam
who: kdo, který
whose: čí?
why: proč
window: okno
wine: víno
wish: přát si, chtít, přání
with: s +*ins.*, *instrumental case*
woman: žena
word: slovo
work: pracovat, práce
worse: horší, hůř(e)
would: bych etc.; **would like to**: chtěl by, rád by; *future tense* (*reported speech*)
write: psát>napsat
year: rok, *pl.* roky/léta; **last year**: loni, vloni
yes: ano, jo
yesterday: včera
yet: už; **not yet**: ještě ne
you: ty, vy
young: mladý
your: tvůj, váš, svůj
yourself: sám

Grammar Index to the Lessons